現實主義與 國際關係

Jack Donnelly◎著

高德源◎譯

劉必榮　博士◎推薦

弘智文化事業有限公司

Jack Donnelly

Realism and International Relations

Chinese edition copyright © 2002
By Hurng-Chih Book Co., Ltd..
For sales in Worldwide.

ISBN 957-0453-61-3
Printed in Taiwan, Republic of China

譯者序

　　《現實主義與國際關係》是由「劍橋大學出版社」在公元二千年所出版，作者是頗負盛名的丹佛大學教授Jack Donnelly。我在二〇〇一年中拿到此書後，覺得這本書的內容清晰，調理分明，對於研究國際關係與國際政治的學生來說，是一本不可或缺的書籍，於是興起翻譯此書的念頭。不久後，我又在網路上看到李茂興先生所經營的「弘智文化出版公司」正在徵求譯者，於是我大膽地將自己的翻譯計畫書寄去給李先生參考，後來與李先生見面詳談後，他便明言出版乃是良心事業，只要是好的作品，他都願意幫忙。也因為有了李先生的熱忱與勇氣，這本中譯版才得以順利問世，在此必須先感謝李先生的支持。

　　雖然早已談妥合作計畫，但是一直到今年年初，我才開始全心全意投入此書的翻譯工作。不可否認，其間我也因為忙於其他外務，曾經暫時停下翻譯的工作，不過，幸好仍然在四個月後完成全書的翻譯，並著手開始校對譯文。在翻譯的過程之中，我還必須感謝包括正在美國羅徹斯特大學攻讀博士班的學長，以及許多不知名的網友們。他們不但對我的譯文提供寶貴的意見，同時也解答了不少我對本書內容的疑惑。另外，對國際關係與談判有深入研究，同時也身兼公共電視台「全球現場」主播的東吳大學政治學研究所劉必榮教授在百忙之中替本書撰寫引言，更替本書增添不少光彩。

　　傳統的國際關係理論大抵可分為理想與現實二派，而現實主義更是長久以來主導大多數國家外交政策與國際互動的中心

思想。即使是位居民主國家之領導者的美國，儘管極力對外推廣自由、平等的理想主義概念，實際上仍不免受到國際現實環境的羈絆，而必須追求符合國家利益的現實外交政策。凡是研究外交、國際政治的學生，或者是對國際現實環境有興趣的社會人士，在研讀此書之後，相信不但能夠開啓國際關係的窗戶，更能夠對現實主義有更深一層的瞭解。

翻譯當求信、雅、達，此書在短時間之內翻譯完畢，內容若有失當之處，當由本人全權負責。讀者若對本書內容有任何建議與疑問，可與我聯絡。我的E-Mail是gilbertkao@yahoo.com.tw。

高德源

2002/07/29

導　讀

　　這本《現實主義與國際關係》是目前我們所見，了解國際關係現實主義最好的一本參考書。透過作者的整理與分析，我們可以在自己腦子裡建立起一個架構，就像八寶格一樣，有一個理論體系的框架。以後再看到現實主義的論著時，就知道哪一個作者的理論，可以擺在哪一個格子裡面，藉此掌握整個理論的發展脈絡，建立起對現實主義宏觀的全局關照。

　　現實主義是國際關係中相當重要的傳統。儘管許多人對現實主義提出批評，包括本書作者在內，都認為現實主義有過度誇張的論點，但無可否認，許多政治決策者都或多或少，承認自己是現實主義者。現實主義固然不能幫助我們在事後解釋，為什麼國際事件沒有照我們所預測的方向發展，但它卻能在我們採取行動之前，幫助我們做外交決策的思考。

　　但是現實主義涵蓋面卻相當廣。不同的學者，在不同的時間，從不同的角度，都對現實主義做過修正。但他們都從來沒有否認過，自己是現實主義者。這些修正和辯論包括：到底「追求權力」是目的，還是手段？多極體系比較穩定，還是兩極體系比較穩定？所謂「權力平衡」，到底平衡的是「權力」、「威脅」、還是「利益」？權力平衡真的是生物的本性嗎？為什麼有些小國會選擇對大國「依附」，而非「抗衡」？冷戰的結束，到底對現實主義的理論基礎，造成什麼樣的衝擊？為什麼「華沙公約組織」解散之後，「北大西洋公約組織」還能存在，並且擴張？它是根據什麼理論找到自己新的生命？

　　這些都是很精采的辯論與思考，也使現實主義的論著變得更豐富，更多樣，也更有趣。可是這些不同的辯論，該怎麼替它們找到位子？這些相互的批評之間，難道沒有另外可批評之處？初入國際關係領域的學生，可能在碰到這些理論時會看得眼花撩亂，這本《現實主義與國際關係》就在這裡顯示了它的價值。作者不但以幾個重要的現實主義思想家為經，究其脈絡，分析並批評了他們的論述，更列出「深入閱讀」的書目，讓有興趣的讀者可以深入追蹤。這是尤其可貴之處。

　　我自己就是個現實主義者。我是維吉尼亞大學出身，我的博士論文指導教授之一，是Kenneth Thompson，Thompson 是Morgenthau 的大弟子，所以我的研究所所學，應是師承Morgenthau 一脈。看到作者在書中為Morgenthau 與Thompson及維吉尼亞大學定位，我也覺得很有意思。

　　而重新翻閱此書，也可以重新讓人對國際政治上的許多問題有了更新的思考。比如Reinhold Niebuhr的書《道德的人間與不道德的社會》（Moral Man and Immoral Society）是一本舊書，但Carr 和Morgenthau都認為他們的思想受到Niebuhr的影響很大。作者在書中，對這本書也有所討論。為什麼社會會不道德？Niebuhr在書中主張「由於人類無法完全擺脫以自我利益為優先的考量，來面對、並真正看清楚其他夥伴的利益，而這種無能的性格，也進一步使暴力成為政治中不可避免的特質。」從Niebuhr的這些討論，回去看今日以巴之間的衝突何以遲遲難解，當也可以給我們一些啟示。

　　所以理論無論新舊，都能給我們不同的啟發。這也是看這本書的樂趣：初入門者，可以藉此了解現實主義各派間的定

位，而已經深入了解者，又可以藉此對各家理論做一有系統的快速複習，掩卷沉思之際，或也能激盪出一些新的思考。而德源的譯筆流暢，讓閱讀翻譯書不再是一件苦差事，更是我喜歡這本書的原因。

　　我也願意把這本好書，推薦給所有對國際關係有興趣、想深入了解現實主義究竟是怎麼一回事的朋友。

東吳大學政治學研究所教授

劉必榮

簡　介

　　儘管作者以批判性的觀點，深入分析了國際關係理論中的政治現實主義，但是，作者同時也提出許多有利於現實主義的觀點與看法。透過說明包括Hans Morgenthau、Kenneth Waltz、囚徒困境（the Prisoner's Dilemma）、Thucydides、Machiavelli、以及Hobbes等著名國際關係學者與模型的論點，作者進一步檢視了人性與國家動機、國際無政府狀態、系統結構論與權力平衡、國際制度，與道德觀念在外交政策中所扮演的角色等議題，同時也解釋了現實主義者所提出來的各種見解與觀點。

　　Donnelly主張傳統普遍的現實主義命題不但無法接受審視，而且也被許多當代主要的現實主義學者所排斥。他認為現實主義說不上是國際關係中的一個通則化理論，而是強調在個人與國家利己主義，以及國際非政府狀態下所產生具限制性的一種哲學取向，或是研究計畫。本書各章不但包含了供讀者進一步研讀的書目，並提供了若干教師與學生可共同討論的研究問題。整體而言，本書為學術界研究現實主義這一個國際關係裡最主要的理論，提供了一個詳盡的介紹，也為一般普羅大眾提供了探究現實主義的一個極佳入門管道。

　　Jack Donnelly 是美國丹佛大學（The University of Denver）國際研究院的教授，目前亦擔任《國際研究評論》（*Review of International Studies*）、《國際研究季刊》（*Internatonal Studies*

Quarterly）等知名期刊以及多所大學出版社的編輯或審稿委員。其主要研究領域為國際關係理論、國際人權與外交政策、國際法與當代政治理論、國際組織等。

謝　辭

10年前，也就是1989年的春天，當我在「荷蘭高等研究院」(Netherlands Institute of Advanced Study)從事研究時，我便開始著手撰寫此書。在這10年裡，我的感謝名單中已經寫滿了許許多多人的名字。在這些人之中，首先就得要感謝邀請我參加此一研究計畫的Peter Baehr。其次，擔任「荷蘭高等研究院」院長的Dirk van de Kaa，不但十分支持我的研究，而且也提供了一個絕佳環境，讓我能夠專心從事研究。如果我能夠在瓦聖那(Wassenaar)這一個舒適的城市中待上更長的時間，我相信本研究計畫將可在更短的時間內完成。

過去這些年來，有很多朋友及同僚曾經以口頭或書面的方式，評論過我在此書上的許多概念及想法。我的名單中包括了Michael Doyle、Peter Euben、Daniel Garst、Alan Gilbert、Arthur Gilbert、Peter Haas、Barry Hughes、Micheline Ishay、Bob Jackson、Bob Keohane、Harold Koh、Steve Krasner、Steve Leonard、Andrew Linklater、David Lumsdaine、Terry Nardin、Clifford Orwin、Joel Rosenthal、Eduardo Saxe、Michael Smith、Terry Sullivan、Alex Wendt、以及Jim White等人。我都要對你們致上深深的謝意。至於那些因為我的疏忽，而忘了記錄他們名字的學者、朋友，在感謝他們的同時，我也抱著深深的歉意。

同時，我也要感謝Bassem Hassan以及Jack Lubecki在擔任

研究助理期間，所付出的各項努力。這段期間內，Bassem反覆校對所有註釋的辛苦，更值得我特別提出感謝。除了這些人之外，在此書付梓之時，我還必須向其他四位友人表達特別的謝意。

Rhoda Howard以她一貫嚴謹、實事求是且處處求證的學習態度，使我能夠撰寫出最精確的內容。她除了對此書進行逐行逐字的評論，使此書的內容更加正確，她以一個不介入國際關係理論爭辯之讀者的角度來閱讀此書，也提醒了我應該以更淺顯的文字，為更廣大的讀者撰寫一本人人皆可輕易瞭解的書。

Cathy Donnelly則是以極細心的態度，閱讀了整本書的草稿。必須承認的是，她對此書的重視，甚至超過於我對此書的關心。她不但仔細找出我在此書中所有不好的寫作習慣，以及不慎適當的文字用法，而且更明確地點出那些語意十分模糊不清的文字段落。除此之外，她也時常提醒我生活之中，對於更多事物的體驗，要比工作來得重要。

Tim McKeown很早就就表達了他對此計畫的信心，不僅如此，當本書第二章及第六章的初稿，以及修改版本相繼被國際關係領域中的著名期刊拒絕刊登後，他更不吝嗇地表達了他的支持與鼓勵。此外，他對第二章內容的詳細評論，更幫助我確定了許多尚未表達清楚的概念，並使我不至於以過於誇張的文字來說明我的主張與論點。

Glenn Snyder以其周詳深入的學識，對本書字裡行間中所欲傳達的各項論點做了縝密的觀察，並且提出了許多建議來澄清許多不甚清楚的概念，對本書最後的完稿有相當大的幫助。我知道儘管他並不是十分同意我在此書中所要提出的許多原則

性主張，但他仍願意提供寶貴的意見供我參考，因此我必須特別感謝他的幫助。

最後，我必須要感謝我在這十多年間在北卡大學教堂山分校以及丹佛大學所接觸過的研究生。如果現在我能夠成功的表達我所要說明的概念與想法，那都要感謝這些學生們不斷向我提出問題與疑惑，讓我能夠從更多角度來從事思考。他們不但好學不倦，而且拒絕接受我對他們提出之現實主義利弊的問題所做的簡單回答。因為他們的學習精神，使我能夠突破自己的界限，對這些問題做出更進一步的解釋並提供更多深入的資料，進而完成此書。

導　論

現實主義與國際關係

　　政治現實主義的傳統－現實政治（realpolitik）－也就是權力政治，已經有一段很長的歷史，而這樣的觀念通常可被追溯到西元前五世紀的偉大希臘史學家Thucydides。[1]儘管在現實主義中居主導地位的看法一直都在改變，但是現實主義者的主張及取向，卻總是與西方世界的理論以及國際關係的實踐相一致。此外，值得注意的是，不管我們是從十六世紀的Machiavelli時期開始思考，或者是從十七世紀中葉的Hobbes時期開始，「當代」國際社會都已經與現實主義者的權力平衡政治緊密連接在一起了。

　　現實主義與國際關係理論之間的鍊結，在二十世紀時期顯現得特別強烈。在第一次世界大戰前後，國際關係首次成為一個學術領域中的學科，主要被認為是對現實主義者提出之權力平衡政治觀念所形成的一種反動。這門學科後來在第二次世界大戰前後，被一群自己界定為是現實主義者的學者所重新塑造，這些學者包括有E. H. Carr與Hans Morgenthau。其中最為著名的學者，而且也是該主義的親身實踐者，George Kennan與Henry Kissinger，即稱呼他們自己為現實主義者。二次大戰之後的很長一段時間之間，在英、美研究國際關係的領域中，現實主義乃是最主要，也佔據該學科主導地位的研究典範。即使是在後冷戰時期，到現在的全球化時代，現實主義的理論已經

不再享有絕對優勢的地位，但是在國際關係領域的研究中，現實主義卻仍然為該領域有關理論上的重要辯論，提供了一套主要的背景架構與分析研究方式。

本書以支持現實主義的觀點出發，但同時也以批判性的角度來分析現實主義的主要特質及其對國際關係領域研究與實踐上的各項貢獻。我的分析途徑雖然是具批判性的，不過卻是相當契合的。儘管我是用現實主義本身的專屬名詞來作分析，但是卻也對其獨特的論點與結論提出挑戰。

當我們接受現實主義的專屬名詞，並以其字面意義來研究其意涵時，的確會將對其之評論限制在名詞「內部」的一貫性與協調性。然而，有些評論家會傾向以「外在」角度來批判現實主義的基本假設。儘管如此，當我們跳脫一般對於現實主義基本原則及假設的無益爭論，而專注在其內部的評論上時，卻可以呈現出一種特別有用的影響力。

然而，我們以批判且贊同的方式來進行研究，卻並非單純是研究策略上的考量。這種分析方式同時也反映出我在經過深思熟慮後，對於現實主義在國際關係研究領域中之定位所下的判斷。我接受，並且重視一個事實，那就是現實主義乃是國際關係領域中的一個主要且恆久存在的傳統、取向，或者可說是一種研究途徑。我試著說明為什麼現實主義者的論點總是會在國際關係的討論中一再地被提起。但是在此書中，我同樣突顯出現實主義的多樣性、模糊性，與其表現出來的問題、矛盾、錯誤以及謬誤之處。

在本書的一開始，我想要直接了當地指出，與其認為現實主義是國際關係領域中一套成功的通則化理論，倒不如說現實

主義是一個過度誇張且採用單方面角度來進行分析的危險理論。現實主義貫有的貢獻，在於以消極的方式，點出了因為國際間無政府狀態之本質以及人類自私天性而一再發生的政治限制。不過，現實主義也顯示出其意欲成為局部理論或中級理論之基本源頭的企圖。然而，在實踐此一目標上，現實主義總是嚐到失敗的苦果，因為該理論無法為國際政治提供一個通則化的解釋理論，也無法為外交政策提供一套有效的分析架構。

　　眾所周知，現實主義已成為目前國際關係研究中一項不可或缺的部分，乃是無庸置疑的事實，而我也試著對所有讚揚該理論的論點提出個人獨到的見解。然而，我更感到興趣的是，如何去挑戰現實主義既有之過度誇張的論點。因為這些論點會將國際政治的學術理論與實踐侷限在權力政治的範圍之中。現實主義者本身也清楚認知並強調此一事實，不過他們依舊認為權力將一直會是國際關係中的一項核心部分。此外，絕大多數現實主義者也認為國際政治的其它面向，若與權力相比，則都是較不重要的。本書的宗旨之一，便是進一步闡釋說明此論點。

本書綱要

　　本書的第一章透過連續四個途徑來說明現實主義的傳統。我首先對現實主義的基本定義做出明確的解釋，尤其特別強調無政府（狀態）及利己主義的意涵。接著我就介紹現實主義理論的主要類別。其次，我將進一步說明六種現實主義的「典範」：Thomas Hobbes、Hans Morgenthau、Kenneth Waltz、囚徒困境（the Prisoners' Dilemma）、Thucydides以及

Machiavelli。這六種典範也構成了第一章的主要核心內容。最後，我將對現實主義在二十世紀之國際關係研究裡的興衰起落做一簡單的說明。

第二章主要在檢驗現實主義如何解釋人類的本性以及國家動機。透過一段簡短的介紹，我指出許多本書所引用之典型的現實主義學者，都強調一組誘導性的因素，根據Thucydides指出，這組因素共包括「恐懼」、「榮譽」、以及「利益」，若我們套用Hobbes的話來看，則是指「競爭」、「懦弱」、以及「榮耀」。接著我批評現實主義強調人性的分析途徑，其中尤以Morgenthau爲主。至於本章的其它篇幅，則是用以評論當代結構現實主義者試圖從國家此一概念中，抽取出可供利用之特質的努力。我認爲現實主義不但需要實質上的誘導性因素假設，就連當代結構現實主義者所提出的假設，也被視爲與早期現實主義者，如Morgenthau及Reinhold Neibuhr等人的假設具有相類似的特質，或者，我們至少可說其假設都是同樣混淆不清且前後不一致的。

本書的第三章則在說明現實主義者如何解釋國際無政府狀態的現象，其中我特別強調Waltz在其所著之《國際政治理論》（*Theory of International Politics*）一書中的論點。我認爲Waltz將無政府狀態的意涵扭曲爲一個不定型的空間，並且過份誇大了在此狀態下可能出現的政治後果。我認爲即使在無政府狀態下，政治秩序也可能具有相當多層級節制下所具備之政治管理部分的要素。其範圍可包括從不同政治功能所代表的影響領域，一直到在國際上法律責任所擁有的重要原理。換言之，無政府狀態僅是意謂著缺少一個具備層級節制的政府，並非代表

缺乏一個權威性的國際統治。

　　第四章是轉折性的一章，我在此章中檢視了結構現實主義的原則性結論。結構現實主義認為處在無政府狀態中的國家，會選擇與其他行為者進行「平衡」，而不會選擇以「西瓜偎大邊」的方式來進行互動。我則認為，權力政治平衡並不是建立在無政府狀態本身之上，相對的，乃是建立在國家本身具有一種擔心被掠奪的恐懼感之上。因此，我們並不能以無政府狀態來單獨解釋不同行為者之間互動的現象。同時，在本章裡我也檢視了「體系」（system）與「結構」（structure）之間的不同處。這二者之間的差異，在近來關於現實主義的文獻裡，時常都被混淆以致於難以理解。不僅如此，其差異也讓一般人無法確實明白國際制度扮演的角色究竟為何，而這也正是本書想要解答的問題之一。

　　第五章檢視了在當代國際社會中，權威性秩序所具備的本質與程度範圍。儘管結構新現實主義者鼓勵我們從國際規範與制度面向來解釋此概念，但是我卻認為這個主張並無多大益處。我主張從國家的概念來解釋權威性秩序，這樣或許更能清楚地界定其意涵。John Mearsheimer曾提出他自己的論點，他認為國際制度對國家的行為並沒有獨立的影響存在。經過仔細檢驗Measheimer的論點後，我再發展出二個延伸性範例，包括對主權及囚徒困境的探討。在這二個範例中，將可呈現出國際制度在國際關係的真實實踐上究竟扮演著哪一種角色。

　　本書的第六章討論的主題則是道德與外交政策之間的關係。儘管二十世紀時的現實主義認為道德的角色僅可對外交政策造成微乎其微的影響，甚至根本就否認道德在國際關係中有

一席之地的存在。然而，我們發現當時不同的現實主義學者間
所抱持的論點，都是相當分歧，甚至可說是相互矛盾的。尤有
甚者，當我們仔細檢視過Thucydides以及Machiavelli的主張
後，我們便可清楚得知，在這二位典型的現實主義學者對於國
際關係所作的討論中，的確清楚賦予「倫理」相當程度的重要
性。本章結論認為，在現實主義中有許多不同的傳統思想與概
念，然而，此一告誡性的見解卻被誇大成為容易誤導他人且危
險的國際關係法則。

最後，我在本書的簡短結論中，進一步擴大對此一論點的
解釋，並對現實主義的諸多理論在國際關係的研究上，究竟有
何貢獻及其限制做一摘要式的評估。

在每一章的最後，我都會附上該章節的相關討論問題，以
及讓讀者進一步研究該章內容的建議參考書目。這些相關的討
論問題主要有下列功用：重新對該章所探討的中心議題做出檢
視、提出其它值得一讀的相關文獻、以及進一步擴大或以不同
角度討論文中提到的各項中心議題。這些討論問題的主要目的
是要延伸該章內容的相關論點，而非僅是再次逐一審視主要的
議題，因此我們不能只以普通的討論問題看待之，而應該把這
些問題視為是各章主要內容的一個部分。

至於各章的建議閱讀書目，則是列出與內文部分討論之議
題有關的重要文獻資料，同時也列出與本書中沒有多加深入探
討的議題有關的文獻，供讀者進一步參考之用。雖然這個部分
可能無法像討論問題一般與本書內容相結合，不過讀者可以發
現，在書目中所列出來的文章，乃是符合本書各章重要論點主
題的參考論文，而非僅是將各種資料來源加以重新整理的目錄

而已。因此，即使讀者們此時此刻並沒有對這些議題做進一步深入研究的需要，我仍認為讀者們至少略讀一下這些論文，因為這對相關問題的探討，將會很有幫助。

適合閱讀本書的讀者與本書之定位

　　由於我在本書的每一章最後都附上了討論問題與建議閱讀的書目，這本書一開始打算吸引的讀者群，乃是以較高年級的大學生為主。然而，除了吸引包括研究生在內的其他讀者之外，我希望本書的讀者群還能夠更廣泛些。由於我希望本書的讀者群也能夠包括那些對現實主義與國際關係有興趣，但未必曾經接受過任何分析國際關係之正式訓練的讀者，因此，在此書的寫作上，我盡可能以淺顯的文字與結構，來表達我所要解釋及分析的各項議題。即使我並不認為此書會成為很熱門的暢銷書，或者是在任何大型書店或者專門販售其他學門之主題書店的書架上陳列，但我卻希望所有非屬學術領域的讀者在拿起此書時，能因為其內容而引發對國際關係有更多的興趣，同時也能在閱讀此書的過程中，找到更多的樂趣。[2]同時，我也期盼其他學者們，而不僅僅是他們的學生，能夠發現此書的內容是相當有用的。換言之，我試圖完成一本能夠讓普羅大眾理解現實主義與國際關係的書，而且也以學術質疑的角度，將複雜的觀念與理論以寫作的方式呈現在此書之中。同時，我也儘量避免因為追求一種虛假及誤導的「平衡」，而將生活、刺激、與其它真實的爭議從此書中刪除。

　　部分讀者可能會發現我在此書中直接引用了大量的文獻與其他學者的看法，甚至多到有點讓人感到厭煩。然而，我十分

堅信這種直接引用的寫作方式，是相當正確的。因為，讓現實主義學者直接以自己的話說出他們的主張，可以讓我們更瞭解這些學者在其著作中所欲表達之概念的真實意涵。如此一來，也可讓讀者立刻檢驗我的論點是否正確。這點是十分重要的，因為不管一個評論家如何小心翼翼，都可能對某些概念有些微錯誤的詮釋。

雖然我認為現實主義乃是分析國際關係理論與實踐中的一個權威性且強有力的研究途徑，但是我在書中對其所作的批評，卻也同樣十分鏗鏘有力。就本書的內容來看，只有第一章的絕大部分內容是敘述性的，其它章節內容則是以評論具有代表性的現實主義學者之論點為重心，而不是為他們的理論作描述或辯護的工作。

換句話說，我在本書中的定位，不可否認是以「非現實主義者」（non-realist）的角度來分析。許多人會把這種定位稱為是「反現實主義者」（anti-realist），然而，正如同我在此書文末所提出的論點，我本身所抱持的立場與態度，並不全然相異於與其他現實主義者的立場，例如E. H. Carr、John Herz、Thucydides或者是Machiavelli。再者，我們可以發現在Morgenthau與Niebuhr等現實主義學者的部分作品中，也都贊同此種看法。因此，我心裡真正的想法，或可被描述成另一種更為複雜的現實主義形式。更精確點來說，縱然我本身的興趣及傾向並非在現實主義之上，但我對身為研究國際關係之多元途徑中之一部分的現實主義，仍抱有著某種程度的同情與正面評價。

雖然我在書中所極力強調的，都是現實主義的缺點，然

而，如果現實主義者能發現我都是從公正的角度來探討這些缺失，那麼我將會十分高興。因為其他「反現實主義者」對於我這種對現實主義的「過度讓步」，都已經感到相當不耐煩了。我的目標是打算發展出一套有建設性的解釋，說明現實主義吸引人之處與其缺失所在。此外，傳統對於現實主義的批評已經逐漸給人一種了無新意且刻板化的感受，但這種評論卻成為晚近以來絕大多數相關文章與學術教學上的主要論點。對我而言，一個健全的國際理論，必須要能夠與現實主義的基本概念有互通之處，但是卻也不能侷限在現實主義的範疇之上。不可諱言，現實主義的確不應該受到忽視，但也不應該被允許再度成為形塑國際關係研究與實踐的主宰，而發生與過去半個世紀以來相同的情況。我希望此書不會淪於傳統評論之列，而是會給人耳目一新的感覺。

註釋

[1] 可參閱Morgenthau（1946: 42）、Gilpin（1986: 304）、Ferguson and Mansback（1988: 35, 82）、Cusack and Stoll（1990: 1-2, 19）、Rosenau and Durfee（1995: 9）、Schweller（1997: 927）。

[2] 就本書各章的內容來看，我相信本書第一章的內容應該是相當平易近人。同樣的，第二章、第五章以及第六章所探討的各項議題，一般大眾也應該能夠輕易地瞭解。雖然我希望讀者們都能夠瞭解整本書所欲探討的重點，但是相形之下，第三章與第四章的內容就比較「學術性」。儘管如此，由於本書的每一章可以說都是各自獨立的，因此，如果讀者發現在閱讀這些章節時遇到困難，我建議讀者們大可跳過不看，直接進入第五章甚至是第六章的內容即可。

目　錄

譯者序 i

導　讀 iii

簡　介 vii

謝　辭 ix

導　論 xiii

　　註釋 xxii

第一章　現實主義的傳統思想 1

定義 7

現實主義的種類 10

六個現實主義者的典範 14

　　Thomas Hobbes 15

　　Hans Morgenthau 19

　　Kenneth Waltz 20

　　The Prisoners' Dilemma 25

　　Thucydides' Athenian envoys 32

　　Machiavelli 35

現實主義與國際關係之研究 38

　　第一代現實主義學者 38

　　現實主義的省思 42

新現實主義的反撲 ……………………44

討論問題 ……………………48

深入閱讀 ……………………52

　註釋 ……………………74

第二章　人性與國家動機 ……………………79

恐懼、榮耀與利益 ……………………80

人性與生物現實主義 ……………………82

　以權力觀點定義的國家利益 ……………………82

　追求權力之決心 ……………………85

　人性與權力政治 ……………………87

　無政府狀態、權力，以及國際政治 ……………………90

結構主義推託藉口的失敗 ……………………91

　結構的推託之詞 ……………………92

　動機的重要性 ……………………93

　生存 ……………………95

多樣化的動機假定 ……………………97

現實主義是一個大理論 ……………………102

　絕對利益對相對利益 ……………………104

　權力、平衡，與極大化 ……………………108

　競爭、怯弱，以及模糊的預測 ……………………112

　安全、攻擊，與防禦 ……………………113

　理性 ……………………116

光榮、榮耀與英雄式的現實主義 ……………………117

對榮耀的追求 118

英雄現實主義對物質現實主義 123

國家利益的社會建構 126

人性及國家動機：是易變物，而非不變物 128

現實主義的特質與貢獻 132

多樣化的現實主義模型 133

現實主義與其「競爭對手」 136

討論問題 139

深入閱讀 143

註釋 146

第三章　無政府狀態、層級節制、秩序 151

無政府狀態、混亂、秩序 152

Waltz對結構的看法 154

結構理論的本質 155

定義結構 156

二分法或連續體 158

無政府狀態與層級節制 159

混合式政治秩序 162

無政府狀態、權威、與權力 166

武力、秩序、與權威 166

無政府狀態與權威 169

政府與中央集權 171

現實主義的反駁 173

主權與責任義務 174

   主權 174

   責任義務 176

功能性差異 178

   強權 180

   結構與功能性差異 182

Hobbes留下的陰影 185

   無政府狀態與平等 185

   霍布斯的主權國家 187

   結構與人性 189

討論問題 191

深入閱讀 195

   註釋 197

第四章   體系、結構、權力平衡 199

穩定與兩極體系 201

   兩極體系的優點 201

   冷戰和平 204

   兩極體系的邏輯 207

   西西里遠征隊 211

權力、威脅、平衡 215

   平衡與選邊站 215

   兩極體系與平衡策略 218

權力及威脅 220

體系、結構、互動 222

過程變數與體系理論 225

　（國家之間的）關聯性 226

　互動 229

　結構修飾劑 231

討論問題 234

深入閱讀 237

　註釋 240

第五章　制度與國際社會 245

國際制度的影響 247

　豪無效力的論點 247

　混淆因果 249

　安全制度與無政府狀態的危險 252

主權、民族自決、侵略、生存 257

　主權與社會認同 258

　主權的變化 261

　民族自決與不干涉 265

　侵略與生存 267

現實主義者的反駁 272

制度與囚徒困境 275

　改良困境 276

　制度與變化的利益 278

國際制度與國際社會 281

國際制度的功能 ⋯⋯⋯⋯⋯⋯281

由國家組成的國際社會 ⋯⋯⋯⋯⋯284

討論問題 ⋯⋯⋯⋯⋯⋯286

深入閱讀 ⋯⋯⋯⋯⋯⋯290

　註釋 ⋯⋯⋯⋯⋯⋯294

第六章　道德與外交政策 ⋯⋯⋯⋯⋯⋯299

人性與國際無政府狀態 ⋯⋯⋯⋯⋯300

政治的自治與國家理性（利益） ⋯⋯⋯⋯⋯303

　政治的自治 ⋯⋯⋯⋯⋯⋯304

　道德與國家利益 ⋯⋯⋯⋯⋯⋯305

　現實主義的道德概念 ⋯⋯⋯⋯⋯⋯308

Thucydides對公義與外交政策的看法 ⋯⋯⋯⋯⋯310

有效的事實、政治結果，以及公共利益 ⋯⋯⋯⋯⋯314

　有效的事實 ⋯⋯⋯⋯⋯⋯314

　後果主義 ⋯⋯⋯⋯⋯⋯316

　共善 ⋯⋯⋯⋯⋯⋯318

　良好的政府 ⋯⋯⋯⋯⋯⋯319

光榮、榮耀，與美善 ⋯⋯⋯⋯⋯321

　英雄式美善與基督教之美德 ⋯⋯⋯⋯⋯⋯322

　Agathocles，罪行與暴政 ⋯⋯⋯⋯⋯⋯324

美善、光榮，與榮耀 ⋯⋯⋯⋯⋯327

　榮耀的英雄式倫理 ⋯⋯⋯⋯⋯⋯327

　梅里安對話錄的光榮與恥辱 ⋯⋯⋯⋯⋯⋯330

現實政治與雅典的衰敗 ⋯⋯⋯⋯⋯⋯⋯331

　Cleon、憤怒，與深謀遠慮 ⋯⋯⋯⋯⋯332

　Nicias、Alcibiads、理性，與限制 ⋯⋯⋯334

現實主義的非道德主義？ ⋯⋯⋯⋯⋯⋯338

　現實主義的道德考量 ⋯⋯⋯⋯⋯⋯⋯339

　倫理對政治自治 ⋯⋯⋯⋯⋯⋯⋯⋯⋯341

討論問題 ⋯⋯⋯⋯⋯⋯⋯⋯⋯⋯⋯⋯344

深入閱讀 ⋯⋯⋯⋯⋯⋯⋯⋯⋯⋯⋯⋯348

　註釋 ⋯⋯⋯⋯⋯⋯⋯⋯⋯⋯⋯⋯⋯⋯352

結　論　現實主義的本質與貢獻 ⋯⋯⋯⋯⋯357

現實主義的消極、告誡性特質 ⋯⋯⋯⋯358

現實主義者的研究計畫 ⋯⋯⋯⋯⋯⋯362

傳統理論的影響 ⋯⋯⋯⋯⋯⋯⋯⋯⋯366

討論問題 ⋯⋯⋯⋯⋯⋯⋯⋯⋯⋯⋯⋯370

深入閱讀 ⋯⋯⋯⋯⋯⋯⋯⋯⋯⋯⋯⋯371

　註釋 ⋯⋯⋯⋯⋯⋯⋯⋯⋯⋯⋯⋯⋯⋯377

第一章
現實主義的傳統思想

　　或許有人會認為去定義一個例如現實主義這種已經有長久歷史，而且根深蒂固的理論，是一件相當簡單的工作。在Box1.1中，我們就可以看到有許多相當權威的學者對現實主義所作之代表性定義。然而，我們也可以發現，這些定義每一個都不盡相同，有些甚至是大相逕庭的。[1]因此，若我們要對現實主義作更進一步的定義，應該也不令人感到訝異。

　　即使有些現實主義的定義相當具有權威性，例如馬克思主義（Marxism）與基督教教義（Christianity）中的定義就是如此。但是不同定義所強調的重點亦不盡相同，彼此間對現實主義也常存在著相互衝突的詮釋。因此，我們應該早就預期到現實主義確實是具備著多樣性的意涵。

　　現實主義[2]並沒有被一套由許多假設及命題所組成之清楚概念來加以定義、解釋。相反的，正如同許多評論家所言，現實主義乃是一個一般性的通則化概念，例如：「一個哲學性的傾向」（Gilpin 1986: 304）；「一套形塑理論的規範性重點」（Ferguson and Mansbach 1988: 79）；「一種具有『相當特殊且容易識別特點』的『理性態度』（attitude of mind）」（Garnett 1984: 110）；「一組鬆散的架構」（Rosenthal 1991: 7）；以及「一個『很大的帳篷』，有足夠的空間可以容納許多不同的理論」（Elman 1996: 26）。總而言之，現實主義乃是研究國際關係的途徑之一，而且是經過許多分析家的努力研究，才逐漸浮現出來的理論。雖然這些分析家將自己定位在一種特殊，卻又呈現出多樣化的類型或者是分析傳統之中，卻也因此被侷限在此一範疇之內。[3]

Box 1.1　現實主義的代表性定義

（以下的詞句都是直接引用或者以十分相近的文字加以詮釋）

1. 國家的利益提供了行動的來源。
2. 對政策的需求來自於國家之間毫無紀律的相互競爭。
3. 根據這些需求所計算的結果，能夠找出最符合國家利益的政策。
4. 成功與否，是對一個政策的最終測試；而所謂成功，即是指保全國家的生存並使國家更加強大。（Waltz 1979: 117）

1. 政治是由客觀法律所治理，而這些法律的根源及來自人性。
2. 能夠在國際政治的版圖上協助政治現實主義找到正確方向的主要路標，即是一個以權力來加以定義的利益概念。
3. 權力與利益的意涵在本質上是多變的。
4. 普世的道德原則並不能應用在國家的行動之上。
5. 若有一特定國家是以道德法律來實行治理，則政治現實主義會拒絕認同該國家的道德理想。
6. 政治領域的自治。（Morgenthau 1954: 9-10）

1. 國際體系乃處在於一個無政府的狀態。
2. 國家向來就擁有某些攻擊性的軍事力量，使其具有必要的能力能夠互相傷害甚至是相互毀滅。
3. 沒有一個國家能夠完全確定其它國家不會使用攻擊性的軍事力量。

4.驅使國家採取行動的最基本動機即是生存。

5.國家是具備工具性理性的個體。（Mearsheimer 1994/95: 9-10）

1.社會及政治事務的基本組成分子乃是「衝突團體」。

2.國家利益是驅使國家採取行動的主要動機。

3.權力關係是國際事務的基本特徵。（Gilpin 1996: 7-8）

1.國家中心論的假設；國家是世界政治中最重要的行為者。

2.理性的假設：如果國家是世界上唯一理性的行為者，且持續尋求其預期利益的極大化，則世界政治是可被加以分析的。

3.權力的假設：國家會追求權力，並以權力的概念來計算其利益。（Keohane 1986b: 164-165）

1.現實主義者假定有一走向邪惡的傾向是根深蒂固的。

2.現實主義者假定總體是社會生活中的重要分子，而國際政治中唯一真正重要的集體行為者乃是國家，且沒有任何高於國家的權威存在。

3.現實主義者認為個體及國家想要掌握權力及追求權力的企圖是普遍存在且無所避免的。

4.現實主義者假定國際政治理真正的議題能夠以競逐利益的理性化分析加以瞭解，而利益則是以權力概念加以定義之。（Smith 1986: 219-221）

1. 國家中心論。
2. 世界是無政府的。
3. 國家尋求極大化其安全或其擁有之權力。
4. 在國際舞台上，最需要為國家行為負責的是國家體系。
5. 當國家在追求其權力及安全時，會採用工具性理性的政策。
6. 武力的功用。（Frankel 1996: xiv-xviii）

1. 國際體系是無政府狀態的。
2. 民族國家（Nation-states）追求主要以權力概念來定義的民族利益。
3. 對國際法、國際制度以及理想典範存有懷疑，認為這些都是企圖超越或者取代民族主義。
4. 權力政治平衡的優越性。（Wayman and Diehl 1994: 5）

1. 相互面對的個人基本上都是團體中的成員。
2. 國際事務乃是發生在無政府狀態之下。
3. 權力是國際政治的基本特徵。
4. 國際互動的本質基本上是帶有衝突的。
5. 人類無法以其累積的理性力量來超越衝突。
6. 政治並非是倫理的函數。
7. 國家的需求及理性優於倫理與道德。（Schweller 1997: 927）

1. 歷史是由因與果所組成的序列，而其過程可透過智識上的努力得到瞭解，但卻無法經由「想像」所引導。
2. 理論並無法引發實踐，但可以反覆演練理論。
3. 政治並不是倫理的函數，但確有政治倫理的存在。（Carr 1946: 63-64）

1. 團體（國家）認為本身即是最終的極限。
2. 國家所採取的任何自衛措施都可被加以正當化。
3. 法律和道德在國際關係中的地位是次要的。（Schwarzenberger 1951: 13）

　　然而，若進一步分析這些現實主義的詮釋，我們可以發現這些看似不同的解釋，其實可被當成是特定傳統思想的一部分。在Box 1.1裡頭的諸多定義，儘管在文字上有所不同，而且我們也無法從中找到完全相同的一套元素，但這些定義基本上都十分接近。支持現實主義的學者與批評該理論的學者也都認為，現實主義具備「合乎邏輯的風格，是十分清楚明顯的」（Garnett 1984: 29，可與下列學者的論點相比較：Cusack and Stoll 1990: 19; Wayman and Diehl 1994）。正如同一位美國法官曾經對提出對「色情書刊」的看法：「我們或許無法對色情書刊做出明確的定義，但是當我們看到時，我們就知道這是什麼。」

　　本章試圖透過四個相互補充且連貫的小節，指引讀者瞭解現實主義的風格、傳統思想及其途徑，內容大致包括：簡要定

義現實主義、提出一組簡單的二面向類型、對六個典型的現實主義理論作一簡短的摘要介紹，並綜合概述現實主義理論在二十世紀的發展。

定義

現實主義所強調的是，政治因受到人性弱點影響，同時在缺乏一個國際政府的情況下，所受到的種種限制。這些因素進一步使國際關係的研究焦點，有大部分都落在對權力以及利益的探討之上。

「自遠古世紀以來，人性就從未改變過」（Thompson 1985: 17）。根據現實主義學者的看法，所謂人性，由於其根本要義乃是「利己的」（egoistic），因此絕對會發生傾向「邪惡」、「不道德」的結果。Machiavelli也曾經指出，在政治之中，「我們必須承認所有人類都是『邪惡的』，而當機會來到時，人類絕對會利用時機發洩其隱藏在心中的邪惡」（1970: Book I, ch. 3）。

包括Reinhold Niebuhr（1944: 19）與Hans Morgenthau（1946: 202）在內的部分現實主義學者則認為，Machiavelli的這項主張大抵都是敘述性的。不過，另外也有許多學者，包括Machiavelli本人在內，為此一論點提出辯護。事實上，他們認為正因為社會上確實存在許多利己主義者，因此他們的假設才能得到證實。儘管兩派學者抱持著不同意見，但是所有現實主義學者基本上仍同意強調利己主義與私利的概念，在（國際）政治中具有相當程度的重要地位。「最重要的是，要避免對人

性抱持或提出超過其所能夠達到的要求」（Treitchke 1916: 590）。「對人性不抱有任何信念或信賴是必要的。這種信念可說是近來形成的異端邪說，而且是會帶來災難的」（Butterfield 1949: 47）。

　　絕大多數現實主義者都同意，「驅使人類採取行動的因素，是獲取權力以外的其它慾望，而權力也不盡然就是國際關係中的唯一面向」（Spykman 1942: 7）。Niebuhr則進一步將他提出的「原罪」（original sin）主張，與他堅持「人類並非永遠是自利的」之論點結合在一起（1944: 123）。他甚至認為要以一個「適當、合理的態度來看待人性」，如此才能「公正地評斷人類生活的總總」（1934: 113）。同樣地，Morgenthau也認為「要公平地對待並接受慾望是人類動力的基本要素之一」（1970: 61）。Kenneth Thompson同時並強調「人類本質上就是道德的生物」，他並強調「人類對公義有著永不滿足的需求」（Thompson 1966: 4, 75，可與Carr 1946: 145相比較）。

　　儘管如此，現實主義者基本上還是最強調自利的情感以及「在所有政治行動中，邪惡所表現出來的悲慘結果」（Morgenthau 1946: 203）。此外，由於這些特質都已經根深蒂固而無法消除，所以「衝突的發生也是無可避免的」（Niebuhr 1932: xv）。Carr則指出，「去想像一個人類不會再為了衝突的目的而組織團體的假設性世界，是毫無益處的」（Carr 1946: 231）。不管學者們有什麼爭論，現實主義者還是一致認為人性包含了自利情感這個核心要素；而且這些情感也確立了政治環境裡的中心問題所在。現實主義者也相信，政治家是否具有「治國才能」，端看其能否掌控人性中的自利面向而定。

此外，現實主義者亦強調其它源自於國際無政府狀態下的政治需求。[4]正由於缺乏一個國際政府，所以「叢林法則仍然相當盛行」（Schuman 1941: 9）。「文明與野蠻之間的差異，只是本質上相同的人性，在不同環境之下，所表現出來的不同現象」（Butterfield 1949: 31；可與Schuman 1941: 9; Spykman 1942: 141相比較）。在國家之中，真正的人性通常因為受制於層級節制的政治權威與法律規範之下，而無法真實呈現。但是在國際關係之中，無政府狀態不僅僅允許展露人性最醜陋的一面，甚至還鼓勵這種行為。「在愉悅的環境裡頭，善良的人性是相當不牢靠的，對我來說，同樣的人性一旦處在其它環境之中，也可能變得相當可怕」（Butterfield 1949: 44）。

這種由自利主義與無政府狀態所產生的互動，導致「權力在國際關係中，扮演著極為重要的角色」（Gilpin 1986: 305）。「搶奪權力的鬥爭，不管在何時何地，都是普世皆然的」（Morgenthau 1948: 17）。「日復一日的武力呈現與一再重複的屈服，也就形成了國家事務」（Waltz 1979: 186）。由此觀之，「安全」乃是意謂著一個比較不危險及不暴力的世界，而非意指一個平安的、公正的、或是和平的世界。同樣地，政治家的治國才能也是指緩和及管理衝突，而非是消弭衝突。

然而，在國際關係裡頭，從「正面」角度來看待強調權力及利益的觀點，卻引發了另一種對道德概念存疑的「負面」主張。現實主義者向來都認為，即使是合乎倫理道德的行為與目標，當與國家利益有所衝突之時，也必須屈從在「國家理性」（reason of state，即法文的raison d'état，亦可譯為「國家利益」）之下。現實主義這種解釋政治決策的說法，使個人主義的支持

者無可反駁（Niebuhr 1932, xi）。Morgenthau亦進一步強調，「在現實主義之下，普世的道德原則無法被運用在國家行為之上」（Morgenthau 1954: 9）。「至於其它比較沒有價值，或比較受限的標準，則必須要屈服在這種較有用的標準（現實主義）之下」（Kennan 1954: 49）。

現實主義的種類

一開始，我們可以根據兩個不同的面向，將現實主義學者大致歸類成兩個次群組。首先，第一個面向，也就是第一個群組的學者即是比較強調利己主義與無政府狀態為現實主義之核心，第二個面向，則是十分重視以嚴謹的現實主義途徑，來分析與解釋國際關係。

「結構現實主義者」（Structural Realists）就十分強調國際無政府狀態的重要性。舉例來說，John Herz便認為，在國際無政府狀態的情況下，「即使不同行為者之間並沒有相互侵略或其它類似的原因發生」，但為了爭奪更多的權力，彼此間仍會發生鬥爭（Herz 1976: 10，可與Waltz 1979: 62-63相比較）。當代的結構現實主義者通常也被稱做是「新現實主義者」（neorealists），藉以強調其較「新奇」的一面；此外，正由於結構現實主義者極重視結構主義，故稱之為「新現實主義者」，亦可與早期現實主義者加以區隔。

「生物現實主義者」（Biological realists）則比較強調固定不變的人性。舉例來說，Morgenthau就認為，「社會力量乃是人

性運作下之產物」；「這個群居性的世界，其實也正是人性的另外一種投影」；所謂政治問題，即是「人性在社會上轉變的結果」（1948: 4; 1962A: 7, 312）。此類現實主義者認為「衝突的發生原因，或許有部分可解釋為環境因素，但是（他們）相信即使沒有不良環境因素的影響，因為人類的自尊、貪慾、以及對榮耀的追求，彼此間也會發生永無止盡的戰爭。最終，衝突和戰爭的發生還是起源於人性」（Waltz 1991: 35）。Niibuhr也指出，「社會衝突與不公正的根本源頭，可以在人類無知與自私的天性中找到」（Niebuhr 1932: 23）

雖然這些理論家被稱為是「古典」現實主義者，但是我們並無法從這個名稱中，確實瞭解其主張的定位要旨究竟為何。事實上，所謂「古典」現實主義者，就是專指那些非「結構（新）主義者」而言。相比之下，以「生物現實主義者」來稱之，就顯得這些學者是自成一派，而也是一個比較正面的名稱，因為我們可從字面上看出其強調人性的主張。除此之外，我們不以當下居強勢地位的結構主義觀點來歸類這些學者，在現實主義不同研究途徑之間，也確保了中立性。

我們都知道，要區分生物現實主義及結構現實主義之間的差異是相當簡單的，然而，若過度強調這些差別，就會變得十分危險。結構現實主義者必須要對國家及個人行為的動機做出假設，我們可在第二章中得到更多說明。舉例而言，當基督教的聖徒與擁護霍布斯主義的自利主義者同時處在無政府狀態的環境之下，即便環境因素相同，也可能因為基於不同的信仰考量，而會有截然不同的行為模式。相反地，大多數生物現實主義者則認為，在無政府結構與層級節制之結構下所發生的行

為，僅會有些許差異存在。舉例來說，Morgenthau便十分重視因為「結構因素」所引發之不同的權力平衡行為模式（1954: chs. 11-14, 21）。換言之，不同理論之間乃是各有所長。

但是，從各學派間強調之重點的差異，我們的確可以看出結構現實主義的解釋力較強，尤其是當結構現實主義以新現實主義的形式出現時，其優點特別明顯。[5]再者，大多數結構理論也比較可以容忍改變，而且也接受非現實主義者在言語上的閃爍。因為無政府狀態較人性更容易被加以改變。「人類內在易受誘惑的本質，或許無法因為規範的建立而加以改變，但是一般來說，人類外在若干不好的行為，卻是可能隨著時代之進步而得到改善」，此外，在某些情況下，「適當且適時運用強制力，也可進一步改善人性，使人性得到進化」（Butterfiled 1960: 25, 1949: 33）。

前述提及非現實主義者在看待現實主義者時，言辭上通常會有模糊不清的情形，正好與我將要說明之現實主義的第二個面向，也就是現實主義理論的多樣性有若干雷同之處。

「基本教義派現實主義者」（Radical realists）對現實主義的三個前提：無政府狀態、利己主義、權力政治，所抱持的態度是重視且激進的。在Thucydides所著的《歷史》（History）一書中便記載著雅典派遣到梅洛斯島（Melos）的使節曾經提出此項看法。然而，我們卻很少遇到一個長久抱持基本教義的現實主義者。在本章稍後的內容裡，我將會對這個部分作一簡單說明。

「強硬派現實主義者」（Strong realists）對現實主義的假定亦十分堅決。從某種程度來看，對非現實主義者的論點，他們

能接受的部分是極其微小的。同時，此學派的現實主義者認
為，對（國際）政治或領導者的治國方略來說，現實主義都是
一個相當有幫助的理論。Morgenthau與Kenneth Waltz就是強硬
派現實主義的的兩個極佳代表。

　　「模稜兩可派的現實主義者」（Hedged realists），顧名思義
就是態度模糊。他們接受現實主義者對國際關係之根本「問題」
的界定，也就是接受無政府狀態與利己主義為問題之起源，但
是對以權力政治做為解決問題之方式的問題，卻莫衷一是，即
使是支持該學派的學者之間，也沒有相同的看法。[6] 舉例來
說，E. H. Carr便主張「我們最終還是無法在純粹現實主義中找
到一個適當的棲身之所」（1946: 89）。Herz也提出同樣的看法，
他認為「如果允許變革的理想被丟棄的話，人類目標也會喪失
殆盡，正如同人類目標會消失在一個烏托邦式的理想狀態之下」
（1951: v，可與Niebuhr的論點作比較，Niebuhr 1944: 126）。

　　也因此，模稜兩可派的現實主義逐漸採納了其它原本毫不
相干的論點。就某種角度來看，（非現實主義者）這種「模稜
兩可的態度」，與（現實主義者的）「核心要義」，具有等同的重
要性。這樣的發展，也使學術界對現實主義的定位有了更多的
爭論。究竟該從哪一個角度來看待現實主義，以及模稜兩可的
現實主義對研究國際關係的現實主義途徑有何啓示，都是我們
在第四章至第六章所要一再討論的重點。

六個現實主義者的典範

　　前文所論述的重點，在於抽離出現實主義的「本質」。而本章的其餘篇幅，則要將現實主義這個沒有精確定義的傳統思想與取向，比較忠實地呈現出來。首先，這個部分將簡單介紹對六個有助於形塑現實主義傳統思想的學者或模型，對其論點作一扼要的說明。

　　對於一個傳統思想的發展與傳達，我們用「典範」的概念來說明是相當適當的。任何一個人在學習一個傳統思想時，並不是只有透過強記該思想的命題論點而已，同時，也必須藉由研究與運用最好的典範才能得到瞭解。對正在求學的學生而言，在其思考及研究過程中，尤其應該倣效那些典範的研究方式。因為這些典範提供了若干「可以形塑在傳統思想內部，或者傳統思想與其他研究途徑之間進行辯論的要點」（Cusack and Stoll 1990: 53）。在這個小節中，我們分別從「黃金時代的雅典」（Golden Age Athen）、「十六世紀的佛羅倫斯」（Florance）、「十七世紀的英格蘭」（England）及「二十世紀的美國」（America）等四個時期中，挑出六個現實主義的重要典範。雖然在這些時期中，仍有許多學者值得介紹，但經過對這六個典範的介紹，相信對現實主義者的特質與論點就會有一初步的認知。

　　我們將從Thomas Hobbes開始介紹，他的主張或許可說是最接近前述現實主義定義的學者。接著我們將介紹Hans

Morgenthau與Kenneth Waltz。在過去半個世紀以來，這二位乃是生物現實主義與結構現實主義的最佳代表。我們的第四個典範即是賽局理論（game theory，亦可稱之博奕理論）中的「囚徒困境」（Prisoners' Dilemma）。這個典範則是以另外一種研究途徑來研究現實主義。最後，我們則是要檢視Thucydides與Machiavelli的主張。這二位學者與Hobbes，被公認為是對西方傳統政治理論中的現實主義有最為完整解釋的三位學者。

Thomas Hobbes

Thomas Hobbes是十七世紀在英國的一個博學之人。他總是告訴人們，他是在恐懼中誕生的。因為根據傳說，他的母親因為聽到西班牙無敵艦隊入侵的消息時，一時緊張，就將他生了下來。那時十月懷胎的時間未到，因此Hobbes可算是早產兒。Hobbes之所以具有成熟的政治觀點，相信是深深受到一六四〇年代的激烈的英國內戰所影響。Hobbes在一六五一年發表了相當有名的一本著作—《巨靈論》（Leviathan）。在此書的第十三章中，Hobbes認為利己主義與無政府狀態具有大致相同的重要性，由此便可看出其為一強硬派現實主義者。Hobbes假設人類是生而平等的，而在一個欠缺政府統治的環境之中進行互動。但是由於受到彼此間的競爭、個人因怯弱而缺乏自信、以及追求榮耀等因素所驅使，Hobbes最後做出一個十分著名的結論：人類生活的自然狀態，乃是戰爭狀態。

Hobbes的論點是從人生而平等所出發，而他也認為這個原則是屬於現實主義的範疇。Hobbes指出：「即使是最弱小的行

為者，也有足夠的力量可以殺死最強大的行為者，其手段可以是單獨採取秘密陰謀暗殺，或者是透過與其他行為者結盟，採取集體的行動」（par. 1）。[7]如果有某些行為者的能力比其他行為者更為強大，就有可能將社會規範強制實行在這些行為者身上。然而，如此一來將會造成行為者都具有差不多的能力，這種結果也就使原本已經是無政府狀態的世界更加危險。Hobbes 也就是以這種論點，來解釋他對人性的主張。

根據《巨靈論》一書的內容，Hobbes 認為，「在人類的天性裡，我們可以找到三種引發爭論的主要因素。第一就是『競爭』，第二就是『無信心』，第三則是『榮耀』」（par. 6）。

所謂的「競爭」，也就是「使人相互競求所得之利益」（par. 7）。既然我們每一個人都是平等的，那麼我們都會預期自己擁有的，至少會跟別人擁有的一樣多」（par. 3）。在一個無政府且資源稀少的世界裡，獲得任何有用的東西，也就暗示著不顧其他人的反應，「以武力的強制方式，不僅僅剝奪其他人的勞力所得，也搶奪其生活所需及其自由」（par. 3）。

「因為人人平等，所以造成行為者缺乏自信」（par. 3）、人人恐懼自危，此外，「因為行為者沒有自信，而使這個世界變得更糟糕」（par. 4）在沒有政府的情況下，「沒有任何方法可以確保自己個人的安全，因此這種預期的推論是合理的」（par. 4）。因此，最好的防守，便是擁有最好的攻擊：「任何行為者透過武力或者是陰謀詭計，去控制其所能掌握的所有其他行為者」（par. 4）。

即使這樣惡劣的世界還不夠糟糕，人類總還是虛榮的，會被追求榮耀的慾望所驅使。也因此，使得人類會因為「名譽」、

「一句話」、「一個微笑」、「一個不同的意見」、「一個輕視的手勢」，而互相爭鬥（par. 7）。

不管是為了確保自我安全、維護個人名譽，或者是爭取其它收益，人類都將會「盡可能的彼此毀滅或相互征服」（par. 3）。任何爭論，不管是什麼時候發生的，都可能會進一步惡化，甚而造成暴力衝突的發生。「當人類活在一個缺乏使他們敬畏之共同最高統治權力的時代之下，人類所生活的環境情勢就稱作為『戰爭』；換言之，也就是人人互相為敵的狀態」（par. 8）。

在這樣的狀態下，除了產生顯而易見的危險與其它缺點外，也阻斷了人類追求「更高」抱負的可能性。也就是說，在這種環境中，人類可以「沒有藝術；沒有文學；也沒有社會」（par. 9）。尤有甚者，「包括對與錯、公平與偏頗的概念，在這種情境裡，都沒有存在的可能」（par. 13）。根據這樣的推論，Hobbes歸納出一個在西方政治思想史中，最著名的結論：他認為，基於這些困苦的條件，「人類的一生，乃是孤獨的、貧困的、惡劣的、粗野的、短暫的」（par. 9）。[8]

我們可以發現，Hobbes把人類的個性簡化為一個只有喜好競爭、愛慕虛榮，或者是在生活上充滿恐懼等特質的模型，而這樣的模型，也成為許多漫畫用來表達男女平等主張的主題。但是，Hobbes自己也承認，人類個性上的特質，並不僅僅包括上述三項而已。他認為「人類的情感會驅使人類走向和平」（par. 14）。同時，他也強調人類是擁有理性的，而這樣的理性，會引導人類達成協議，進而制定『和平條款』（Article of Peace）」（par. 14）人類都是想要擁有更好的生活，因此人類甚

至能夠找出和平共存、共同合作的規範。然而因為沒有一個政府能夠強制執行這些規範，人類最後還是被迫走向戰爭。正是因為沒有來自於較高權威，人類於是無法壓抑本身想要剝奪他人財物的衝動，也無法讓自己不因為過度恐懼而對他人採取激烈的反應，更無法控制自己想要從他人身上得到更多尊敬與重視的念頭。

若我們要去臆測一個尚未社會化之前的自然狀態，則必須要透過一個能夠除去人類因為接受社會化的過程，所產生之各項詭異陰謀的實驗，進而顯露出固定恆久不變的人性本質。對Hobbes而言，人性乃是不可能被加以改變的。競爭、怯弱、以及榮耀等三項人性特質，或許可以因為來自對較高權力產生的恐懼而受到控制。但是，這些特質終究是不能被消除的。

從人類的天性來看，在一個無政府的狀態之下，我們即便是自由的，卻仍會走向毀滅的境界，甚至引導出自我毀滅的結果。因此，政治的任務也就是要以層級節制下的政治威權，來取代無政府狀態下之平等。這種威權，也就是一種「恐懼的力量」（par. 11），足以「讓眾人感到敬畏」（par. 5）。儘管如此，國際關係仍然是無政府狀態下的產物，戰爭也依舊存在。換言之，「君主威權下的君主與人民，是以鬥爭的姿態，處在相互對抗的狀態之下：彼此之間互相敵視，手上的武器及眼光皆瞄準對方，隨時想要打敗對方」（par. 12）。從此觀之，除非出現一個世界政府，否則人類將永遠無法置身於戰爭狀態之外。

Hans Morgenthau

Hans Morgenthau是一個從納粹德國逃到美國的難民，更是一九五〇年代與一九六〇年代最富盛名的現實主義學者。同時，他或許也是「信仰現實主義最為虔誠的信徒」（Parkinson 1977: 163）。絕大多數人都會同意Vasques的看法：在研究國際關係的領域中，「Morgenthau的著作，乃是建立現實主義典範，並使現實主義典範能擁有最高優越性的最重要動力」。在美國的學術界裡，這種看法尤其得到一致性的認同。

雖然同時身為一個多產的學者與新聞工作者，但Morgenthau真正為研究國際關係的學生所知，乃是因為在他的著作《國際政治》（*Politics Among Nations*）的第一章中，Morgenthau透過簡潔有力的論述，清楚說明了現實主義的基本原則。[9]他用俐落的文字直接解釋這些原則的內涵，運用生動且一般大眾容易接受的語調加以進一步陳述，並總結這些看似簡單，但卻包含了極廣大的哲學、理論以及政治世界觀的重要原則。

1. 「政治現實主義相信政治就如同社會一樣，乃是被根源於人性的實存法所統治與管理」（1954: 4）。
2. 「幫助政治現實主義找到其在國際政治領域上之定位的主要標的物，即是以權力來加以定義的利益概念」（1954: 5）。
3. 權力與利益的概念，會隨著時空轉變而有所不同（1954: 8-9）。

4.「現實主義普世的道德原則，無法適用在國家的行為之上」（1954: 9）。

5.「政治現實主義拒絕認同特定國家認為道德法規能夠治理全世界的道德理想」（1954: 10）。

6.「政治現實主義與其它思想學派之間的差異的確是存在且深刻的……不過，就其內涵來說，政治現實主義還是在政治思想領域上佔有絕對的優勢」（1954: 10）。

Morgenthau所主張的生物現實主義，乃是我們在第二章中所要探討解釋的重點之一。在第六章時，我們亦將有機會可以進一步分析Morgenthau為什麼會強烈反對以道德原則作為外交政策的主軸。

Kenneth Waltz

Kenneth Waltz在一九七九年出版了《國際政治理論》（*Theory of International Politics*）一書。這本書在出版後的十年內，不但是學術界研究國際關係最重要的理論文獻，而且無疑是詮釋當代新現實主義最權威的一本著作。直到今日，這本書仍然是現實主義學者與其批評者所必須要仔細研讀的經典。Waltz在此書的內容中，將其主張結構現實主義的態度完全表露無遺，他也因此成為結構現實主義的最佳典範。

「儘管不同國家與國際行為者之間的特質與互動情形有很大的不同」，但是Waltz卻認為「數千年來，國際關係實質的特質卻是鮮少改變的」（1979: 67, 66）。他也深深對這種同質性感到

印象深刻。Waltz並指出，國際社會之所以一直保有這種相似的特質，主要原因即由於國際結構是處於無政府的狀態。

　　一般而言，區分和定義不同政治結構的首要方法，即是根據這些結構的階層原則而定。而是否具備這種階層原則，即視政治行為者是否被安置在所組成的威權主體與次級主體之層級關係中而定。相較之下，國際關係則是在無政府狀態內所形成，也就是發生在一個沒有層級節制的政治結構中（1979: 88-99）。事實上，層級關係並非是由較具威權的行為者獨斷地制定，而是由原本出發點平等的政治行為者不斷地交流互動下，所自然形成的結果。至於無政府結構與層級節制政府間既有之不同的限制、際遇與運作規則，則可從比較政治與國際政治間的傳統區別中，一窺究竟。

　　除了階層原則外，政治結構亦可透過不同的個體所具備之功能上的差異，來加以定義。「層級節制限定了上級與下級之間，在整個體系中所形成的從屬關係，而這種從屬關係，也就意味著不同個體間的差異」（1979: 93）。我們可從簡單行政、立法、司法三權分立此一最標準的範例中看出這種關係。

　　然而，在無政府且缺乏秩序的狀態下，Waltz主張每一個國家都是獨立自主的，同時基本上都是平等的政治實體，而必須透過這些個體所擁有之資源，才能瞭解其真正的利益所在。在這種無政府的環境中，「每一個個體的主要行為動機，就是要取得一個能夠保護自己的位置。因為在這個環境下，自己的生存安全，除了主動爭取，並沒有其他人可以依靠」（1979: 107）。因此，每一個國家都必須爭取扮演各種重要的結構功能。由此觀之，雖然在不同國家之間，存在著不明顯的政治勞

力分工，但是卻沒有真正顯著的功能性差異。

Waltz接著說，國家之間主要的差異，「乃是『能力』，而非是『功能』。不同國家所執行，或者試圖要爭取執行的各項任務工作，其實對它們來說都是一樣的；而這些國家要追求的目標也都十分相似」（1979: 96）。從它們追求的目標來看，不同國家之間並沒有很大的分別。但是，若從完成這些目標的能力來看，不同國家間就有很大的程度差異存在。「國家政治乃是由許多不同的個體，扮演著特定的功能所形成。而國際政治，則是由具有相同性質的個體，去倣效其它個體的活動所形成」（1979: 97）。

第三項用以界定政治結構的特質，乃是不同個體之間的能力分配。如果國際社會真的是處於無政府狀態下，而且在國家與國家之間，也沒有明顯的功能性差異存在時，我們就可以單純地用行為者之間的能力分配來區分國際政治結構。簡單地來說，若從過去的歷史來看，也就是以強權國家的命運來定義國際政治的結構（1979: 72, 94）。用更簡單的話來說，國際秩序是否安定，會隨著強權國家的數目增減而有所改變。Waltz便極力強調由兩個強權國家所支配的「兩極體系」（bipolar systems），與由三個或三個以上強權國家所支配的「多極體系」（multipolar systems），這兩種不同體系之間所存有的差異（1979: ch. 7-8）。

Waltz接著說：「如果有任何解釋國際政治的特定政治理論存在，那一定就是『權力平衡』（balance-of-power）理論了」（1979: 117）。因為該理論認為國家乃是權力的集合體，而在無政府的環境中相互競逐權力。Waltz認為，在無政府狀態下，不

管是在「兩個國家，或者是多個國家並存」，權力平衡政治都具有較佳的解釋力。在這種無政府的狀態下，「沒有一個較具威權的上位者，會協助較弱小的國家，或者是給予這些國家能夠達到其目標之任何形式的資源協助」（1979: 118）。

權力平衡理論的核心重要結論，在於國家會選擇「平衡」（balance）其他行為者，而不是選擇「依附」（bandwagon，簡單來說，就是西瓜偎大邊）強權（1979: 126）。[10]在層級節制的體系下，由於有完善的政治秩序，Waltz認為由於政治行為者抱著「失敗，並不會讓他們的安全陷入危險境地之中」的觀念，因此會比較傾向於選擇「跳上領先候選人的花車」，或者是與剛剛獲得勝利的贏家站在同一陣線。然而，在無政府狀態下，選擇跳上強權的花車與強權站在同一邊，反而會招致入侵，成為強權手中的獵物。每一個國家都必須要時時注意與其它國家之間的相對力量大小，因為其它國家所擁有的力量，尤其是強權國的力量，都是一種威脅，而非是誘惑。因此，國力較弱小的國家在沒有任何其它選擇之下，只好希望早點與勝利者結盟的結果，會使它們的生存和（至少部分）其它國家重大利益能夠得到保存。儘管如此，只有那些有勇無謀的國家會願意承擔投靠失敗的風險。事實上，Waltz認為這些弱國會選擇「平衡」其它強權國的力量，而不是直接選擇投靠強權國。

因為結構壓力所形成的平衡結果，雖然解釋了國際關係的核心問題，但仍有某些問題無法得到解答。舉美國與蘇聯曾在第二次世界大戰中結為盟國的例子來說，即使因為內部文化與歷史歧異上的因素，在二次世界大戰爆發的前二十年裡，兩國的關係是水火不容。然而，二次世界大戰爆發後，由於有一個

共同的敵人存在，為了共同對抗外敵，這兩個國家最後只好選擇結盟。然而，二次大戰結束之後，美國與蘇聯又再度成為彼此競爭激烈的對手。不過，依照權力平衡理論的邏輯來看，兩國的衝突與對抗，乃是因為競逐能力的分配所產生，而不再是基於內部文化與意識型態上的差異了。不管何時何地，當兩個主要的強權國碰面時，彼此就是對方國家安全及生存上真正唯一的威脅，而兩國的關係除了互相為敵外，也別無其它可能的發展。不管兩個主要強權國的喜好偏向，或者企圖意向為何，其生存之道，都是必須去平衡對方所擁有的力量。

　　總的來說，Waltz所主張的結構現實主義並沒有否認不同國家內部差異的存在，甚且還認同這些差異的重要性。不過，結構現實主義也的確企圖「將除了能力之外的其它國家特質都予以抽離」（1979: 99）。之所以抽離其它國家特質，主要乃是為了突顯出在無政府的狀態下，唯有能力分配的互動，才是形塑國家間關係的主要方式。「或許行為者可以隨其喜好而採取行動，但最後仍會產生出制式的行為模式，而且此模式乃是起源於整個體系的結構限制」（1979: 92）。Waltz進一步指出，「國家當然可以選擇做出任何自願的愚蠢行為，但是它們可能會因為順從結構壓力，採取適當的因應行為，而得到獎賞；同時，也有可能因為一意孤行，做出違反結構壓力的行為，而受到懲罰」（1997: 915）。Waltz的意思也就正如John Mearsheimer所說：「經過分析，體系會強迫國家依據現實主義的支配來行事，否則國家就會有走向毀滅的風險」（1995: 91）。

The Prisoners' Dilemma

　　因為受到運用數學、統計，或者是嚴謹邏輯思考方式作為研究途徑的影響，當前學術界對於社會科學的研究，越來越走向追求擁有高精確度及正規形式化的理論。第二次世界大戰後，經濟學領域發展出一套以數學推理為基礎的賽局理論。這套理論在過去二十年來，受到許多研究國際關係之學者的採用與歡迎。[11]由於行為者的行為可能會隨著周遭其它行為者的反應，而有程度上的改變或調整，賽局理論的目的，也就是試圖將行為者之間這種戰略上的互動予以形塑化，進而找出一套標準化的互動模式。在賽局理論之中，有一個稱為「囚徒困境」（The Prisoners' Dilemma）的特殊模型，正是具有現實主義要義的一個典範。

　　The Game of Prisoners' Dilemma：在賽局理論裡，最簡單的模型結構只有包含二名理性的行為者，而這二名行為者在彼此的互動上，只有二種策略可供選擇。第一種，就是一開始就採取合作的態度（合作，cooperate），第二種則是一開始就抱持著競爭的立場（背叛，defect）。我們可從圖1.1中清楚地看出，在這種有限的策略前提下，每個二乘二（two by two）的賽局一共只會有四種可能的結果。行為者的每一次策略選擇互動，都被紀錄在圖1.1的每一個方格中，第一個行為者（玩家）選擇的策略列在圖形的左邊（行），而第二個行為者的策略則列在圖形的正上方（列）。根據個別行為者選擇的策略偏好，這個賽局可以得到四種不同的結果，由不同行為者所組成的互動結果，也

圖1.1　廣義的2╳2賽局

第二行爲者
（欄）

合作	背叛
CC R, R	DC T, S
CD S, T	DD P, P

R=「獎賞」（CC）　；T=「引誘」（DC）
S=「受騙」（CD）　；P=「處罰」（DD）

都不盡相同。因此，每一個賽局都有其特殊與不同之處。

　　基本上，我們有二種常見的方法，可以將這些策略簡單地標示出來。最常見的方式，是使用D代表背叛（defect），用C代表合作（cooperate），並且將各組不同的策略配對，以先行後列的方式，予以紀錄。換句話說，若我們以順時針的方向來解讀圖1.1，則依序看到的策略配對是CC（二位行爲者皆採取合作態度）、CD（第一位行爲者採取合作態度，第二位則採取背叛態度）、DD（二位行爲者皆採取背叛的敵對立場）、DC（第一位行爲者採取背叛態度，第二位則採取合作態度）。另一種常見的標示方式，則是以R代表獎賞（reward，也就是二位行爲者都採取合作態度）；以T表示引誘（temptation，先引誘對方採取

合作態度，再以背叛行為回應之）；用S表示受騙（sucker，在本身採取合作態度下，被另一位行為者背叛）；以及用P表示處罰（penalty，二位行為者都採取敵對背叛態度）。

這些標記略語，乃是引用自二乘二賽局操作七十八次後的結果。我們之所以將這種賽局稱之為「囚徒困境」，可以用一個簡單的故事來加以闡釋。曾經有二個小偷被警察所逮捕，並且被分開審問。由於沒有確鑿的證據，警察在審問每個小偷時都指出，只要願意認罪，並且做出對另一人不利的證詞，那麼就可以得到減刑的優遇。然而，這二個小偷並不知道，只要二人都不招供，則法官僅能以很輕微的罪名將他們判刑。

在囚徒困境的賽局中，小偷選擇策略的優先順序是T＞R＞P＞S。換言之，也就是引誘（讓另一位小偷招供）策略優於獎賞（二人皆保持緘默），而獎賞則優於處罰（二人皆坦白招供），而處罰的策略則優於受騙選項（選擇招供，但遭到另一位小偷背叛）所得到的結果。[12]假使其中一個小偷決定接受警方提出的建議與警方合作，選擇背叛同伴：也就是當同伴保持緘默時，自己認罪且做出對同伴不利的證詞。在這種情形之下，坦白招供的那個小偷，其最後受到的處罰將會比選擇其它策略更輕。然而，最重要的是，為了避免遭到同伴的背叛，而使自己得在監獄中服上一段很長的刑期，小偷會選擇先下手為強，背叛自己的同伴。從這個角度來看，可以發現背叛同伴所得到的報酬會最高（4分），而被同伴欺騙之結果，得到的報酬會最低（1分）。因此，如果我們（依順序）將這些偏好策略套入圖1.1中，則可得到圖1.2的結果。

當我們進一步詢問囚犯，若依其理性的思考，究竟應會選

圖1.2：囚徒困境

T>R>P>S
DC>CC>DD>CD

第二行爲者
（欄）

	合作	背叛
合作	CC 3, 3	CD 1, 4
背叛	DC 4, 1	DD 2, 2

第一行爲者（列）

R=「獎賞」（CC）　；T=「引誘」（DC）
S=「受騙」（CD）　；P=「處罰」（DD）

擇背叛（招供）或者是合作（保持緘默）的策略時，在他們的
心裡就會出現左右爲難的困局。一旦二個小偷都選擇合作
（CC），則他們可得到第二高的報酬（在圖1.2左上角的方格
中，「獎賞」策略的報酬爲3,3）。不過，採取合作的策略卻必
須承擔遭到同伴背叛的風險。因此，即使雙方都知道採取合作
態度，可能得到較大的利益，但囚犯仍不敢冒險。最後都會寧
願選擇背叛策略，也不願意合作。在這種情形下，我們可以清
楚地看出，儘管囚犯所得到的報酬會十分不理想，但最後能化
解此困境又符合策略考量的解決方式，只有相互背叛。

　　工具主義與實質的理性化衝突。採取背叛的理性策略實際

上乃是相當愚蠢瘋狂的：這種策略會讓彼此得到的報酬遠低於雙方採取合作策略所得到的報酬。儘管如此，在此互動結構中，這些行為者的策略偏好仍然排除了其它可能的結果。

如果行為者（玩家）可以簽訂一個相互合作的協定，並且制定特定的機制來強制執行這個合作協定，那麼或許可以藉著降低被同伴背叛的風險，而達到增加合作的可能性。如此一來，要在這個兩難的困境中做決策，亦有可能變得較不困難，甚且是可以完全避免這種困局。另一方面，即使沒有任何強制性的機制，透過提高相互合作（R）帶來的報酬，或者是降低相互背叛（P）結果的損耗，也有可能會增加雙方合作的意願。我們所討論的這種情況，或有可能發生在十分穩固的罪犯夥伴關係中。因為這些罪犯明白此一特殊的互動方式，有可能會帶給他們最有利的結果。此外，另一種解決兩難困境的根本方法，就是徹底改變行為者的策略偏好。舉例來說，在小偷之間設立一套榮譽準則，也能使他們不再視相互引誘背叛的策略為其最佳選擇。但是，除非整個互動結構或者行為者的偏好可以真正的被改變，否則此一兩難困境，是不可能被避免的。

現實主義即是囚徒困境（Realism as PD）：現實主義被視為是一套關於國際關係核心特質的理論，同時也表現出囚徒困境的特色。前文所提到關於囚犯之 $T > R > P > S$ 的偏好順序，正是說明現實主義之利己主義與無道德主義的最佳例子。如同一般人的認知，在國際無政府狀態之下，排除了任何走向合作之強制性協定達成的可能。因此，即使行為者之間存在著強烈的合作動機，國際關係仍通常被認為是危險的、競爭的，以及充滿衝突的。

　　爲了進一步說明國際關係的情況，John Hertz首先提出囚徒困境的另一種模式，並稱之爲「安全困境」（security dilemma）。後來，Glenn Snyder則進一步將此概念的邏輯加以清楚地陳述。

> 由於對其他行為者的真實企圖充滿了不確定性，某位行為者採取的安全保護措施會被其他行為者視為是一種威脅；其他行為者因而同樣採取必要的因應步驟來保護自己；而這樣的結果，則會使率先採取安全措施的行為者更佳確定其最初的假設，也就是其他行為者是危險的；這樣因為不實恐懼與不必要防衛所產生的互動，會像螺蜁一般再重複發生，進而造成所謂的「安全困境」（1997: 17）。

　　Robert Jervis曾經在一次討論中，對此概念提出看法。他認爲之所以會形成這種困境，主要乃是因爲「許多國家所採取之用以提升自我安全的措施，會降低其它國家的安全」所致（1978: 169）。

　　而Herbert Butterfield也提出與Jervis類似的觀點，同時以「霍布斯式的恐懼」（Hobbesian fear）來看待這種國家間的困境。

> 你可以想像一種情形：你和一個過去一直與你存在著高度敵意與相互對抗的人，一起被鎖在同一個房間裡，而你們二人手上都有一把手槍。此時，你會發現自己陷入一個困境之中，究竟你是不是要和另一個人一起把手槍丟出窗戶外面。然而，最後你會無法做出這種決定（1949: 89-90）。

因為處於無政府的狀態之下，即使我們有極為善良的念頭，也可能不得不打消。更何況，現實主義者早已認為這種善良的念頭是不太可能存在的。

此外，現實主義若以囚徒困境的形式出現，則並不需要假定任何固有人性的存在，或者是有一個完全由利己主義者與無道德主義者組成的世界。事實上，因為缺乏大一統的政府，只要有少許無恥的行為者存在，就足以影響其他原本願意依循理性為之決策的行為者，或者是將強迫其他行為者以邪惡來取代原本善良的意圖。舉例來說，那些願意遵守諾言的國家，可能會成為不顧道義之鄰國手中的犧牲品。若我們以Hobbes的論點來看：就算是最能夠控制自我追求利益與榮耀意志慾望的人，在無政府狀態的環境之下，也會將自身之外的行為者看成是具有潛在威脅的敵人。若不如此，就有可能喪命在這些行為者手中，或者成為其附庸。

正如同George Schwarzenberger所言：「在這種社會中，是由最低階、最原始的法律來予以掌管」，因為連那些喜愛和平與合作的人，也「無法避免接觸那些以武力為治國政策的行為者」。「不管一個國家在其外交政策行為上多麼自制，都必須要懷疑其它國家真正的企圖為何，因為其它國家的統治者可能會選擇站在有利的位置，傾向於用武力來達到擴張的目的」。「每一個世代都有潛在或實際存在的害群之馬，其他人將因此而無法在和平環境下生存」（1951: 14, xxi, 156, 15）。

囚徒困境同時也有效地強調了慾望與成就之間的政治距離（political distance）。即使所有的行為者都渴望追求一個合作性的結果，但是走向相互毀滅的競爭，卻可能仍無法避免。正因

爲缺少保證達成合作的建制，或者是其它能夠允許行爲者冒險採取合作態度的機制，同時也缺乏促成分享合作利益協定簽訂之步驟，因此，我們將依然陷在無止盡的、循環的競爭螺蜒之中。

Thucydides' Athenian envoys

關於現實主義的主張，不僅可在當代思潮中找到，其實，在古代也一樣有類似的討論。Thucydides 曾經寫過《歷史》一書，這本書是記載關於雅典與斯巴達在西元前五世紀末期所發生之「伯羅奔尼薩戰爭」（Peloponnesian wars）的始末。其中稱之爲〈梅里安對話錄〉（Melian Dialogue）的章節，乃是闡釋現實主義傳統思想最爲有名的文章（V.85-113）。[13] 在這個對話錄中，派遣到梅洛斯的雅典使者曾經在言行間流露出現實主義的特質，甚而可從中看出其代表的類型乃是基本教義派現實主義。

梅洛斯島本來是個中立的島嶼，然而雅典卻企圖要併吞該島，於是雅典先派遣使者到梅里安島，嘗試說服當地島民投降，以免浪費時間、金錢，並可避免無止盡的折磨。雅典人向來自認爲是世界上最聰明、務實的民族，因此，當他們併吞梅洛斯後，便禁止梅里安人談論任何關於對與錯的問題，甚至連一些文學、藝術方面的討論，都予以禁止（V.89）。相對地，雅典人只同意梅里安人可以談論關於梅洛斯安全的問題（V.87），以及雙方面共同的眞正議題，也就是權力與利益。「當世界不斷的前進，任何你所知道的，以及我們所作的，究竟是對的或

錯的，都要從權力觀點來加以評斷。因為強者能夠做他們想做的事，而弱者則只能承受後果」（V.89）。換言之，身為弱者的梅里安人雖然對雅典的入侵表示抗議，但最後仍然只能屈服，而沒有其他選擇。

正如同雅典人所說：「自由乃是權力的衍生果實」（V.97）。對梅里安人來說，因為誤判局勢，若一直堅持保有其獨立地位，將會帶來悲慘性的結局。因為「雙方競逐的出發點並不是公平的，勝者雖然能夠得到獎賞（新領土或獨立地位），但敗者得到的僅是羞辱。然而，能否保存自我的性命，才是最值得考量的」（V.101）。「唯今之計，只有先求得自身的安全，因為在危險的環境中，是無法獲取公正與榮譽的」（V.107）。雅典人的主張，很明顯的就是這個世界所運行的方式。

> 不管是我們所信仰的神明，或者是我們所知道的民族，都會依循符合他們自身本性的必要法則（強者併吞弱者），來統治他們所能夠掌管的疆域。而我們（雅典人）並不是第一個創造這個法則的民族，也不是這個法則的最先實踐者。我們發現早在我們之前，這個法則就已經被實施了，因此，也應該被永遠實施下去。我們所做的，只是利用這個法則。我們也知道，當你們（梅里安人）或者是其他民族擁有跟我們一樣強大的力量時，你們也會做出和我們一樣的行為（V,105.2）。

儘管雅典使者將這些話明白的告訴梅里安人，但是最後梅里安人依舊選擇為他們的獨立而戰，完全不顧成功的機會有多渺茫，以及可能的犧牲有多嚴重（V.112）。毫無疑問地，雅典

人當然贏得最後的勝利。戰敗的結果，有許多梅里安男人被殺了，而女人和小孩則被賣為奴隸。雅典方面則派出殖民官，重新整頓梅洛斯島（V.116）。

在戰爭爆發之前，Thucydides在其《歷史》一書中，記載了一位雅典人於斯巴達盟邦在雷西德蒙（Lacedaemon）的國會上所發表之演說。從其演說中，可以明顯地看出前述雅典人主張的思考邏輯。雅典使者試圖要為他的國家辯護，他認為「那些能夠運用權力的人，並不需要訴諸於公義」（I.77.2〔Smith〕）。儘管使者宣稱出兵乃是基於「公正的理由」（fair title）（I.73.1, 76.2），但卻也承認雅典身為「凌駕於自主盟國以及共同討論協議之上的領袖，已然是一種強制性的統治（arche, empire）。

> 如果我們接受一個帝國的存在，並且同意其可在恐懼、榮譽、與利益這三個強大動機驅使下行動，那麼即使這個行動並不是非常名譽的，卻也不會是違反人性的。事實上，這並非是我們所杜撰的例子，因為「弱者必然屈服於強者之下」，乃是亙久不變的法則（I.76.2，可與I.75.3作一比較）。

雅典使者甚至指控他們的敵人是虛偽假善的。「除此之外，我們相信我們的確有資格擁有這種地位，而你們之所以群起反對，乃是因為利益計算使你們開始要求公正」（I.76.2）。

和我們所討論過的其他典型一樣，Thucydides筆下的雅典人試圖將其行為訴諸於類似法律的規範，在這種規範下，國際政治於是被劃分在由權力與需求所形塑的範疇之內。此外，由

於這些規範所強調的乃是要求公正與要求權力之間的衝突，因而可說是特別的重要。

細心的讀者看到這裡，可能會發現我所談論的，都不是Thucydides個人的觀點，而是雅典使者在梅里安或雷西德蒙所發表的主張。儘管這些主張以及《歷史》一書的其他部分都可看成是支持現實主義的立場，但是，卻仍存有許多模糊的觀點以及限制。在第六章中，我將進一步解釋為什麼這些觀點與限制的重要性，會大於書中所包含的現實主義主張。不過，我們仍不可否認〈梅里安對話錄〉乃是闡釋現實主義傳統思想的基本重要文獻之一。

Machiavelli

在早期現實主義學者之中，或許沒有任何一位學者比同時兼具十六世紀最偉大的佛羅倫斯外交官、史學家、理論家與劇作家等不同身份的Niccol・Machiavelli更為重要了。即使到了今天，當我們提到現實主義或者是政治思想時，「馬基維利主義」（Machiavellianism）必然是最先出現在腦海裡的詞句之一。

Machiavelli向來認為人性是相當卑劣的，他在一首詩中將人性形容為「貪婪不知足的、傲慢自負的、詭計多端的、善變的、邪惡的、不公正的、暴力的、野蠻未開化的」（1965：736）。「我們可以如此看待人類：他們是忘恩負義、善變無常、覬覦王位的一群偽君子，也是逃避危險的懦夫，並無時無刻不在追求利益」（P17〔3〕）。[14]「人類絕不會主動為善，除非是受到情勢的壓迫」（DI.2〔3〕：可與P23〔3〕相比較）。

「人類的所作所爲都是錯誤的，此外，也沒有什麼能夠阻止人類犯錯」（DI.58〔4〕；可與DI.Prefece〔3〕，40〔9〕，46〔1〕DIII.43〔1〕相比較）。

在Machiavelli所描述的世界中，權力和安全乃是最爲重要的考量。「一位賢明的君王，除了戰爭的藝術之外，就應該沒有其他的目標及興趣」（P14〔1〕）。儘管一個秩序井然的國家必然奠定在「完備的律法與精良的軍隊上」，但更進一步說，精良的軍隊甚至比完備的律法更爲重要，因爲「沒有精良的軍隊，就沒有完備的律法」，但，假若有精良的軍隊，則律法必然完備」（P12〔1〕）。在宗教的層面，Machiavelli也曾提出「凡有武力的先知必然獲勝；凡無武力者則遭毀滅」（P6〔4〕）。

此外，Machiavelli認爲政治成功的重要性是凌駕於其它所有考量之上的。「人類總是根據結果來判斷其行爲的對錯」（DIII.35〔1〕）。「因此，只要君王能夠獲勝，並且維繫國家的生存，則君王使用的策略工具都將被視爲是正當榮耀的，而且也會被所有人所稱頌」（P18〔6〕；可與P3〔12〕相比較）。

在此同時，我們也應當注意到Machiavelli對政治暴力的行動，有著特殊的偏好。Machiavelli舉了一個例子：十六世紀的鮑吉亞（Cesare Borgia，其父爲教宗亞歷山大六世）公爵爲了鎮撫其屬地羅曼迦那（Romagna）人民的抗議，遂派遣其親信第·倭柯（Remirro de Orca）以高壓統治的方式管理該地。經過一年的統治，倭柯的確將羅曼迦那治理得井然有序，但是一連串的流血鎮壓，卻換來當地人民的憎恨。儘管如此，鮑吉亞公爵授意窩柯實施的高壓統治，卻爲窩柯帶來不幸。不久後，鮑吉亞公爵爲了平息人民的怨怒，決定將窩柯處死。「在一個

早晨，窩柯被發現棄屍在廣場之上，身首異處。屍體旁還留著一塊木頭以及一把沾滿血的小刀。這個殘暴的局面，使當地的人民一度感到滿足，但也十分震驚」（P7〔4〕）。不僅如此，Machiavelli也對古羅馬時代對自由的愛好深深寄予欽羨。他認為這種愛好是緊密建立在「許多暴力與流血衝突的犧牲性行動之上。在這些行動中，有很多動物因此被殺害。然而，因為這種情景實在太過可怕，卻使得人類喜歡上這種情景」（DII.2〔6〕；可與DIII.49〔2,3〕，P17〔5〕相比較）。（譯者按：關於此處的典故，可進一步參考Quentin Skinner所著之Machiavelli一書。此書有蔡英文教授所翻譯的中文版，詳見《馬基維利》，聯經出版社）

對於這種暴力的稱頌，已經不是單純是反映出個人的心裡特質，或者是某一年紀的特殊習慣。對Machiavelli而言，人性之邪惡與自私的強趨，只能夠透過外力來強行壓制，有時候甚至必須透過暴力的手段才能得到克制。用Machiavelli的話來說，即使是一個善良的人，也必須依據情勢的轉變，而適時地做出違反正義公理之事」（P18〔5〕）。

和之前說明Thucydides的論點一樣，我將在後文強調在Machiavelli著作中的非現實主義特質。儘管如此，現實主義的精神是深深根基於Machiavelli的政治理論中，乃是無庸置疑的。

現實主義與國際關係之研究

本章的其餘部分將會簡單說明在二十世紀時期的國際關係研究中，現實主義究竟扮演著什麼樣的角色與地位。同時，這個段落也將介紹讀者進一步瞭解其他幾位現實主義者的論點與見解，這些學者的著作在本書後面的章節中，都會做更深入的討論。

第一代現實主義學者

長期以來，雖然研究國際關係的學者主要都是歷史學家與法學家，然而，到了二十世紀初，尤其是第一次世界大戰後，國際關係已經逐漸成為一門獨立的學科。眾所周知，早期研究國際關係的學者們，大多受到我們所說的「自由國際主義者」（liberal internationalists），也就是「理想主義者」（idealist）深深的影響。[15]然而，由於強調權力平衡外交的概念並無法避免毀滅性戰爭的爆發，這些學者在理想破滅後，開始決意以人類理性以及組織化的建構，並以謀求共同利益的新秩序概念，逐步取代傳統重視國家利益的老舊概念。舉例來說，在西元一九一〇年創立的「卡內基國際和平基金會」（Carnegie Endowment for International Peace），就在美國本土扮演著推動此一新概念的重要角色。

儘管學術界提出了新思維，但是在以自由國際主義者，如

美國的Pitmann Potter與James Shotwell，以及英國的Norman
Angell與Alfred Zimmern等人所提出之理論爲主的國際關係領域
中，幾乎是完全沒有取而代之的可能。也因爲這種「壟斷」的
地位，當一九三〇年爆發國際危機，理想主義受到挫敗後，竟
然沒有任何其它主流的理論思想可以適時塡補學術界在此一領
域上的缺口。[16]最先嘗試去重新改變此領域研究方向的學者，
是於一九三六年離開英國外交工作，開始在英國威爾斯大學擔
任國際關係領域召集人的E. H. Carr。Carr上任後，便立即重新
設計教學的課程，將原本集中在國際聯盟之上的焦點重心，轉
移到強調權力以及歷史的研究之上。不久後，當第二次世界大
戰爆發之時，Carr也出版了他的成名作：《二十年危機》(*The
Twenty Years' Crisis, 1919-1939: An Introduction to the Study of
International Relations*)。在一九四六年版本的前言中，Carr以
愼重的口吻挑戰傳統觀念，指出在英語系國家裡的學術界與一
般普羅大衆，在一九一九年到一九三九年這段期間內，一直對
國際政治都存有錯誤的認識，因爲所有人都「忽略了權力因素
在國際政治中所扮演的角色與其重要性」(1946: vii)。

就在同一年，Morgenthau也出版了個人的第一本著作：
《科學的人間對權力政治》(*Scientific Man versus Power
Politics*)。然而，早在一九三二年，Reinhold Niebuhr這一位對
神學有深入研究的美國新教徒，就曾經寫過一本《道德的人間
與不道德的社會》(*Moral Man and Immoral Society*)。這本書對
剛開始萌芽的現實主義運動，有極爲深遠的影響。因此，無怪
乎Carr與Morgenthau二人都認爲他們的思想論點可歸功於
Neibuhr。在書中，Niebuhr主張「由於人類無法完全擺脫以自

我利益為優先的考量,來面對並真正看清楚其他夥伴的利益,而這種無能的性格也進一步使暴力(force)成為政治中不可避免的特質」。他接著指出,「為了維繫並安撫所處的群體,只有藉由權力來犧牲公正道義,而如此也造成不同群體間的和平遭到毀滅」(1932: 6, 21, 16)。

此外,Neibuhr也認為,如果我們運作權力的群體越大,則同情心所能發揮的力量會越小,同時,真正的道德理想與政治現實之間的距離,也將更為遙遠。同理可知,國際關係乃是牽涉到最大的社會群體(國家)之間的互動,也因此可說是最不道德的一門學問。「個人道德生活上始終存在的弱點(自利),也僅能提升到國家生活的某個位階」。我們所能想望的,也只有期待發自於道德倫理的愛國心能夠將「個人的無私轉換成屬於國家的利己主義」。然而,這種想望,卻只是自相矛盾的論點罷了。「國家也僅是表達、抒發以及呈現個人利己性格的集合體」。如此看來,「個人天性上的特質賦予國家利己主義有強大的力量,而這股力量就並非是宗教,也不是理性的理想主義所能完全阻撓的了」(1932: 107, 91, 93, 94)。

二次世界大戰後,在現實主義發展上佔有重要地位的另一位學者,則是George Kennan。他即是冷戰期間美國在外交上採用圍堵政策的主導者。西元一九五一年,Kennan將他於一九五〇年代芝加哥大學授課的內容,加上他在《外交事務》(*Foreign Affairs*)期刊上所發表的兩篇論文,一併集結成《美國外交》(*American Diplomacy*)一書。此書對美國向來在外交政策上嚴守道德主義與守法主義的行為,做了深入的批判與分析。到了一九五四年,Kennan又在其所寫的《美國外交政策的

事實》（*The Realities of American Foreign Policy*）一書中，繼續對「美國無法面對實際國際現實，反而自我催眠的軟弱感到哀悼」。甚而，他亦要求美國能夠自制於以權力及安全概念為主的國際政治之中。「實際上，若與個人關係相比較，如果國際政治中許多構成對與錯的不同要素真的存在，那也是難已被外界所輕易辨識出來的」。Kennan指出，一般而言，政府，尤其是其外交政策，「主要乃是由人類相互的限制所集合而成之拙劣的事務，而這些轉移給公民社會的事務，很不幸的，乃是起因於人類非理性的天性、人類的自私性格、固執、以及偏好暴力的特質」（1954: 26, 36, 48）。

　　除了上述學者之外，在一九四〇年代與一九五〇年代，仍有許多學者相繼在現實主義的研究中，扮演重要的角色。在美國，Nicholas Spykman與Frederick Schuman在一九四〇年初期就都發表了極佳的現實主義著作。而後，也有包括Morgenthau在內的後起之秀，繼續為文闡釋並發揚現實主義的論點。當然，這些人當中也包括了不少較少為人知的現實主義學者，例如Robert Strausz-Hup_以及Stefan T. Possony等人。另外還有兩位曾經是難民的著名現實主義者——Henry Kissinger與John Herz，也於一九五〇年代在學術界嶄露頭角。其中，Kissinger後來在一九七〇年代早期就成為美國國務卿。至於Herz則是一位著名的學者，同時也創造了前文所提到的「安全困境」一詞。

　　在英國內部，對於現實主義的研究也是十分盛行。Georg Schwarzenberger在一九四一年發表了《權力政治》（*Power Politics*）一書，此書乃是解釋現實主義基本要義最為詳盡的著

作之一，後來在一九五一年經過修改，再次出版。Schwarzen-
berger強調「相互懷疑與恐懼的心態是恆久不變的」。「權力在
國際關係中所擁有的強勢地位，主導著該領域的思想與行為」。
儘管「統治者與政治家都明白，他們仍應該根據國際道德倫理
為之行動」，但是權力概念卻不允許他們根據這些道德規範來行
動。Schwarzenberger進一步指出，國際倫理道德，就像國際法
一般，「都得屈服在權力政治之下，而且只有在不干涉國際行
為者對權力的鬥爭前提下，這些規範法則才有可能發揚光大」
（1951: 157, 147, 220, 224）。

到了一九六〇年代，現實主義已經在國際關係領域中，佔
有強勢主導的頂峰地位，甚而有人指出「真正反對現實主義的
人已經很難找到了」（Fox and Fox 1961: 343）。此外，值得我們
注意的是，現實主義在政治光譜上所涵蓋的範圍很廣，可從屬
於馬克思左派的Schuman與Carr，一直到屬於強烈反對共產主義
的右派學者Strauza-Hupé與Possony。學術界對國際關係的研
究，在第一次世界大戰後雖然是自理想主義的概念出發，但是
到了第二次世界大戰後，已經轉而建立在以現實主義為主體架
構的範疇中了。

現實主義的省思

儘管現實主義在二次大戰後逐漸成為國際關係理論的研究
焦點，但是在一九五〇年代晚期與一九六〇年代，一股抗拒現
實主義的反動浪潮聲勢逐漸增大，其主要攻擊的焦點在於現實
主義對國家利益與權力平衡所作的解釋。其中，又以對Hans

Morgenthau的批評最為猛烈。批評者認為Morgenthau對現實主義所提出的論點，只能說是太過於激進，而無法被他們所接受。

　　Morgenthau的論點強調「當國家發現其利益所在時，，就必須以此利益為採取行動的依據」（1962a: 278）。這種看法不僅反映出一種索然無味的反覆贅述，同時也是一種極端，甚至是過份的理論主張。即便是較為保守的批評者，例如Robert W. Tucker，也認為Morgenthau的著作中充滿著許多「顯而易見的矛盾、模糊、以及似是而非的觀點」。「如果國家利益在本質上可被比擬為地心引力，亦即是十分顯而易見的，那麼，政治家一直以來無法瞭解其確實意涵的原因，究竟何在呢？」（1952: 214, 216）。此外，假使政治家真的是依照以權力觀點來界定的國家利益為其行動之依據，那麼就不必被其他學者反覆督促告誡了，此外，若然如此，如Morgenthau等政策分析者也就沒有任何批評的對象了。

　　與其他現實主義者一樣，Morgenthau也認為權力平衡乃是國際政治下的「必然產物」，同時也是存在於國際政治生活中，「不可抹滅」的一個事實（1948: 126; 1951: 155）。然而，Morgenthau卻也認為「所有與權力有關的計算都具有不確定性，不但使權力平衡的概念無法被實際運作，此概念甚至可說是根本無法實際存在」（1948: 155）。若我們仔細的檢證，即使連「權力平衡」這個詞彙的意義，也是相當模糊的。因此，正如同Inis Claude所說，Morgenthau也承認他在解釋「權力平衡」時，共採用了四種不同的定義。如果加上實際操作的情況，則又必須增加第五種定義（1962: 25-27, 27ff. passim）。

現實主義到了一九六〇年代，已經逐漸失去過去在美國內部享有的優勢地位。[17]後來，不出幾年的光景，現實主義的學術地位更是嚴重滑落。等到一九七〇年代，在國際關係領域中出現了另一股對現實主義造成強大威脅的主流學派。這個學派是以自由國際主義的理論為基礎，而以全新的方式來強調國際互賴的發展過程。一九七〇年代的新自由國際主義學者揚棄了傳統現實主義對獨立自主之主權國家在無政府狀態的世界中，以個別行為體的角色為之行動的觀點。同時，他們更提出一個具有多元行為者的新世界，認為這個世界是由複雜的衝突與合作關係所構成的網絡所緊密結合而成。

由Robert O. Keohane與Joseph Nye所合著的《權力與互賴》（*Power and Interdependence*）一書於一九七七年出版。此書正呈現出國際關係裡的一種「複雜的互賴」模型。Keohane與Nye認為此一模型的特質包括許多不同與多元的行為者、大量且沒有任何優先順序或者由國家集體控制的國際議題、武力用途的衰敗、以及逐漸喪失轉換權力面向的能力（例如將軍事能力轉換成經濟繁榮）。[18]雖然這個「複雜的互賴」觀點從未取得學術上的優勢地位，反而因為學術界對安全研究與外交政策分析的重視而受到很大的忽略，但是不可否認，在國際關係的領域中，新自由國際主義的確成為取代現實主義的主流理論。

新現實主義的反撲

平心而論，儘管現實主義的地位不再，但是該理論在戰後的重要性卻從未完全消失。即使現實主義曾經被排除在國際關

係領域的研究途徑之外，但是在部分學者的著作中，仍然可發現對現實主義的強調與尊重（前述所提的Robert W. Tucker即為一例）。此外，在一些學術單位中，也有許多學者仍然執著於保留現實主義的傳統，例如在曾經是Morgenthau門下弟子，同時也是他的研究助理與同事的Kenneth Thompson任教的維吉尼亞大學（University of Virginia）就是如此。同樣地，英國學者對現實主義也一直未能忘懷。Martin Wight與Herbert Butterfield便結合了Hedley Bull的論點，在蓬勃的「英國學派」中，注入現實主義的理論。而若干比較年輕的美國現實主義學者，例如Randall Schweller等人，也在其著作中表達了對現實主義的欽羨與重視。

　　然而，經過新一代學者的努力與研究，現實主義在一九八〇年代又重新取回其在學術上的強勢地位。這些學者試圖將現實主義建構在實證社會科學的基礎之上，其中最為重要的「新現實主義學者」，即是我們曾在前文討論過相關著作的Kenneth Waltz。儘管這種理論上的改變，與美國雷根政府（Ronald Reagan）時期，在外交政策上對權力與衝突的強調背道而馳，不過新現實主義主要仍可說是因為現實主義內發性的修正而發展出的理論。

　　當時學術界有許多關於互賴的主張都過於誇張，幾乎要引起極大的抗辯。而Waltz則是反其道而行，以駁斥互賴觀點的角度來發展他的理論。Waltz認為「二者都模糊了國際政治的現實情形，而且還提出了可能阻撓推動和平的錯誤條件」（1970：222）。尤有甚者，他認為戰後的古典現實主義所留下的論述，就算是破碎不完整，但是仍然保有許多重要的見解，而等待著

透過更貫通的社會科學途徑加以重整。

如同我們在前文所討論過的「囚徒困境」一般，結構新現實主義試圖以個體經濟之理性選擇分析的角度，來解讀這個世界。在這種途徑之下，國家被視為是單一個行為者，會理性地計算每一步的行動，以便得到更多物質上的福利。同時，結構現實主義者也傾向於運用社會科學裡中，所謂的法理學之演繹模型（nomological-deductive model）。換言之，理論也被認為是一套命題的演繹系統，可以在一個「既定」的探索範圍中，分析各種類似法律的規範。

也因此，結構現實主義的分析途徑也就具有比較中庸、學術性的特質，而不同於早期Morgenthau等現實主義者所主張的大範圍歷史及描述看法了。舉例來說，Waltz就承認他並不期望他的理論能夠對特定的行動做出預測（1979: 121）。而新現實主義者則更是不願意根據其理論，對國家的政策有所著墨。

這些存在於現實主義之不同世代間的差異，或許可以從他們對國家利益的基本態度中得到若干啟示。舉例來說，Morgenthau認為國家利益是客觀存在的，而且必須透過現實主義的分析才能發現。然而，新現實主義學者卻主張國家利益（遠遠超出維持主權及領土完整這類最小的目標）是主觀的，而且是超脫在理論之外，而不是經由探索或分析就可得到的目標。（關於這些概念，我將在下一章的內容裡做更詳細的討論。）

儘管如此，新現實主義在學術上的優勢地位並不長久。新現實主義含混的論調，也被認為無法進一步加以探討，與該理論初創時期相比，新現實主義對於學術上的實際研究也越來

沒有助益。這些問題都將成爲本書其它章節所要探討的焦點。但是，在此可先點出新現實主義沒落的主要關鍵，乃是與蘇聯帝國的瓦解有關。

　　Waltz本人也承認，新現實主義並不能有所全面性的改變（1986: 338）。在冷戰期間，這種理論上的鴻溝雖然可以被大多數人所接受。但是因爲冷戰的結束，主要乃是與民主與人權的理想、科技與經濟改變的過程等其它自由國際主義的論點有關，而這些特質都是被排除在新現實主義的結構論之外。因此，當冷戰秩序在一夕之間突然崩解後，即便是對新現實主義仍持有薄弱好感的觀察家，也開始從其它理論中，找尋造成此一結果的解釋。

　　雖然現實主義正在衰退，但卻未完全消逝。我們明白，儘管現實主義不再是國際關係領域中執牛耳的理論，但是卻仍然是眾家思想中，最爲健全的理論，也因而受到許多年輕學者與期刊的擁護與支持。這些學者包括John Mearsheimer、Barry Posen、Randall Schweller、Stephen Van Evera以及Stephen Walt。期刊則包括有《國際安全》（*International Security*）與《安全研究》（*Security Studies*）等。縱然現實主義仍有許多缺點，也面臨著諸多挑戰，然而，我們也必須瞭解，沒有其它任何一個理論能夠永久佔有國際關係領域中的主導地位。

　　不管你是喜愛現實主義，或者是憎恨現實主義，又或者是曾經一度沈迷於現實主義的思想但最後對其產生反感，所有研究國際關係的學生都不能忽略現實主義。以下的章節內容，經過我的整理，紀錄著一些我認爲是現實主義傳統思想中的見解、錯誤、以及危險的誇大論述，而我將以較爲中庸的態度提

出我的看法。

討論問題

● 絕大多數讀者對於政治現實主義至少都有一些概念。你對現
 實主義的看法為何？你是支持現實主義，或者是反對現實主
 義的呢（儘管你可能瞭解現實主義的意義）？在我們繼續研
 讀此書時，請保持你現在對現實主義的態度與瞭解。

● 哪一種類型的現實主義是你認為最合理或最吸引你的（或者
 是你覺得最不合理，也最不吸引你的）？不管你認為你自己
 是一位現實主義者，或者是反現實主義者，或者兩者皆非，
 你認為什麼是現實主義理論的最重要特質？而什麼又是最不
 重要的特質呢？為什麼？

● 第一章的探討內容主要把現實主義看成是一種傳統的思想。
 這其中隱含著什麼樣的意義？如果我們將現實主義看成是一
 種理論，會有什麼差別？若看成是一種典範，或者是一種途
 徑，又有什麼不同的差別呢？

● 仔細檢查Box1.1中那些具有代表性的定義。你是否發現在這
 些定義中，有任何共同點存在？那些共同點是否就是界定現
 實主義的主要重點呢？或者是這些定義都是差不多的，不管
 是否有一個主要的論述軸心，它們都有清楚的相似之處呢？
 假設現實主義者的確在某種角度上，運用了明顯一樣的界定
 模式，那麼這種模式究竟應該以哪些特點來加以界定呢？

● 你認為將現實主義者分成「基本教義派」、「強硬派」、與

「模稜兩可派」這三種類別，有何利弊？究竟「模稜兩可派」的現實主義者是不是現實主義者呢？如果我們以「純正派」現實主義理論代替「基本教義派」的現實主義者，會有什麼結果發生？（你對「純正派」現實主義理論的構想有何看法？）

● 「人性」是否真的存在呢？如果有，那麼是不是永遠不會改變，且有很多個性都是天生的呢？或者，若我們將人性當成是個人在不同的時間、空間下，根據其潛能所表現出來的不同行為反應，這樣的看法是否較好？這兩個概念（人性、潛能）是否其實是同一個「東西」呢？

● 不管你是否相信有「人性」的存在，你覺得現實主義一貫用其來解釋人類動機的說法，有沒有道理呢？你覺得應該對這個解釋加上哪些限制，你才會願意支持這個解釋呢？讓我們進一步來看Hobbes所提出的「競爭」、「怯懦」、「榮耀」這三個論點。你認為是否有遺漏了什麼特質呢？將人類的動機局限在上述三個論點之上，你認為有何益處？你如何來評估這種看法的利弊得失呢？

● 你覺得理性在人性中有何地位呢？理性與情感之間的關連性又為何？情感因素是不是已經凌駕在理性之上呢？有何背景條件？你認為創造一個較高的權力中心來強制實施根據理性所推斷出的結論，是否就是達到和平與公民秩序的關鍵？那麼，理性及權力和價值及利益間又有何關連呢？

● 當我們討論到「囚徒困境」的時候，根據本文所言，工具性的價值判斷會和實質的理性發生衝突。換言之，對利益的追求（即工具性的價值）會迫使行為者做出（實質的）決定，

也就是說，行為者絕對不會「理性的」做出選擇。你覺得這種意料之外之結果所帶來的問題，發生的可能性有多高？其重要性又為何？這種問題在無政府狀態下，是否相當的重要？其原因何在？這種意料之外的結果發生的機會是不是較高呢？是否較為急迫呢？是否更難以解決呢？

● 根據「囚徒困境」的推論，在某些核心或反覆發生的情況下，國際衝突不但不是故意發生的，同時也是因為無可避免而發生的，儘管行為者實際上都不願意互相競爭。你覺得這個推論是否正確呢？這種情況發生的頻率又有多高呢？其發生的國際背景又可能有哪些不同的情況呢？有哪些議題可能會引發衝突呢？國際社會應該採取哪些作為來改變這種情況呢？換句話說，是否有任何方法能夠降低這種兩難困境發生的頻率及強度呢？

● 為了讓讀者有更多的討論空間，我們假設，現實主義者所指出的衝突與種種限制，如果不是國際關係中不可避免的特質，而是相當普遍的現象，那麼任何完整的國際理論都必須對這些特質特別的關注。你認為「人性」與國際無政府狀態這兩個特質，在建構這個世界之時，何者貢獻較大？本章所提到的六個現實主義典範的重要程度又為何呢？有哪些核心的因素沒有包含在結構現實主義與生物現實主義中呢？

● 你認為「安全困境」發生的機會有多大？換言之，國家為了防禦自身安全所作的努力，有多大的可能會被其它國家看成是一種具有侵略性的威脅？有哪些條件可能會使這種困境急速惡化？又有哪些條件可能會減輕這種困境的強度，甚至是消弭這種困境？

● 如果人性是恆久不變的，為什麼現實主義不是一種普遍性的政治理論，而是針對國際關係所發展出的理論呢？你認為生物現實主義理論的可信性有何看法？該理論如何看待政治結構與行為者利益之間的關係呢？不管你個人的意見為何，都請試著從生物現實主義與結構現實主義的觀點來回答這個問題。

● 如果國際無政府狀態是恆久不變的，對歷史上曾經出現如此多樣化的國際秩序，我們該作何解釋呢？如果人性是恆久不變的，我們又該如何解釋這種多樣性？就我們目前所討論到內容，現實主義是否能夠掌握這種多樣性或者是變化呢？

● 為什麼無法透過達成「國際社會契約」的方式，來避免霍布斯主義所提出的戰爭狀態？人性之中，是否真的存有 Morgenthau 所主張的「法則」呢？這些法則是否又存在於無政府狀態之中？當我們將之稱為類似法律的規章，而不是法律時，其間又有哪些差異？

● Waltz 企盼完全以結構的基礎來解釋國際關係，而不依賴人性為解釋的理由。你認為這種論點是否有其道理？在不顧人性或國家動機的重要假設下，現實主義者是否真的能夠達到這種要求？（請小心仔細的思考最後一個問題，因為這將是下一章所要探討的重點。）

● 你認為弱者應該永遠屈服在強者之下的說法，是否就是永恆的法則呢？假設在某些情況下，這個法則的確存在，那麼又是誰創造的呢？或者，我們以稍微不同的方式來問這個問題，這個法則是從哪裡來的呢？是誰賦予其具有法律的效力？是否完全沒有反對這個法則的可能？

● 究竟是什麼原因使得現實主義比其他理論或途徑更加「注重現實」呢？雅典使者所形容的世界，或者是其他現實主義者對那個時代的描述，當然與我們現在所處的世界有很大的不同。充其量，我們可說那種敘述是對一個極為複雜世界的高度簡化。我們是否應該同意現實主義者獨斷地輕視其他「非現實主義」的重要觀點呢？即使我們的確同意現實主義是相當有見解的，但是這個名詞是否能夠被認為具有「非現實主義」的特質呢？

深入閱讀

如同我在導讀中所提到的，每一張最後都會附上讓讀者進一步閱讀的簡短參考書目。但是本章參考書目的篇幅比起後面各章都要來得長，主要是因為我把焦點放在構成本章主要內容的六個現實主義典範——Hobbes、Morgenthau、the Prisoners' Dilemma、Thucydides以及Machiavelli——以及其他幾位比較重要的現實主義學者之上。

Hobbes

Hobbes所寫的《巨靈論》（*Leviathan*）並不是十分易懂的一本書籍，如果讀者打算坐在書桌前，一頁一頁的閱讀時，此書會顯得尤其艱澀。不僅是因為這本書的前十二章都是在探討關於方法論、形而上學、認識論等高深哲學的議題，Hobbes個

人對於語言性質、感官認知以及其它觀念上的觀點，對於一個活在二十世紀末的讀者來說，除非讀者已經完全瘋狂了，否則絕對會覺得很奇怪。儘管如此，當讀者已經習慣閱讀十七世紀時代的寫作方式時，《巨靈論》的第十三章可說是對強硬派現實主義所作之相當精彩的簡單介紹，其中還包含了對結構與動機所作的相關探討。（當我在課堂上講到這個段落時，我都會半開玩笑地告訴我的學生，關於現實主義的重要性與影響，有百分之九十都可在這簡短的章節中找到。）此外，雖然第十四章和第十五章的內容同樣有些困難，不過仍然值得一讀，其內容主要是進一步解釋關於自由、正義、責任等議題。若有讀者想要更全面瞭解Hobbes的思想，則可參閱下列各章：十六至二十一、二十六、二十九至三十二、三十五、四十二、四十三、四十六、四十七，以及該書的評論與結論部分。至於《巨靈論》一書的眾多版本，我比較推薦Macpherson（Hobbes 1986）與Tuck（Hobbes 1996）這二位學者的版本，這兩種版本都是比較出色且容易取得的。

其它以Hobbes為探討重心的二手文獻，則比較不注意他的國際理論。其中，我比較推薦一本由Airaksinen與Bertman於一九八九年所出版的《霍布斯：國家間的戰爭》（*Hobbes: War Among Nations*）。此外，Alker則是針對Hobbes提出之國際關係的無政府狀態概念，做出了相當縝密的探討與闡釋（1996: ch. 11）。至於將Hobbes看成是國際理論學者的相關書籍，則可參考Donald Hanson於一九八四年所寫的《湯瑪斯‧霍布斯的「和平捷徑」》（*Thomas Hobbes' "Highway to Peace"*）一書。而由於國際間具有不平等、互賴現象以及國際機制的存在，都有可能使

人期待行為者會依循法規而彼此互惠，因此Beitz則是反對將國際關係予以概念化而等同於Hobbes的自然狀態（1979: 27-50）。而若是愛好哲學的讀者，則可從Kacka對Hobbes主張之自然狀態中的衝突與合作之邏輯。所作的相關討論，得到許多啟示（1986: chs. 3, 4）。

Morgenthau

Hans Morgenthau是一位相當多產的作家。他最有名的一本著作《國際政治》(*Politics Among Nations*) 雖然被認為是一本講堂上的教科書，但其內容卻是相當具有文學素養，探討的議題亦十分廣泛，且極具挑戰性的。該書的第一章最為人所知，因為Morgenthau點出了他認為政治現實主義所具備的六項原則。關於這部分的內容，首次是出現在《國際政治》一書的第二版（1951），後來，直到Morgenthau去世後才重新出版的第六版（1985），這些討論都仍然是該書的重要內容。因此，本書絕對是相當重要的參考文獻之一。

除了《國際政治》之外，Morgenthau另外還有一本相當重要的哲學作品：《科學的人間對權力政治》(*Scientific Man Versus Power Politics*, 1946)，。在這本書中，Morgenthau對自由主義與理性主義（rationalism）之政治研究途徑作了相當嚴厲的攻擊與批判。而在《國際利益的防衛》(*In Defense of the National Interest*, 1951) 一書中，Morgenthau則是以他一貫最為重視的論點命題，針對國家的外交政策做出回應。雖然我在本書的第二章與第六章裡，將Morgenthau視為一個相當懶散且論

點前後矛盾的理論家，然而正好相反的是，若從我的觀點來看，與其說Morgenthau是一位理論家，不如將他看成是一位多聞的評論家。Morgenthau曾寫過一套三大冊的著作《二十世紀的政治》（*Politics in the Twentieth Century*, 1962a; 1962b; 1962c）。這套書收集了對廣泛議題所作之探討分析的諸多論文，內容十分生動饒富見解，可說是相當精采的作品。第一冊裡有許多相當值得一讀的論文：關於整體的主題探討，可參考第一章，第四章至第六章，以及第八章；對道德議題的探討，可參考第二十章、第二十一章、第二十五章，及第二十六章。此外，儘管與其理論重點沒有關連，但在第三冊中所探討的主題「愛與權力」（Love and Power），也同樣是十分優秀的文學作品。而Morgenthau晚期所完成的《眞相與權力》（*Truth and Power*, 1970），也值得進一步參考。

　　至於其它關於Morgenthau的二手文獻，我認爲讀者可先參考Michael J. Smith所寫的《從韋伯至季辛吉的現實主義思想》（*Realist Thought from Weber to Kissinger*, 1986: ch. 6）。本書應是瞭解Morgenthau理論最好的開始。Robert Jervis於一九九四年在《社會研究》（*Social Research*）期刊上所發表的〈摩根索、現實主義，與國際政治的研究〉（"Hans Morgenthau, Realism, and the Study of International Politics"）一文，雖然表露了他對Morgenthau的正面態度，但卻也並非對Morgenthau針對國際關係領域的發展所爲之論點毫無批評。類似的觀點，也可參考Gellman於一九八八年所出版的作品。而由Kenneth W. Thompson與Robert J. Meyers在一九七七年所合編的《眞相與悲劇》（*Truth and Tragedy*）一書，則亦是不錯的參考書籍。至於

對社會歷史有興趣的讀者，可以同時參考Joel Rosenthal在一九
九一年所寫的《公正的現實主義者》(*Righteous Realists*) 一
書。該書認為Morgenthau對戰後的美國外交政策，有較大的影
響。而Greg Russell於一九九〇年所出版的《摩根索與美國政治
倫理》(*Hans F. Morgenthau and the Ethics of American Statecraft*)
以及A. J. Murray在一九九六年所寫的〈摩根索的道德政治〉
("The Moral Politics of Hans Morgenthau") 也相當適合參考。
除了這些作品，或許最具有參考價值的文章，乃是Robert
Tucker在一九五二年，針對Morgenthau的《國際利益的防衛》
一書所寫的評論。該篇評論簡短有力，是眾多文獻中相當少見
的優異作品，在該篇評論完成半個世紀之後，至今仍值得一
讀。

Waltz

Kenneth Waltz所寫的《國際政治理論》(*Theory of
International Politics, 1979*)，乃是闡釋新現實主義理論最為精
闢的著作。該書的第一章就呈現出Waltz所採用的方法論立場
（哲學實證主義）。第二章與第三章則分別批評「簡化的」理
論。此種理論以行為者與早期系統理論的特質為解釋依據，而
Waltz則是認為該理論無法完全分辨個體與結構間的差異。第四
章至第六章則可說是《國際政治理論》一書的核心部分。在這
三章中，對Waltz理解的結構理論，做了重點的介紹，並且詳細
解釋Waltz所提無政府狀態與層級節制之政治結構，這二者間的
差異所在。此外，也將Waltz獨到的權力平衡理論做了說明。本

書的第七章至第九章則運用這些觀點，進一步質疑行為者之間的經濟關係、軍事事務，以及國際關係的管理。Waltz在一九九一年所寫的〈現實主義的思想與新現實主義的理論〉（"Realist Thought and Neo-Realist Theory"）一文，則對其看法提供了簡短的介紹。而〈新興的國際政治結構〉（"The Emerging Structure of International Politics）一文，則解釋了Waltz對後冷戰時期之國際秩序本質的看法與見解（1993）。

學界對Waltz的理論有許多批評。其中最適合讀者先行參考的可能就是由Robert Keohane於一九八六年所寫的《新現實主義及批評》（*Neorealism and Its Critics*）。書中所集結由Keohane〈結構現實主義與未來〉（**"Structural Realism and Beyond"**）、John Ruggie〈世界政體的持續與轉換〉（**"Continuity and Transformation in the World Polity"**）、Robert Cox〈社會力量、國家與世界秩序〉（**"Social Forces, State and World Orders"**），以及Richard Ashley等人寫的文章，對新現實主義出現日漸艱澀（越來越難被人理解）的現象，做了審慎的批評。本書同時也收錄了Waltz本人對這些批評所作之毫不讓步的回應。此外，David Baldwin於一九九三年完成的《新現實主義與新自由主義：當代的辯論》（*Neorealism and Neoliberalism: The Contemporary Debate*），也是另一本值得參考的書籍。而Alexander Wendt所寫的兩篇論文：〈國際關係理論中的代理─結構問題〉（**"The Agent-Structure Problem in International Relations Theory," 1987**）、〈國家創造的無政府狀態〉（**"Anarchy is What States Make of It," 1992**），亦是基本的參考資料。除此之外，尚包括David Destler所寫的〈代理

一結構爭辯中的重點〉("What's at Stake in the Agent-Structure Debate," 1989）也是相當有用的資料。在《無政府之邏輯》（*The Logic of Anarchy*）一書中，由Barry Buzan所主筆的章節，是被認為以較和婉態度來批評Waltz的結構主義的優秀作品（Buzan, Jones, and Little 1993）。另外，在Benjamin Frankel所主編的《現實主義：重申與復興》（*Realism: Restatement and Renewal,* 1996b）一書中，收錄了Dale Copeland、Randall Schweller，以及Charles Glaser等人以現實主義的觀點，對Waltz學派的標準立場與態度所作之權威性的批評。

Prisoners' Dilemma

賽局理論是經濟學裡高度規則化的一門分科，若直接探討其已經發展完整的架構，相信是極難被一般沒有優異數學背景的讀者所接受及瞭解。舉例來說，這種較深入的討論，可參考Myerson的著作（1991）。另一方面，雖然James Morrow於一九九四年所寫的《政治科學家的賽局理論》（*Game Theory for Political Scientists*）可能在文字上稍稍淺顯易懂，但其內容還是太偏技術性的探討。另外，Nicholoson則是將賽局理論界定在與國際關係中的理性有關的假設性通則化架構內。

除了曾經受過相關課程訓練的讀者，其他讀者若想一窺賽局理論的真面貌，或許應該從Snyder與Diesing共同撰寫的《國家間的衝突》（*Conflict Among Nations*）一書開始（1977: 37-52）。這本書清楚地介紹了賽局理論的主要原則，而且在不運用數學計算的方式下，說明了幾個基本的賽局理論模型。而

Snidal於一九八五年所完成，後來由Oye於一九八六年重新出版的著作，則是強烈主張賽局理論可以爲國際理論提供一個通則化的基礎。至於Stein在一九九〇年的著作，則是比較強調探討國家間的合作，而非是對衝突面的研究。

　　此外，就「囚徒困境」而言，Robert Axelrod於一九八一年所寫的一篇論文：〈區域性利己主義者之間合作的出現〉（"The Emergence of Cooperation Among Regional Egoists"），以及他在一九八四年完成的《合作的演化》（*The Evolution of Cooperation*）一書，都應視爲讀者首要的研讀著作。而Joanne Gowa對《合作的演化》一書所寫的評論（1996），則提供了相當精闢的觀點，亦相當值得一讀。同時，在探討如何降低此困境之衝突的問題上，Axelrod與Keohane在一九八五年共同撰寫的〈在無政府狀態下達成合作〉（**"Achieving Cooperation Under Anarchy"**）一文，對讀者來說，則同樣是相當重要且易懂的資料（此論文後來由Oye於1986年再次翻印）。類似的討論，也可在Jervis的著作中看到（1978: 170-186）。

　　另一方面，Jervis在一九七八年所完成的著作，是以探討無政府狀態中，武裝國家互動所形成之符合囚徒困境基本概念爲重點的安全困境，說是相當經典的參考資料。而相對於Jervis對攻擊—防禦平衡（offense-defense balance）的強調（同時也強調清楚區別攻擊與防禦武器軍備之間的不同），Glaser則是對當下探討強調敵人貪婪程度之重要性，以及對彼此動機之不確定性的相關文獻，作了全面性的概括分析（我將在第二章中以不同的方式說明此一議題）。

Thucydides

　　我必須承認，我對Thucydides的論點有特別的喜好，而我的許多學生（基於某些理由）卻認為其理論不但太過極端，甚且是激烈的。假使今天我將被放逐到一個荒島之上，而且僅能攜帶一本書，那麼，無庸置疑的，我一定會選擇帶著Thucydides所寫的《歷史》（*History*）。如果我被迫選擇一本英文翻譯本的話，那麼Richard Crawley所翻譯之兼具雅、信、達的版本，必定是我的首選。目前，這個譯本不僅被收錄在《經典的索西迪斯》（*The Landmark Thucydides*, Strassler 1996）一書中，而且也已經作了些許修訂，除了對每一章的內容作了簡短的摘要，讓讀者能夠略過那些乏味的歷史背景，直接瞭解內容主旨，同時也增添了精美的地圖、完整的內容索引，更收錄了一系列詳盡的附錄文件。唯一的缺點，在於此書沒有平裝本。不過，另一本題為《現代文庫》（*The Modern Library*）的版本，則同時有平裝本與精裝本供讀者選擇（Thucydides 1982）。

　　此外，在「洛伊柏經典文庫」（*Loeb Classical Library*）一系列的出版品中，由CharlesSmith所翻譯的版本，雖然文字不盡優雅，但其內容力求精確，仍可說是次佳的譯本（Thucydides 1919-23）。不可否認，由Rex Warner擔任譯者，收錄在「鵬觀經典系列」（*Penguin Classics series*）的譯本，雖然廣為人知且經常被其他人引用，但在我看來，對於許多重要內容的真正意涵，Warner似乎無法完全掌握，故顯得有點鬆散不明確（Thucydides 1972）。因此，我並不推薦這個版本。然而，由於

Crawley的版本最爲人詬病的，就是他採用的寫作語法是極爲正式的維多利亞文體，因此，如果有讀者想要參考比較口語化的英文譯本，我認爲最近由Walter Blanco所完成的翻譯，是各位不錯的選擇（Thucydides 1998）。在這個版本裡，Blanco除了收錄很多重要的論文，更包括一份比我在此書中所推薦，更加詳盡的參考書目。

　　關於選擇翻譯本的問題就先在此打住，接下來，我們必須回答究竟該參考哪些內容的問題。首先，各位至少必須閱讀以下的章節（依照版本及各章或各段落）：I. 1、22—24、66—88、139—146；II. 34—54、59—65；III. 36—50、52—68、81—85；V. 84—116；VI. 1、8—26；VII. 60—87。這些內容包括了Thucydides解釋發生戰爭真正的原因以及其所用的方法：戰爭爆發之前，雅典使者在雷西德蒙所發表的演說；Pericles的第一次演講，以及他著名的〈葬禮演說〉（Funeral Oration，譯者按：Pericles是一位民主政治領導人，這篇葬禮是爲了悼念在雅典與斯巴達作戰的第一年中戰死的官兵而發表的）；Thucydides對天譴（Plague）的解釋；Pericles的最後演說以及Thucydides對他的扼要評價；Mytilenian與Plataean的辯論；柯基拉（Corcyra）的內戰；〈梅里安對話錄〉；關於西西里遠征隊（Sicilian expedition）的辯論，以及雅典人在西西里島潰敗的辯論。另外，各位需要研讀的第二部分，包括I. 2—21（考古學，希臘的遠古歷史）；I. 89—118（潘特岡塔西亞〔Pantecontatia〕，波斯戰爭與「伯羅奔尼薩戰爭」間的五十年）；I. 3—40（導致斯巴達人佔領皮洛斯〔Pylos〕的緣故）；IV. 58—64（Hermocrate在傑拉〔Gela〕的演說）；IV.

84—88（阿肯薩斯〔Acanthus〕的Brasidas）；V. 1—23（安費波利斯〔Amphipolis〕的衰亡與尼西亞斯和平〔Peace of Nicias〕；VI. 27—61（西西里遠征隊的創建與早期的戰鬥）；VI. 75—93（Hermocrates、Euphemus以及Alcibiades的演說），以及VII. 29—30（米蓋里塞斯〔Mycalessus〕的滅亡）。

同樣的，儘管我們將古典主義者排除在外，但是對於Thucydides的評論文章仍然相當的多。如果要我推薦的話，相信Robert Connor於一九八四年所寫的的《索西迪斯》（Thucydides）一書，應該是最適合的作品。這本書不但可說是一本重要的學術性著作，同時也是一本淺顯易懂的導讀指南。除此之外，Cawkwell的作品也是頗具學術氣息，但也相對是一本很簡明的概述性著作（1997）。John Finley的《索西迪斯》（Thucydides），雖然年代較為久遠，但仍相當有用（1963〔1942〕）。至於Hunter Rawlings在一九八一年出版的《索西迪斯歷史一書的結構》（The Structure of Thucydides' History），則是一本讓人印象深刻的著作。書中有許多關於《歷史》一書的有趣討論，而作者Rawlings更認為〈梅里安對話錄〉乃是《歷史》一書的重點，甚而強調那是主導「伯羅奔尼薩戰爭」後來發展的轉捩點。此外，由Cornford所出版的《索西迪斯的迷思》（Thucydides Mythistoricus）雖然可說是過時的作品，但仍值得各位參考（1965〔1907〕）。如果讀者想要進一步瞭解Thucydides的歷史觀點，則我建議各位可先從Donald Kagan針對那個時代所出版之四大冊的歷史紀錄開始著手（1969; 1974; 1981; 1987）。

此外，與本書所要探討之中心問題所直接相關的書籍，

Gregory Crane的《索西迪斯與陳舊的簡樸：現實主義的限制》
(*Thucydides and the Ancient Simplicity: The Limits of Political
Realism,* 1998)，可說是一本相當完善，且極富理論性的作品。
不過，儘管Crane一直都試著用積極活潑的觀點來詮釋政治及國
際理論，但或許仍有些讀者會覺得這本書的寫作語法過於貼近
古典派作家那種艱澀的語法。同時，讀者也可參考Geoffrey
Woodhead的《索西迪斯與權力的本質》(*Thucydides and the
Nature of Power,* 1970)，以及Laurie Johnson的《索西迪斯、霍
布斯，與現實的詮釋》(*Thucydides, Hobbes, and the
Interpretation of Reality,* 1993) 這兩本不錯的書籍。

Marc Cogan的《人類》(*The Human Thing,* 1981a)，則是先
對收錄在《歷史》一書中的各篇演說做出評論，進而整理出權
威性的詮釋理論。此外，《索西迪斯的演說》(*The Speeches of
Thucydides*)〔Stsdter 1973〕及《索西迪斯眼中的個體》
(*Individuals in Thucydides*)〔Westlake 1968〕這兩本書，則同樣
對《歷史》一書所強調的結構與內容，作了很不錯的介紹。

若要我從專文的範疇來推薦的話，則Adam Parry的〈索西
迪斯的歷史觀點〉(**"Thucydides' Historical Perspective,"** 1972)
應該是我的第一選擇。除此之外，最近尚有幾篇由政治科學家
所寫的文章，也相當值得參考，包括：Michael Doyle的〈索西
迪斯：一個現實主義者？〉("Thucydides: A Realist?" 1991) 以
及他在《戰爭與和平的道路》(*Ways of War and Peace*) 一書
中，對Thucydides所做的討論 (1997: 49-92)：Danieal Garst的
〈索西迪斯與新現實主義〉("Thucydides and Neorealism,"
1989)：Mark Kauppi的〈索西迪斯：特質與能力〉

("Thucydides: Character and Capabilities," 1995/96)；以及
Robert Gilpin的〈支配性戰爭的理論〉("The Theory of
Hegemonic War," 1988)。至於其他許多相關且值得研讀的文
章，依照個人的觀察，我認為同樣值得一讀的包括：Henry
Immerwhar的〈權力特徵與索西迪斯的演說〉("Pathology of
Power and Speeches in Thucydides," 1973)；Clifford Orwin所寫
的〈公義與索西迪斯的益處〉("The Just and the Advantageous
in Thucydides," 1973)與〈終止與天譴〉("Stasis and Plague,"
1988)；Marc Cogan的〈米堤林、帕拉塔雅與柯基拉〉
("Mytilene, Plataea and Corcyra," 1981b)；Arlene Saxonhouse
的〈索西迪斯《歷史》一書中的本質與常規〉("Nature and
Convention in Thucydides' History," 1978)；Paul Rahe的〈索西
迪斯對現實政治的批評〉("Thucydides' Critique of Realpolitik,"
1995/96)；以及Peter Euben在《政治理論的悲劇》(The
Tragedy of Political Theory, 1990)一書中，以Thucydides為主題
的幾篇文章。

　　此外，以〈梅里安對話錄〉為主題的文章，可參考
Wasserman (1947)、Macleod (1974)、Bosworth (1993)、
Alker (1996: ch. 1)、Lisbeschuetz (1968)，以及Andrewes
(1960)等人的文章。除了這些，其它還有許多針對此主題作深
入討論的文章，包括Orwin (1984)、Andrews (1962)、Kagan
(1975)、Wasserman (1956)、Wet (1963)以及Winnington-
Ingram (1965)也都是相當值得詳讀的。而以科基拉革命為主
題的文章，以及其它對政治腐敗與衰亡為探討主題的文章，可
參考Macleod (1979)、Wilson (1982)、Orwin (1988)，以及

Wasserman（1954）等人的作品。

至於以君權爲主題的探討文章，Romilly（1996）的著作是相當不錯的導讀作品。也可同時參考Bruell（1974）、Meiggs（1963）、Starr（1988），以及Ste.-Croix（1954/55）等人的著作。至於關於以這個主題爲討論重心的書籍，則以Romilly（1963〔1947〕）的書爲最好的入門參考書。不過，這本書無疑的是以古典學派的語法所寫成。而Forde（1989）的著作則是比較容易被非古典學者所接受的作品。此外，Meiggs（1972）的著作則是以歷史觀點出發，與其說是一本敘述性的著作，倒不如看成是一本很好的參考書籍。

除了上述推薦的書籍，關於光榮、榮耀、倫理以及道德爲探討主題的文獻，則可參考第二章參考書目最後一段落的內容，以及第六章參考書目最後兩個段落的內容。

Machiavelli

不可否認，Machiaveli的著作等身，他與Thucydides的重要性也可說是不相上下。此外，在某些方面，Machiavelli的著作，也比較貼近我們的想法，而容易瞭解。然而，或許有讀者會同意Machiavelli本人具有之廣受歡迎的名譽，與一般人心中印象並無二致，但是，我們必須在介紹他的著作前，先對這種刻板的印象予以忽略不顧（但我本人的意見則略有相左）。

Machiavelli的兩本主要著作爲《君王論》（*The Prince*）與《論述集》（*Discourses*）。前者篇幅較短，但卻相當值得一讀，不過其內容卻也是相當惡名昭彰的；後者雖然較不爲人所知，

但無庸置疑，這本書也是Machiavelli最重要的著作之一。以下所介紹的文獻資料（依據不同的書籍與章節），可說是對Machiavelli思想作了簡短的介紹：獻辭（dedication）：I. 1—29、32、34—35、39、41—46、49—53、55、57—58；II. 1、2、10、13、21—25、27、29；III. 1、3、6、9、19—20、40—42、44、47—49。

　　至於坊間有許多《君王論》的翻譯本裡，我最推薦的是由Harvey Mansfield所翻譯的版本（Machiavelli 1985）。他的譯文可說與原文的精神最為接近，而且沒有太多的錯誤（此譯本的第二版已經在一九九八年出版）。此外，由De alvarez（Machiavelli 1989），以及Skinner（Machiavelli 1988b）翻譯的版本，也是相當不錯的譯本。而《論述集》一書的翻譯本中，我則是推薦由Walker翻譯的版本（Machiavelli 1970）。不過，最近由Mansfield與Nathan Tarcov合譯的版本（Machiavelli 1996），或許已經成為英語系讀者最好的選擇之一了。

　　而那些想要閱讀Machiavelli的其他著作的讀者，從Allan Gilbert所寫的三大冊著作（Machiavelli 1965）開始，應該是相當適合的。因為這三冊書中，包括了Machiavelli所寫之理論性、歷史性，以及文學性的作品。此外，其它值得一讀的著作，尚包括《佛羅倫斯史》（*Florentine Histories*）〔不過Mansfield的版本較佳，Machiavelli 1988a〕、《戰爭的藝術》（*Art of War*）、《卡斯崔坎尼的生涯》（*Life of Castruccio Castracani*），以及Machiavelli所寫的諷刺性劇作：〈孟卓果勒〉（Mandragola）。Gilbert後來則針對這些主題，出版了一系列令人有所啟發的作品（Machiavelli 1961）。

　　若有讀者對Machiavelli的一生有興趣的話（這部分是很令人著迷），可先閱讀Sebastian de Grazia所寫的《地獄中的馬基維利》（Machiavelli in Hell, 1989）。這是一本充滿學術氣息，且得到普立茲獎（Pulitzer Prize for Biography）的肯定。雖然這是一本傳記性的書籍，但De Grazia在書中對於Machiavelli之著作的學術性探討，卻絲毫不遜於對Machiavelli的一生所做之相當詳細的說明。而Felix Gilbert所寫的《馬基維利與古錫亞第尼》（*Machiavelli and Guicciardini,* 1965），則強調Machiavelli對十六世紀之文藝復興時代歷史與其人文主義的教育背景。此外，關於這個主題，也可參考Chabod（1965）。此外，關於佛羅倫斯以及Machiavelli的一生與其著作，從Bruckner（1983）的作品開始閱讀，應該是很適當的。至於著重在Machiavelli的外交生涯探討之上，可參考Black在一九九〇年所發表的著作。

　　至於想要對Machiavelli有綜論性瞭解的讀者，可從Viroli（1998）的著作開始閱讀。而Gilmore（1972）、Parel（1972），以及Fleisher（1972）也都是頗為精要的論文。除此之外，Coyle（1995）則收錄了許多關於《君王論》的探討文章，值得注意的是，其中許多都是由非政治學與國際關係領域的作者所寫。

　　另一方面，在Strauss（1959）與Dc Alvarez（1999）二人的著作中，都認為從各個面向來看，Machiavelli都可說是「邪惡的導師」（teacher of evil）。同樣的，Harvey Mansfield在《馬基維利的德性》（*Machiavelli's Virtue,* 1996）一書中，則以隱喻的方式表達了類似的意見。讀者也可同時參考Master於一九九六年所發表的著作。

　　晚近以來，對於Machiavelli的看法，都普遍將他視爲一個有志於發展參與性政治與公民德行的共和政體擁護者，而這種論調，也正是Machiavelli所寫之《論述集》一書的主軸。如同Rousseau在他的《社會契約論》(*The Social Contract*)〔Book III, ch. 6〕中提到：「Machiavelli是一個高尚的人，也是一個良好的公民；…而至今只有膚淺或者腐敗的讀者來評斷這個偉大的政治家。」此外，John Pocock在《馬基維利的時代》(*The Machiavellian Moment,* 1975)這本重要的書籍中，同樣抱持著這種看法。該書的第六及第七章直接顯露出對Machiavelli的崇敬，而該書的第一部分和第二部分雖然稍嫌單調乏味，但仍值得各位一讀。同樣的，由Bock、Skinner與Viroli三人所合編的書(1990)，也是以這個論點來貫穿全書。而Hans Baron所寫的〈馬基維利：共和政體擁護者及《君王論》的作者〉("Machiavelli: The Republican Citizen and the Author of The Prince," 1961)，也是相當值得細讀的一篇文章。值得一提的是，在Hanna Pitkin所寫的《幸運之神是女性》(*Fortune is a Woman,* 1984)一書中，首度透過性別與心理分析理論的觀點，來看待自治與政治參與等中心議題。此外，在Alker (1992；於1996再版，ch. 4)、Kocis (1998)、Hulliung (1983)、Wood (1972)以及Gilbert (1939)等人的著作中，則是將Machiavelli看成是一個人文主義者。

其他重要的現實主義者

　　本書所挑選出的六個現實主義典範，或許是根據我個人的

偏好所決定的，而顯得有點太過獨斷。不過，在許多二十世紀的學者中，我們仍可發現諸如Reinhold Niebuhr、E. H. Carr、George Kennan，以及Henry Kissinger等人，都可說與Morgenthau和Waltz具有等同的重要性與影響性。

　　眾所公認，Reinhold Neibuhr的主張對Morgenthau與Carr二人有極大的影響。Neibuhr是一位廣受注目的新教徒神學家，因此，他最重要的兩冊著作《人類的本質與命運》（*The Nature and Destiny of Man,* 1941; 1943），或許只能吸引那些有嚴謹神學、哲學背景，或對這兩個領域有高度愛好的讀者。然而，Neibuhr的政治性著作，卻是透過比較易懂的方式，來探討宗教上超然存在渴望與腐化人性下現實之間的緊張關係。此外，Neibuhr所寫的《道德的人間與不道德的社會》（***Moral Man and Immoral Society,*** 1932），則可說是一本極具原創性的著作。（如果需要挑選幾個段落來閱讀的話，我推薦pp. xi-xxv、1—31、48—50、83—97、106—112、137—141、168—180。）他的另一本著作《光明之子與黑暗之子》（*The Children of Light and the Children of Darkness,* 1944），則是檢證了自由革新論（liberal progressivism）與現實主義之間的緊張關係與其強弱區別。另外，由Kegley與Bretall合寫的書（1956），則收錄了許多關於神學與政治學的優秀文章。在此同時，Niebuhr（1953）與Brown（1986）都曾以〈奧古斯丁的政治現實主義〉（"Augustine's Political Realism"）為題，進一步闡釋Niebuhr本身政治與神學著作之間的關連性。而Smith書中的第五章（1986），則是讀者研究Neibuhr理論的適當開端。此外，Meyer（1988）則是以更廣泛的宗教與政治角度，分析Neibuhr的學說

理論。讀者也可一併參考Rosenthal在一九九一年所發表的著作。

E. H. Carr的《二十年危機》(*The Twenty Years Crisis,* 1946),是一本極重要的著作,在其首次出版的六十年後,仍然一直被重新印刷出版。該書的前二章顯現出對現實主義的簡短觀點,同時也表達了Carr對理想主義的反對意見 (Carr將理想主義稱為「烏托邦」)。而第四章則是對自由革新論作了嚴正的批評,至今仍無人提出更好的觀點。第七章內容則是對現實主義者的政治概念作了簡短的介紹與說明。Howe (1994) 與Jones (1996) 所提出的看法,則與我在本書第六章和結論部分的觀點,有若干相似之處。讀者亦可同時參考Smith (1986: ch. 4)、Bull (1969),以及Fox (1985) 的著作,以得到更多詳盡的第二手參考資料。

與Niebuhr和Carr不同,George Kennan的著作不但具有歷史學家強調事件發生的流動性與連續性的觀點,更結合了高度成熟的現實主義理論觀點。如果我們要對美國外交政策中的理想主義做出根本性的批判,則沒有一本書會比Kennan的《美國外交》(*American Diplomacy,* 1951; 1984) 更值得研讀了。另外,《美國外交政策的事實》(Realities of American Foreign Policy, 1954) 以及《危機密佈》(*The Cloud of Danger,* 1977) 這兩本書,則分別對一九五〇年代與一九七〇年代時期,美國所制定之外交政策做了完整的評論。至於談到現實主義反對外交政策中的道德因素時,或許沒有其他文章比Kennan的〈道德與外交政策〉("Morality and foreign Policy," 1985/86) 提供的介紹更為簡要精確了。除此之外,Kennan也將他的觀點實際運用在後冷

戰時期的干預、調停議題之上（1995）。Smith則是對Kennan所抱持的現實主義觀點，作了很好的概論（1986, ch. 7）。另外，Stephenson的著作（1989），則是對Kennan諸多著作之間的連貫性，抱有一定程度的批判與質疑。Rosenthal更進一步批評包括Kennan，以及當時主要的美國現實主義學者所發表之著作間的連貫性。除了反駁觀點之外，Hixson（1989）則認為Kennan論點已經比傳統現實主義更加進化，而有所不同。至於對Kennan在戰後初期擔任外交官時的作為，則可參考Miscamble（1992）的著作。此外，對於Kennan平生的論述，讀者可從他本人的著作中，一窺究竟（1967; 1972; 1989）。

　　Henry Kissinger本來是一位學者，後來則成為當時最負盛名的外交官。在他退休後，不但享有極優渥的生活，而且在過去二十年間，也自命是一位德高望重的重要人物。根據他的早期思想所寫成之關於（Metternich）以及權力平衡的著作，到現在仍是相當值得各位研讀的作品。而他的論文集《美國外交政策》（*American Foreign Policy,* 1977），或許是闡釋他在擔任外交官時之實際理念最好的作品。而Kissinger最近完成的著作《大外交》（*Diplomacy,* 1994），比起過去的著作，雖然依舊相當富有思想，但卻顯得較不冗長、沈悶，而有別於以往的寫作風格。此外，在諸多闡釋Kissinger理念的書籍中，能夠不被他過去四十年來對政治的強烈喜好所左右的，我認為Smith（1986, ch. 8）的書是相當不錯的。

　　在一九四〇年代裡，還有另外三位現實主義者的著作值得我們進一步介紹。Nicholas Spykman所寫的《美國在世界政治中的戰略》（*America's Strategy in World Politics,* 1942），以其強

烈的現實主義觀點及地緣政治取向著稱。Frederick Schuman的
《國際政治學》(*International Politics,* 1941) 一書,則是以馬克
思取向為寫作之出發點。此外,Georg Schwarzenberger的《權
力政治》(*Power Politics,* 1941; 1951),雖然不是完全抱持著現
實主義的觀點,但其以社會學取向出發,也並未否認國際社會
現實面的存在。儘管有些讀者打算一頁一頁的仔細閱讀這些書
籍,但是用略讀的方式,必定也可以得到許多啓示。另外,讀
者也可同時參考Heinrich von Treitschke所寫的《政治學》
(*Politics,* 1916),這是一本根據陸權國家的思維所寫成的著
作。

Michael Joseph Smith認為Max Weber可說是二十世紀現實
主義的基本代表人物 (1986: ch. 2)。關於此一論點的重要作
品,詳見Gerth與Mills的〈政治是一種天職〉("Politics as a
Vocation," 1946) 一文。同時讀者可參考Raymond Aron於一九
七一年所寫的〈馬克思韋伯與權力政治〉("Max Weber and
Power Politics,") 一文。

同時,有兩本在我眼裡是以現實主義角度來分析的著作,
在此我也想向讀者引薦。首先,Martin Wight在一九七八年所完
成的《權力政治》(*Power Politics*) 一書,對於現代歐洲國際社
會上,現實主義權力政治的實際運作,有相當敏銳的觀察與獨
到的見解。儘管從最嚴格的角度來看,Wight並不是一個現實主
義者,但是他的著作卻是我認為詮釋強權政治在運作與互動關
係上,最好的作品之一。其次,Robert Tucker所寫的《國家間
的不平等》(*The Inequality of Nations,* 1977),則是從現實主義
對於無政府狀態下之國際關係的論點出發,認為這個環境是避

免不了權力與不平等的現象，因此強烈反對全球經濟的重新分配。

最後，如果我提出當代的現實主義已經失去了以往的活力與生氣的話，則我的看法必定是有所疏失與不足。儘管當前已經沒有任何學者可以達到Waltz的水準，更不用說與Morgenthau、Kennan或者是Neibuhr相提並論，但是確實仍有許多不錯的現實主義者，一直持續地發表自己的著作。其中，JohnMearsheimer就是一個很好的例子，他的作品充滿了挑戰與活力（1990; 1994/95）。此外，Randall Schweller（1994; 1996; Schweller and Priess 1997）則是提出許多創新的看法，試著強化部分「古典」現實主義的見解，並將這些看法融入結構主義之中。而Waltz的三個學生：Stephen Walt（1987; 1996）、Barry Posen（1984; 1996/97），以及Stephen Van Evera（1999; 1985），也對現實主義理論作了許多重要的貢獻。除此之外，在Frankel（1996a; 1996b）以及由Brown、iynn-Jones和Miller（1995）合作的書中，從《安全研究》（*Security Studies*）和《國際安全》（*International Security*）這兩本期刊中，收錄了許多當前現實主義者的文章。而這兩份期刊，也是對現實主義之最新發展有興趣的讀者，所應該定期閱讀與參考的。

註釋

[1] 對現實主義諸多不同定義的回顧，可參考：Cusack and Stoll（1990: ch. 2）。較具批判性的評論，則可參考Goldmann（1988）。至於進一步的定義，則可參考：John, Wright, and Garnett（1972: 96-97），Maghroori and Ramberg（1982: 14-16），Vasquez（1983: 15-19, 26-30），Olson and Onuf（1985: 7），Cox（1986: 211-212），Ferguson and Mansbach（1988: 40-47, 102），Stein（1990: 4-7），Rosenau and Durfee（1995: 11-13），Elman（1996, 19-21），Grieco（1997: 164-168），Labs（1997, 7），Mastanduno（1997: 50）。

[2] 首先值得注意的是，我在此處所引用的「政治現實主義」（political realism），乃是「現實政治」（realpolitik）或者是「權力政治」（power politics）的傳統思想。然而，「現實主義」本身也是一個哲學的原理，其主張學術理論與客觀外在現實有某種關連性存在。關於此一哲學上的爭論，可參考Kulp（1997）。Katz（1998）就曾經為「哲學現實主義」提出辯護，以說服那些反對者的主張。「現實主義」同時一個文學學派或運動的名稱，該學派在十九世紀以及二十世紀初期時擁有相當重要的地位（在二十世紀中期，該學派則以「社會主義」的面貌執牛耳之地位）。因此，政治現實主義者亦有可能同時兼具哲學現實主義主或文學現實主義者的身分。

[3] 關於國際思想的傳統概念，可參考Nardin and Mapel（1992） and Dunne（1993）。同時，亦可與Gunnell（1979）的著作做一比較。

[4] 我在本書中使用「無政府狀態」（anarchy）一詞，乃是因為在國際關係的文獻中，向來都習慣使用這個詞語。「無政府狀態」字面上的意義即是沒有法治，以及缺乏政府。不過，我們在第三章裡，將可以更仔細的瞭解其意涵。所謂「無政府狀態」並非就意指著混亂、沒有秩序。相對地，「無政府狀態」只是暗示缺乏一個由正式的「主從關係」（subordination）以及權威（authority）所構成之「層級節制」的政治秩

序。因此，Hedley Bull（1977）認爲國際關係乃是發生在國家組成的「無政府社會」之中。

[5]另一個比較「科學化」的途徑（也是比較重視解釋而非敘述的途徑），也對絕大多數新現實主義學者的著作有很截然不同的「感覺」。舉例來說，如果我們比較Morgenthau與Waltz對權力平衡的討論，便可看出這種現象是相當明顯的（Morgenthau 1954: chs. 2-4, 9-12; Waltz 1979: chs. 5, 6）。尤有甚者，新現實主義的結構論向來便認爲具有層級節制的國內政治與無政府狀態的國際政治，在本質上就是相異的兩個領域，因此就必須用兩個在邏輯上完全不相容的理論架構來加以研究（Waltz 1979: chs. 5, 6）。然而，令人訝異的是，許多早期的現實主義者（主要是指生物現實主義者），特別是Morgenthau以及Niebuhr，更別提Machiavelli與Thucidides，卻都曾經發表關於國內政治與國際政治的著作。

[6]Michael Doyle所提出之「極簡抽象派學者」（minimalist）一詞，便十分貼近所謂的「模稜兩可派」（Doyle 1990）。同時他也使用「基要主義者的」（fundamentalist）現實主義與「結構的」現實主義，來區隔其分類。這大略與我所說的「生物現實主義」及「結構現實主義」相類似。

[7]在本節中，其餘凡是沒有特別註明的資料來源，都是引用自《巨靈論》（Leviathan）一書的第十三章。而我引用的是由C. B. Macpherson所編纂的版本（1986）。

[8]從Hobbes的結論來看，我們可以發現在這樣的生活中，唯一一件可能較好的事情，就是生命是短暫的。然而，事實上這卻是「最糟糕」的一點（par. 9）。即便生活環境是如此令人感到絕望，我們仍堅持著這樣悲慘的生活。正如同Woody Allen在其電影中以幽默的口吻指出，雖然餐廳裡的食物很糟，幸好，份量很少！

[9]《國際政治》一書在一九五四年改版時，首次收入這一章。因爲這個章節的重要性，在後來的版本中也都沒有修改而被完整的保留下來。

[10] 在此所用的「西瓜偎大邊」（bandwagoning，亦可譯為「花車效應」）隱喻，乃是引用自美國選舉政治學的術語。當某個特定的候選人似乎可能贏得選舉時，絕大多數的中立選民，或者是尚未做出投票決定的選民，甚至是該候選人的反對者，都極可能選擇與該位候選人站在同一陣線，以便將來能與其一同分享選舉的勝利。在競選模式較為單純的時代，候選人通常以花車遊行來吸引選民注意，而不是上電視做競選廣告。選民通常會「跳上候選人的花車」，表示支持。這些「西瓜偎大邊者」，透過選擇依附強勢政黨的方式，企圖增加自己在選舉中的利益。

[11] 關於此一論點，可參考Snyderand Diesing（1977）and Oye（1986）。

[12] 若我們使用比較常見的標示代號，則可寫成DC＞CC＞DD＞CD。

[13] 在這個小節中，其它沒有特別註明的引文都是引用自Thucydides所寫的《歷史》（*History*）一書。而我所採用的譯本，主要乃是由Crawley所翻譯（Thucidides 1982）。此外，我也參考了部分由C. F. Smith 在Loeb版本（Thucydides 1919-23）中，所翻譯的文字，這些我都會加上"Smith"以作為區別。

[14] 文中多數關於Machiavelli的引證，都以下列方式予以表示：P＝*The Prince*《君王論》，採用Mansfield的翻譯版本（Machiavelli 1985）；D＝*The Discourses* [on the First Ten Books of Livy]《論述集》，引用的版本為經過Crick修改，由Walker所翻譯的版本（Machiavelli 1970）。

[15] 對兩次大戰間的理想主義之討論與回顧，主要在強調其多樣性及其與當代情勢的相關性。詳見：Long and Wilson （1995）。同時也可參考Long （1996）and Lynch （1990）。

[16] 在一九三○年時，美國內部研究國際關係的學者專家（具有教授身分），就有四分之三是研究國際法或國際組織的（二十四人中有十八人）（Thompson 1952: 438）。同時也曾在一九三三年出版被視為第一本屬於現實主義的國際關係教科書之《國際政治》（*International Politics*）一書的Frederick Schuman，則僅是芝加哥大學的新進教員而已。當時

芝加哥大學的國際關係課程，乃是由Quency Wright主導。他雖以折衷的態度看待現實主義，但卻絕非是一位現實主義學者。而Morgenthau則於一九三○年代的初期與中期，在歐洲的大學裡研究、學習並教授國際法及行政法。至於Georg Schwarzenberger，當時（一九三七年）則是在Lord Davies' New Commonwealth Institute 進行有關改革國際聯盟（League of Nations，簡稱國聯）的相關研究。

[17] 在英國內部，現實主義雖然已經不再享有壟斷的地位，但卻仍然是研究國際關係領域最為重要的強勢觀點。

[18] 在十年之後，Keohane與Nye卻一改初衷，宣稱《權力與互賴》這本書僅是補充現實主義的不足，而非是想要完全取代現實主義（1987: 728-730）。然而，當時許多學者已經把這本書當成是對現實主義的一種批評與代替品了。

第二章
人性與國家動機

　　如果我們認爲無政府狀態與利己主義都是現實主義的中心特質，那麼，究竟我們該先從哪一個特質開始作進一步的探討，就是相當主觀的抉擇了。本書之所以將從現實主義者對人性與國家動機的分析開始探討，因爲在某種程度上來說，結構現實主義者認爲這兩項特質乃是多餘的。不過，在本章的內容中，我將指出那些激起國家行動的動機，對所有現實主義理論而言，都是相當重要的。尤有甚者，經過本章的分析，讀者可以發現不管是生物現實主義者或者是結構現實主義者，對於這些特質的標準解釋雖然都十分相近，但卻是極度不夠充分的。

恐懼、榮耀與利益

　　在本書所介紹的現實主義典範裡，幾乎都把恐懼、榮耀與利益看成是人性及國家動機的精髓要義。如同我們在第一章所看到，Thucydides書裡記載之雅典使者在雷西德蒙國會中發表的演說，目的在試圖正當化其國家所採取的入侵行動：「如果我們接受一個帝國的存在，並且同意其可在恐懼、榮譽、與利益這三個強大動機驅使下行動，那麼即使這個行動並不是非常名譽的，卻也不會是違反人性的」（I. 76）。[1]此外，Hobbes在《巨靈論》（_Leviathan_）一書中，也提出了類似的論調：「在人類的天性裡，我們可以找到三種引發爭論的主要因素。第一就是『競爭』，第二就是『懦弱無信心』，第三則是『榮耀』」（ch. 13, par. 6）。[2]同樣的，Machiavelli也曾發表相似的看法：「使人類走向個人之終點的因素，乃是榮耀與財富」，而且「人類最

重視的，莫過於就是榮耀與財產的分配了」（P25〔2〕，DI.37〔2〕；可與D III.6〔4, 5〕作一比較）。[3]Machiavelli曾經說過一句至理名言：「讓人感到恐懼，會比讓別人愛慕你，更爲安全」（P17〔3〕；可與D III.21〔2〕作一比較）。

　　關於這種人性三特質的說法，我們也可以在二十世紀的現實主義學者提出之論點中看得到。舉例來說，Morgenthau針對權力鬥爭所提出的三項基本策略──維持現狀的政策、採取擴張主義、爭取更大威望（1954: ch. 4-6）；若以Hobbes的說法來看，則是「安全」、「收益」，以及「名譽」。更嚴謹一點來看，Waltz則認爲國家的目標都是「至少在求得自身安全的維持，而至多則欲求得全世界的統治」（1979: 118）。所謂的自保，則是指有超脫在恐懼之外的行動力。而世界統治，則可說是求取收益的最極致表現。這種看法，也與Henry Kissinger對革命型國家和維持現狀國家所做的區別，有不謀而合之處（1957）。[4]

　　事實上，幾乎所有現實主義者所提出來的特質，或多或少都可以歸類在前述三大類別中的至少一種裡頭。不過更加重要，也是我所要強調的，乃是每一種特質都隱含著不同的政治涵意。恐懼是最根本的防禦性動機；其根本目標就是要保有本身已經擁有的財產。如同Hobbes在《巨靈論》中所提到的，由於人類怯弱的個性，導致形成爭奪「安全」的入侵現象。然而，基於競爭的心態，「使人類不斷競逐個人利益」；而其本質則是因爲人是貪得無厭的。另一方面，追求榮耀的個性，使得人類始終汲汲營營於「名譽」的競逐（ch. 13, par. 7）。不過，儘管這個世界是競爭的，但其最終目標乃是對於個人地位的認同，而非是對於物質收益的追求。

本章所要強調的重點，即是政治差別以及對前述三項動機的追求。同時，我也會在這一章中說明現實主義者對人性及國家動機所做之解釋的複雜性與多樣性。在結論的部分，我則會對現實主義理論對國際關係的貢獻，做出初步的總結與評斷。

人性與生物現實主義

由於生物現實主義者最為關切人性的議題，因此在此章的第一部分，我們就從他們的論點開始探討。而生物現實主義者之中，最廣為人知且影響力也最大的Hans Morgenthau，自然就是我們討論的焦點所在。[5]

以權力觀點定義的國家利益

正如同第一章中所說明的，在Morgenthau針對政治現實主義所提出的六項原則裡，頭兩項即是「根源於人性之中的『實存（政治）法』，及「以權力觀點來定義的利益概念」（1954: 4, 5）。此外，Morgenthau也認為國家利益是一種待發掘的事實，而不是任何一種附屬或隨意編造的事物。職是之故，這些客觀存在的利益便形塑了重要的外交政策。也因此，Morgenthau主張的四項外交基本原則中，第二項便提到「外交政策的目標必須是以國家利益來定義，並且必須用適當的力量來予以支持」（1948: 440）。

對Morgenthau來說，「在利益與外交政策之間，必有一合

乎邏輯的關聯性存在」（1962a: 93）。「我們假定政治家針對利益所做的思考與行動，都是以權力概念加以界說，事實上，過去所發生的歷史也都支持這個假定」（Morgenthau 1954: 5）。不可否認，國家「所制定的政治，都必須滿足且切合其國家利益」（Morgenthau 1962b: 121）。然而，這些廣泛看法所代表的意涵，卻只是索然無味的反覆贅述、模糊及無用的空泛言論，以及明顯的荒誕矛盾。

　　的確，這種宣稱國家總是追求其所「認知到」之利益的論點，並沒有受到很大的爭議。此外，若我們強調「認知到」的這個特質，且以較廣的角度來看待「利益」的概念，那麼上述論點或許更能得到多數的認同。可是，如此一來這個定義也就沒有受到更詳細的闡釋。此外，儘管那些恣意而為的自毀行為已經被排除在外，但是前述定義卻把這種明確的「非現實主義」常規視為是以「人類利益」、公義、道德或者宗教來界定的個人利益，而且個人的行為是不包含任何憐憫心、忠誠、友情或者法律責任的。同時，對Morgenthau提出之理論的批評，主要是在於國家究竟該「如何」認知其「利益」，而不是國家「應該」以權力觀點定義其「利益」。

　　儘管如此，Morgenthau向來對美國外交政策有諸多批評[6]，他認為以美國這麼一個佔據世界強權半個世紀以上的國家，也並不全然以權力概念來定義其利益。事實上，大多數國家關切的，乃是如何增進其國民（至少是部分階層的國民）的福利與社會的繁榮，至於對權力的競逐，則不是想像中的那樣熱衷。也因此，實施寡頭政治的國家，往往都被批評藉由犧牲國家的利益，來換取政治菁英的特定利益。此外，民主國家強調

的重點也時常為人所詬病，其中又以現實主義者的批評最為嚴苛。他們認為民主國家會因為關切如何獲得其它短期的政治或經濟利益、短暫的流行、以及道德目標，而刻意去忽略某些重要的國家利益。[7]換言之，國家所追求之目標（利益），並非僅有「權力」而已。

即使國家亟欲尋求增加本身權力的論點是正確的，但是Morgenthau卻仍然語帶模糊，沒有做出明確的論述。

> 一個政治政策的目的，不是在維持本身的權力，就是在強化本身的權力，或者是對外宣稱其擁有之權力——如果一個國家的外交政策是傾向於保有本身的權力，以及不去改變當下對其有利之權力分配情形，那麼這個國家所尋求的政策即是維持現狀。如果一個國家的外交政策——是要去尋求增加其權力與地位的目標，則那個國家就是採取擴張主義式的政策。若一個國家外交政策的主要目的在於展示其擁有之權力，或者是維繫，甚而增加其權力，那麼這個國家所採用的乃是威望性的外交政策。（1985: 52-53）。

儘管Morgenthau提出上述說法，但他並沒有明確提出一個理論性的解釋，來說明究竟國家「何時」，以及「為何」會採用上述特定的策略。

舉例來說，Morgenthau指出，不管國家在戰爭中獲勝、失敗，或者是因為其它國家太過積弱不振，使其有機可乘，國家都會選擇採取擴張主義式的政策，也就是Kissinger所說的「革命性」的政策（1985: 67-69）。換句話說，成功、失敗，以及機會的出現，都是造成國家採用擴張外交政策的可能原因。然

而，這種說法似乎不甚明確。尤有甚者，並非所有在戰爭中獲
勝的強權國家，最後都會決定推翻戰前的權力版圖。當法國協
助奧地利恢復其舊有疆域後，儘管奧地利曾經與其它歐洲國家
進行戰爭，而且獲得勝利，但維也納國會仍然拒絕以侵佔別國
的領土來擴張自己的勢力範圍。事實上，許多強權國家都已經
習慣（滿足）於和其它國家共同相處，反而不會願意去征服，
或者是削弱鄰國的力量。加拿大與美國的關係，就是最好的例
證。

　　Morgenthau的理論不僅無法告訴我們究竟國家會選擇維繫
自己的安全，或者是與它國競爭更多利益；究竟是會決定攻擊
其它國家，或者是採取鎖國防禦政策；究竟是願意承受對外擴
張的風險，或者不願冒險而決定規避這類風險。[8]此外，這種
模稜兩可，無法提供確切解釋的論點，更是完全不具有理論意
義的。由於這些不同的目標所包含的意義不同，而根據這些目
標所訂定的政策也自然不同，不同的國家依據這些相異的政
策，當然也會做出截然不同的行為。換言之，Morgenthau提出
的三個策略，只是對那些不同，甚至是相互矛盾的行為，做出
整理與分類，並無法對國家的行為有更深一層的解釋。

追求權力之決心

　　毫無疑問地，絕大多數國家的外交目標，都是在積極擴大
本身的權力。追求那些以權力來界定之國家利益以外的目標，
不但是危險的，同時也有可能會產生不良的後果。但是，即便
是Morgenthau對其它比較次要（不過還是很重要）之主張所提

出來的解釋，也因為這種對人性單方面解釋的過度強調，而受到曲解。

Morgenthau指出，對於權力的追求是一種無法避免的結果，因為這乃是「由於基本的生物心裡驅使所致，對所有人類來說，尋求生存、繁衍、以及統治，乃是相當正常的」（1948：16-17）。同時，他也認為「所有人類都是貪求權力的」（1962a：42）。Morgenthau甚而主張，「人類對於權力的渴望，並不是歷史上的一個偶發事件；這種渴望也並非是出現在個人自由之正常狀態外的暫時性偏差；相對地，追求權力的慾望，一直以來都存在於人類生存的本質深處」（1948：312）。

因此，這種追求權力的自然意志——「統治的意圖（animus dominandi），對權力的慾望」——為Morgenthau主張的現實主義，描繪出一張特別刻板的面目。「造成邪惡本質普遍存在於人類行動中的原因，在於人類對於慾望的熱烈企盼，而不是為了達到其它任何特別自私或者惡劣的目的」（1946：194）。就算我們能夠克服Hobbes提出的競爭、怯弱，以及榮耀等三項驅使行動之動機，但是我們對於權力的追求，卻永遠都是貪得無厭的。

然而，若我們不管其它可能的因素，甚至也不顧權力本身的工具性價值，單就人類天性而言，Morgenthau仍認為人類是追求權力的動物，而這也是Aristotle所提出之有名的定義：「人天生就是政治的動物（zoon politikon）」。此外，Rousseau則是從比較悲觀的角度來看，他認為人類生而自由，但是卻處處受到枷鎖的束縛。Morgenthau進一步指出：「人類雖然生活在枷鎖之中，但卻無論何處都想成為具有控制力的強者」（1962a：

312）。「人類對自由與平等的渴望，只是競逐權力過程中的第一階段。那些被壓抑的人最先想要獲得的是與壓迫者同等的地位。然而，一旦他們獲致了平等地位，就會反過來壓抑那些與他們平等的人」（1962a: 192）。

這一連串的推論性主張，顯現出相當強烈的生物現實主義傾向。「人類相互競逐制約的現象，乃是人性不可避免的發展」（1962: 7）。「這個社會世界乃是人性在這個集體表面的投射」，而且完全由「人類來進行統治（man writ large）」（1962a: 7）。因此，政治問題也不過是「人性在社會上的投射」罷了（1962a: 313）。

同樣地，Reinhold Niebuhr也強調「人類利己的念頭乃是天生就有的」（1934: 198）；「人類的利己主義特質，是始終持續存在於任何一個社會中的」（1944: 79）。對Niebuhr來說，「人類的愚昧無知以及自私本性，乃是造成社會衝突與不公正的根本原因」（1932: 23）。他甚而認為「那些相互競爭的國家群體所抱持之追求權力意願，就是造成國際社會形成無政府狀態的主要原因。而人類的道德智慧，也完全無法改善這種惡劣的環境」（1932: 18-19）。

人性與權力政治

將權力政治的發生歸因於人類天性的推論，使得現實主義成為一種通則化的政治理論，而不單單只是一個適用於解釋國際關係的理論。如果「對獲得凌駕他人之上的權力渴望——乃是政治的本質」（Morgenthau 1946: 45），如果「政治就是競逐

掌控權力的工具」（Schuman 1941: 7），如果這些說法都是正確的，那麼我們似乎就沒有辦法清楚地釐清國內政治與國際政治之間的界線了。

不過，有些現實主義者仍然接受這樣的結論。舉例來說，Neibuhr最重要的一本著作《道德的人間與不道德的社會》（*Moral Man and Immoral Society*, 1932），就強調所有社會群體具有悲慘性的無能，因為它們無法像個人一般，將道德考量標準運用在（某些）個人關係之上。根據Frederick Schuman的研究結論指出：「所有政治都是權力的鬥爭」（1941: 261）。他並進一步分析認為，國家的利益也不過就是該國內部最具影響力之團體的一私之利的呈現（1941: 263-264）。近來，Ashley Tellis也認為我們應該把現實主義看做是一個通則化的普遍性政治理論，而其依據即是人類對於追求全球統治的慾望。

此外，Morgenthau也指出「追求統治的慾望——乃是所有人類聯盟的構成要素之一」（1948: 17）。同時，Morgenthau認為「國內政治與國際政治只是同一種現象的兩種不同表現形式，此一現象即是『權力鬥爭』——而國內政治與國際政治的差別只是程度上的不同，而不是種類上的差異」（1985: 52）。

然而，從他最有名的《國際政治》（*Politics Among Nations*）一書的標題，我們可以發現Morgenthau早已明白指出國內政治與國際政治之間的差別所在。許多現實主義者也同意結構現實主義者所一再強調的一個觀點，那就是在無政府狀態下的秩序，與層級節制政府下的秩序，存有本質上的不同。二者的主要差異就在於「有既定法律規範的政治，以及無政府狀態下的政治」（Waltz 1979: 61）。Hobbes提出的主權觀，正同意國家中

的個人可以逃離從人與人的戰爭所擴大之國家與國家間，爭奪統治地位的戰爭。

這種國內政治與國際政治之間的差別，我們也可以在典型現實主義者對於國際正義，以及其它除了以權力觀點來界定之利益以外的外交政策考量的批評中看得到。即使有人同意現實主義的非道德觀是國際關係中一種不幸的必須，然而，必須注意的是，這種說法若運用在國內政治中，不僅不全然正確，同時也是違反常情的。我們發現，極端壓抑的獨裁政體確實使人聯想到國內政治與國際政治間的相似之處，也有可能與此二者間的差異性同樣顯著——即是當層級節制的統治無法凌駕於高層威權之上時。儘管現實主義者認為人道的國內政治無法運用在國際政治之上，然而，根據過去的歷史經驗，我們可以看到許多與現實主義者主張相反的例子。舉例來說，過去幾十年來，北歐的自由民主福利國家的內部政治，就是奠基在社會正義這個廣泛的概念之上。

事實上，我們唯有將探討的焦點集中在無政府狀態之上，才有可能說明權力在國際關係中所享有的優勢地位——我們先暫時假定這種說法是正確的——以及說明權力亦需屈從在法律、規範，甚至是國內政治的正義上之不可否認的可能。國際關係或許真的和Hobbes提出的自然狀態一樣。然而，就國內政治而言，即使是在最壓抑的政體之下，個人也可選擇自己所要的生活，可以是孤獨的、貧困的、卑劣的、殘酷的，以及短暫的等等，這些都可以是例外的情形，而非一定是固定不變的（即Hobbes的自然狀態）。如果環境能夠提供一定程度的人身安全，那麼國家將會允許個人可以自由行動，如同Hobbes所言：

個人行動的依據，可以是「依向和平的情感」，以及其它「更高」的慾望與價值。藉由強制執行合作的規範，在層級節制的政治秩序之下，任何自私的行為者都可以避免陷入囚徒困境之中。因此，總的來說，現實主義既然是一種國際政治的理論，就無法單單以人性為其論述的出發點。

無政府狀態、權力，以及國際政治

　　如果權力政治真的是國際關係的中心，那麼最主要的原因，應該就是導因於國際社會是一種無政府的狀態。同樣的，人類天生的慾望或許也是國家尋求權力的理由之一。此外，其他行為者心中的利己慾望，往往也有一定程度的影響，同時也強化了行為者對權力的追求。但是，不管如何，無政府狀態的環境肯定就是解釋為什麼權力政治在國際關係中，享有優勢地位的最主要原因。因此，Morgenthau所認為之追求權力的意願論點，乃是多餘的──同時，根據理論的檢約原則，我們大可不必為了得到結論，而做出任何具爭議性的假定。

　　因為國際社會是無政府狀態，導致權力政治更容易出現。此外，對出現這種現象的解釋，我們也毋須假定是起源於人性的腐化。我們唯一需要假設的情況，就是在那個環境中，有夠多的利己主義者可以迫使其他人做出與其類似的（自利）行為。因此，如果行為者在無政府狀態中採取怯弱與競爭所得到的安全與成就，會高於採取信任與合作的特質，那麼國家將會被迫不顧其本身的偏好，而走向自私衝突的權力政治局面。

　　除此之外，Morgenthau所提之「追求權力之意願」的論

點，似乎也是不太眞實的。人類的天性生而就有統治慾望的特質，而這也或許就是造成國家汲汲營營於追求權力的一個原因。舉例來說，Henry Kissinger就曾經把權力稱作是「最強烈的春藥」）。然而，行爲者追求的主要目標，並非是權力本身的價值，更遑論權力是行爲者所欲追求的唯一目標了。例如，個人追求財富的目的，乃是在於獲致伴隨財富而來的樂趣與幸福，而不僅是（或不全然是）想要得到權力。

或許我們可說，權力可被行爲者用以獲得，或者至少可以增加行爲者達成其許多（現實主義者可能認爲是絕大多數）慾望目標的可能性。同理可知，國家追求權力的眞正目的，並非僅是單純想要追求更多權力，而是在於那些隨著獲致權力而來的工具性利基，可以幫助國家達到更多外交政策上的目標。然而，當我們以權力概念來定義國家利益的時候，對於手段與目標的區別，也就往往混淆不清了。

結構主義推託藉口的失敗

如果無政府狀態眞的是國際關係中，任何看似有理的現實主義理論的中心要義，那麼，這個特質是否能夠單獨解釋現實主義者所提出來的權力政治概念呢？在一般人的眼中，結構現實主義者一直都很努力地試圖解答這個問題，然而，他們不但總是避免碰觸Morgenthau所提出來的理論性問題，同時也規避了解釋任何以人性爲出發點的重要理論。我們在上一個部分中，曾對Morgenthau的論點作了比較詳細的介紹。在這個部分

裡，我們則要詳細介紹Kenneth Waltz這位過去二十年來最爲重要的結構現實主義者。[9]

結構的推託之詞

根據Waltz的看法，「無政府狀態中的國家」的概念，乃是從國家與國家間的互動所表現出來的特質所抽取出來的（Waltz 1979: 80），而這個概念，也成爲當代結構（新）現實主義的中心思想。正如Waltz所言，當「透過少數顯著且重要的事物」（1986: 329）來看時，我們僅能發現關於任何國家的行爲都是在無政府狀態下所互動產生。本章主要重心，就是在探討結構主義者對「抽取國家能力之外的所有特質」的各項努力作爲（Waltz 1979: 99）。若用Waltz自己的話來說，則是以「個體」（units）這個不帶特色的名詞，來表示一個政治體。

當然，我們都知道國家重視許多不同的特殊利益，而這些利益也會促使國家採取特定的行動。然而，結構現實主義者卻試圖尋找更深入的模式，也就是從一般對國際無政府狀態的預測中，挖掘出若干類似法律的規範。如果可以在不假定或知曉某些特定動機或特殊利益對國家的重要性之下，而對國際關係做出清楚的描述與解釋，那將是一項理論性的重要成就，而且這個成就也具有很重大的實用價值。

儘管如此，我認爲這種對「結構的推託之詞」（structural dodge）[10]，也就是試圖以迎合國際無政府狀態的環境，來規避解釋國家動機的做法，是絕不可能成功的。對於動機的探討，絕不能被遺漏在結構理論之外。即使是最嚴格精確的結構

理論，也需要對國家動機做出很詳盡的分析與解釋。

動機的重要性

在這種推託之詞的問題上，Waltz透過與個體經濟學所做的類比，為其忽略國家動機或利益的做法提出辯護。Waltz指出：「正如同一個市場理論不必包含或需要一個公司理論，任何一個國際政治理論也不必包含或需要一個關於外交政策的理論」（1979: 72）。但是，Waltz的看法卻是完全錯誤的。此外，Waltz雖然認為「市場理論並不討論與公司特質有關的問題」（1996: 55），但是就某種意義來說，公司的特質是早已被假定了，而不需要被加以解釋的。正如同Waltz本人也曾指出：「經濟學者把活動的個體，也就是表現良好的「經濟人」，看成是一心一意追求利益極大化者」（1979: 89）。事實上，所有關於新古典經濟學的預測，都是依據「假定人類是利益極大化者」的事實為出發點而來。

職是之故，一個國際政治的結構理論，也同樣必須有動機的假定。因為國際結構本身——對Waltz來說，只是無政府狀態下的能力分配而已——並無法預測任何東西。相對地，結構的力量亦有可能會與所有行為者有所衝突，於是結構在邏輯上的必然推論，也並不能自立於行為者的特質之外。因此，國家動機並不是結構主義者認為之所謂「幕後的干擾」、令人混亂的影響力，或者是「干涉性的變數」。

如同前文所述，Hobbes提出之人人相互爭戰的起源，不但是因為國際間乃是一無政府狀態，同時也是因為個人受到競

爭、怯弱以及榮耀等因素驅使，在無政府狀態下產生互動關係
所致。Homer筆下的英雄，透過爭取偉大的功績來贏得榮耀；
Nietzsche學說中的個人，會受到追求權力意願的驅使而行動；
相同的經濟體也可能會有截然不同的行為產生；同樣的，
Hobbes認為的利己主義者則是因為抱著擔心死於暴力的恐懼，
而自我防備。Herbert Butterfield曾提出一個有趣的說法：「如
果所有人類都是基督教的聖徒，那麼戰爭就不太可能會發生
了；屆時，人人相互競爭的，或許就是誰先捨己為人了」
（McInter 1979: 73）。

　　通常都是用以闡釋現實主義邏輯推論的「囚徒困境」[11]，
乃是根據特定行為者的偏好來加以推斷。如果其中有一人決定
放棄相互背叛，而選擇採取合作策略，那麼「囚徒困境」的賽
局，就會變成「懦夫」（chicken）賽局，亦即需要另一種邏輯
思考的賽局模型。另外，如果賽局的參與者決定採用相互合作
的策略，而不是選擇「搭便車」（free-riding）的策略，那麼又
會轉變成另一種「獵鹿」（Stag Hunt）的賽局模型，在這種模
型中，理性的行為者（在某種情況下）將會選擇合作而非競
爭。[12]換言之，儘管結構都是一直不變的（也就是無政府狀態
下的能力分配），還是可能會出現許多不同的模型。

　　「在結構上，我們可以敘述並瞭解國家所承受的壓力。但
是，如果我們對國家內部的意見傾向沒有任何認識的話，我們
就無法預測國家將會如果回應這些壓力」（Waltz 1979: 71）。然
而，如果我們無法透過特定理論來預知國家將會如何回應它們
所面對的壓力，那麼這個理論又有什麼用處呢？因此，一旦將
國家的所有特質都抽離出來（除了能力之外），那麼這個理論也

就失去了任何預測或解釋性的能力。

因此，Waltz在提出他的理論時，很明智地並沒有將所有國家特質都抽離出來，儘管他並未持續守著這個概念。Waltz不但沒有「剝奪國家擁有的傳統、習俗、目標、慾望、以及政府形式」（1979: 99），相對地，他反而對國家的動機做出許多獨立的假定：「（結構）理論是建立在關於國家的假定之上」（1996: 54）。「行為者的動機早已被假定了」（1979: 91）。

很顯然的，抽離所有特質，以及對某些特質做出假定的分析方式間，存有十分深刻的差異。當我們假定公司會極大化其利潤，這種說法乃是建立在抽離所有其它的動機之上，而非是建立在所有動機之上。因此，Waltz也必須對國家的動機或利益，做出若干特殊的假定。而這些假定的要義，也就構成了Waltz提出之理論的許多主要特質。

生存

我們是否同意結構現實主義者對於國家動機所提出之簡單、清楚，及有條理的假定，已經不是一件太過重要的事情。Waltz自己也曾再三重申他所假定的動機：生存。Waltz指出：「我所建構的結構理論，乃是根據生存為國家唯一目標的假定而有」（1997: 913）。國家「乃是持單一動機的個體，此動機也就是求得生存」（1996: 54）。此外，「生存的動機，也就是國家賴以行動的原因」、「根據假定，經濟行為者試圖極大化預期的報酬，而國家則是為確保本身的安全而奮鬥」、「我認為國家必定是試圖去確保它們的生存」（1979: 92, 134, 91）。[13]

　　不過，這個假定卻使戰爭變成一種無法解釋的現象。如果所有的國家都很珍惜自己的生存——如果真如結構理論所說，生存是國家的單一目標——那麼國家之間必然不會發生任何侵略性的戰爭。在這種情況下，這個世界會如Randall Schweller所說，變成一個「充滿警察而沒有強盜的世界」（1996: 91）。因為如果要陷入現實主義者所說之世界，也就是充斥不可避免的戰爭以及暴力死亡的恐懼，那麼至少要有一個國家開始對外尋求新的利益，才有可能會引發衝突。Schweller曾經指出：「在無政府狀態之下出現安全困境的主要原因，就是在組成整個體系的所有成員中，出現一個具掠奪性特質的國家。無政府狀態與自衛並不足以解釋為什麼會出現人人為戰的情形」（Schweller 1996: 91）。

　　此外，安全困境的邏輯要義，也就是不確定性的說法[14]，並無法為此現況提供任何助益。當有某個國家被發現，或被懷疑要去追求除了生存之外的利益時（這種情況已經被排除在個體經濟的模型之外），不確定性最終只會引發衝突。

　　Waltz曾經主張：「只要有下列兩項原則存在，權力平衡的政治就會出現：第一，國際秩序是無政府的狀態；第二，體系中的成員都想要求得生存」（Waltz 1979: 121）。然而，上述說法卻不盡然正確。舉例來說，道德主義者與帝國主義者雖然也希望保全自己的生存，但未必會採用權力平衡的方式來獲致生存的結果。因為至少還要有另外兩項條件的配合：（1）生存必須要是（或被認為是）正處在危急關頭的；（2）那些正在存亡關頭的行為者（國家），不會為了其它價值或利益而犧牲自己的生存。

除此之外，Waltz對於這種論點的認知，似乎也十分模糊。他曾經提出對生存假定的看法，認為「這種假定最後會引發一個事實，那就是某些國家將能夠持續去追求那些它們認為比生存更崇高的價值」（1979: 92）——因此這些國家就不會去追求權力平衡的政治了。然而，若我們先不考慮有其它比生存更為重要的動機，單是這種允許其它動機存在的說法，實際上就早已放棄個體經濟的模型。

傳統經濟學者對於利益極大化的假定，乃是先認定其它動機並不存在。換言之，在此理論下，假定利益極大化就代表不能同意有其它利益的價值高於利益本身（不管真實世界中的事實為何）。而新古典經濟學的嚴密論點，有絕大部分就是來自於這個極端簡化的假定。

然而，我們也可以清楚發現，如果某個理論僅假定生存為國家唯一的動機，那麼該理論必然是不盡充分的。正如前文所述，如果所有國家所尋求的目標僅有生存（不管這個目標的範圍或強度多大），那麼這個世界必然不會發生任何侵略行動、戰爭，以及衝突。此外，Schweller也指出「許多大規模的戰爭，都是由那些認為對外擴張之價值大於國家安全的國家所發動」（1996: 106）。因此，如果一個現實主義理論無法瞭解這項特點，那麼該理論也就沒有多大的意義與學術價值了。

多樣化的動機假定

根據前文的分析，讀者應該可以發現，如果生存是國家最

重要的動機，但又不是唯一的動機時，現實主義的論點似乎就比較合理，至少表面上看起來是如此。舉例來說，John Mearsheimer曾說過「驅使國家行動的最基本動機，就是生存」（1994/95: 10），因為「國家沒有比生存更重要的動機了」（1990: 44）。他的意思並非是指國家單單僅追求生存這個目標而已；相對地，Mearsheimer是認為一旦生存與其它的利益發生衝突時，國家必定會選擇生存。同樣地，雖然Joseph Grieco曾提出國家「必須要把生存看成是一個獨立的原動力，而且是國家的主要利益」之主張，但這並不代表Grieco就排除掉其它的國家利益（1988b: 602）。

然而，生存動機在不同理論（國家）間的定位（地位）不斷改變，極有可能會導致截然不同的預測結果——尤其是當國際大環境尚稱平穩，國家並不會時常遭逢存亡關頭時候尤然。同時，一旦國家關注的範圍擴大，各種動機便會相繼進入國家的利益名單之中。

一般而言，現實主義者都將生存與獨立自主、自治、或者是主權獨立的概念併為一談。例如，Waltz就主張國家「為了維持本身的自治而奮鬥」，同時「也為了維繫其獨立的地位而努力，甚至也可能努力爭取自給自足的地位」（1979: 204, 104）。Mearsheimer更補充指出「國家亟欲維繫其主權獨立的地位」（1994/95: 10）。除此之外，Stephen Krasner亦清楚地指出國家的核心利益就是維繫「領土與政治的完整性」（1978: 13, 41）。同時，Andrew Kydd更認為「淘汰」（elimination，也就是無法繼續生存），就是國家「被剝奪其主權，同時其領土與人民則改而隸屬於另一個國家（或其他一些國家）」（1997: 121）。

　　儘管如此，政治個體在無政府狀態之下，就算沒有獨立自主的地位，或者是享有完全的主權，依舊可以生存，就像個人即便是成爲奴隸，或者被施以監禁，依然可以繼續活命一般。舉例來說，這也就是Thucydides《歷史》一書中，雅典使者給予梅里安人的選擇。主權與生存乃是兩個不同的概念（雖然差異相當細微，但其根本意義並不相同），儘管這兩個概念並非一直都是緊密相關，不過到了今日，這兩個概念卻已經幾乎是完全結合在一起了。在過往的歷史中，我們可以發現中國（China）或奧圖曼土耳其帝國（Ottoman）的臣屬國，雖然是單獨的政治實體，但就沒有獨立的主權（以及「完整」的獨立地位）。至於在封建時代的歐洲與日本，其臣屬政治實體同樣尋求自我生存，但這些個體並非是享有獨立主權的國家。十九世紀與二十世紀初期的國際法，就曾對許多種「不完整」的主權形式有極大程度的注意。[15]

　　雖然現實主義學者強調生存是最重要，且應該是唯一的國家動機，但卻同時也假設其它能夠獲得且並存的動機。Waltz就提出一個相當典型的論點：他主張他的理論基礎假定乃是國家「最低限度會尋求自身的存續，而最大限度則會尋求統治全世界的地位」（1979: 118）。如果這種說法與國家僅追求生存的論點沒有抵觸的話，那麼Waltz必定認爲生存與統治根本上應該是相當類似的動機。之所以會有這種奇特的可能性發生，主要乃是因爲Waltz使用了「最低限度」與「最大限度」這兩個名詞，因而使讀者誤以爲在動機這個單一面向上，可能會有「數量」（程度）上的變異。

　　然而，生存並不是統治的一小部分；統治也並不是生存的

剩餘物。這是兩個在本質上完全不同的目標，而且通常都隱含著相互衝突的行為。舉例來說，追求統治的慾望，有可能必須以自己的生存作為賭注。由於我們無法將政治價值以金錢數目來表示，同時對不同政治價值的相對高低，也無法以金錢來一概而論，因此，某項特質的重要程度，就無法用來衡量另一項特質的重要性。正因為缺少其它更完善的假設，因此我們也無法瞭解在生存與統治這兩項動機之上，國家真正的偏好為何。

另一方面，對於「介於」生存與統治之間的（模糊）地帶，我們也無法以「較多生存」，或者「較少統治」這種似是而非的說法來加以論述。同時，在這個地帶裡，仍有某項特點存在——事實上，是仍有許多特點存在。因此，國家目標的廣泛多樣性已然形塑了國際關係的許多面向，也自然無法歸納在「生存—統治模型」的範疇當中。

既然這樣，Waltz會把造成動機多樣化的原因歸咎於國家本身，甚至指出有許多動機已經混淆不清，也就不令人感到驚訝了。Waltz就曾說「國家的首要考量——就是維繫其在體系中的地位」（1979: 126）。然而，維繫彼此的相對地位，並非是生存或者是統治的問題。相對地，這種說法明顯與統治的概念相互矛盾（對霸權則例外）。此外，要維繫本身的地位，甚至可能需要使國家的生存陷入危境之中。

Waltz曾經指出：「自尊不瞭解民族性」、「一直以來，不管結果是對是錯，當較弱小的國家覺得被欺騙時，都將會聯合起來牽制實力較強的大國」（Waltz 1993: 66, 79）。自尊和感覺被欺騙，乃是取決於名譽或尊敬，而不是生存、統治、自治，或者是地位。

「歷經三個世紀以歐洲爲中心的國際政治，隨著第二次世界大戰的結束而終止後，有五個或五個以上的強權國試圖和平共處，這些強權國有時也會相互爭奪支配全球的地位」（Waltz 1979: 144）。然而，這種和平共處的形式並非是生存，或者是獨立，反而可說是一種非常特殊的「安全」形式。此外，和平有時亦會被獨立地予以評斷。如同Waltz就曾說過：國家會一同分享對「和平與穩定的考量」（1979: 175）。

即便是追求利益的簡單論點，也必須是在任何合理的動機假定中，都顯著存在的。Waltz就曾指出：「國家永遠都會爲了財富與安全而相互競逐」（Waltz 1993: 54）。此外，「在國際間，一個國家之所以部署其力量（武力），乃是爲了求得自保與利益的緣故所致」（1979: 112）。「國家會依循著特定的路線而發展，同時，爲了在體系中求得生存與繁榮興旺，也會盡量獲致特定的特質」（1986: 337）。同樣的，財富、利益，以及國家的繁榮與興旺等價值，都不能以少量的統治，或者是大量的生存來予以衡量。這些都是國家所抱持之目標，而且對國家而言，這些目標的重要性亦有其優先順序存在。

不過，可以確定的是，這些不同的動機都共享一個「現實主義」對利己主義觀點的強調。但是，國家究竟是尋求確保生存、維繫其在國際體系中的相對地位、增加本身的力量、確保其獨立自主、與其它國家和平共存、增進其人民福祉、對外人之輕蔑有所回應、或者是追求對全世界的統治地位，這些不同的國家目標，都會影響我們對國家行爲的預測結果。正因爲我們無法完全掌握國家究竟如何決定其目標，因此即使是Waltz本人，也和大多數的現實主義者一樣，完全沒有經過理論上的檢

證，就經常變更其所探討的動機。

　　儘管如此，對國家動機的複雜與多面向解釋，就其本身而言，並不是一個具有理論性質的問題。有人指出，如果國際政治的通則化理論無法瞭解並認清國家利益與目標的複雜性，那麼這些理論可說都是極不充分的。不過，就連Waltz與Morgenthau這二位學者，對於哪一種國家動機比較重要的問題，也都莫衷一是，沒有一致的見解與答案。換言之，當現實主義者面臨多樣化且前後不一致的國家動機時，他們根據現實主義（尤其是結構現實主義）所做出的預測，對於選擇這些動機的次序，也絲毫沒有任何理論上的依據可言。

　　在此我必須鄭重強調的是，我們對這個問題所做的討論，並沒有對「外交政策」——特定的、個體基礎的、內部解釋或者是武力——與國際政治的結構性解釋有所混淆（Waltz 1996）。透過分析Waltz提出的論點，我們可以發現由結構理論者從國家動機中抽離得出之用以解釋國際政治的結構理論，一旦缺乏大量的動機假定，將無法通過嚴格的檢證，也無法提供實質的分析幫助。[16]

現實主義是一個大理論

　　針對這些混亂的論述，我認為下列三種策略似乎是大有可為的：（1）在那些關於國家的多樣化動機假定中，找出某種較不具限制連慣性；（2）以單一動機或者是多個可連貫在一起的動機為基礎，發展出一套亙久不變的現實主義理論；（3）同意

多樣化且易變的動機存在，發展出複合式，但不必然是前後連貫之「現實主義的」理論。

　　不過，這種想要找出具有更深連貫性的企圖，通常都認為現實主義只是一個擁有許多偉大抱負的通則化理論。相比之下，追求發展出多樣化的現實主義模型，卻認為現主義乃是一種哲學的取向，或者是典型的「研究計畫」。[17]在這個部分裡，我將嚴格檢證當前各界對第一種類型所作的努力。在本章的最後部分中，我則會討論第二種類型。

　　在二十世紀時期的美國現實主義領域中，Waltz與Morgenthau可說是獨領風騷的二位重要學者。他們以類似法律的行為規範為依據，試圖找出關於國際政治的通則化理論。其中，Morgenthau所追求的是「找出人類在群居性世界裡的永恆法律」（1946: 220）。同樣地，Waltz也強調「數千年以來，人類所擁有的特質極端相似，是令人感到驚訝的」，而他並試圖解釋「為什麼不同的個體間有許多變異性存在，卻仍然會做出十分類似的行為呢？」（1979: 66, 72）。[18]

　　Morgenthau與Waltz的研究方向，就某種程度上來說似乎是很有道理的，因為他們二人都認為人性或者是國家的動機，乃是固定不變而且是早以為人所知的。「人性，也就是政治法則的根源所在，是自從遠古中國、印度，及希臘的哲學家開始尋找（人性）法則時，就沒有改變過」（1954: 4）。後來，曾經是Morgenthau的學生與研究同僚的Kenneth Thimpson，也依循著他的老師的論點，進一步指出：「自從遠古時代以來，人性就一直都沒有改變過」（1985: 17）。對Waltz而言，他的主張乃是從國家利益的特點所抽取出來，而其根本依據，則在於無政府

狀態的環境，會造成國家行為的僵化不變，至少，就整體來看是如此的。正如同Measheimer所言：「在決定性的分析當中，我們發現整個國際體系會迫使國家接受現實主義路線的支配，或者是使國家承擔毀滅的風險」（1995: 91）。

　　然而，對這種可以從簡單的角度來探討「國家」的論述，我並不表贊同。相對地，我認為國家動機絕對是多變化的，而非是恆久不變的。因此，現實主義，尤其是結構現實主義，也就無法被認為是一個解釋國際關係的通則化理論，其解釋力必然有所不足。

絕對利益對相對利益

　　晚近以來，有許多理論學者都指出，現實主義之所以著稱，乃是因為其提出對「相對利益」（relative gains）的重視所致。舉例來說，Stephen Walt在不久前對國際關係理論所作的調查分析中，明確指出現實主義對於國際關係這門學問最重要的貢獻之一，就是提出「相對利益」的概念（1998: 35）。[19]進一步來分析，此概念最主要的意旨在於國家不但想要增加本身的（絕對）財富、權力、或者經濟利益，同時也會想要拉大自己與其他國家所擁有之資源（財富、權力、或者其它東西）之間的差距。Mastanduno曾指出：「解釋國際關係的現實主義途徑有一相當重要的見解，那就是民族國家對於彼此擁有之相對利益與優勢的考量總是十分敏感」（1991: 78）。[20]

　　這種追求相對利益的論點，似乎正是起源於國際的無政府狀態，以及國家行為者在這種環境下，對於生存、獨立，或者

是本身安全的恐懼而來。舉例來說，Waltz即強調居處在無政府狀態之下的國家將不會被迫提出「我們雙方是否都會得到利益？」，而是會被迫提出「誰會得到比較多的利益？」的問題。此外，一旦國家所預期的利益遭到分割，例如以二比一的比例來分享，那麼，必定有某個國家會利用其得到之不均衡的獲益，來執行意欲危害或者摧毀其它國家的政策。即使兩造都明白合作會帶來更多的絕對利益，然而，事實上卻絕對不會有合作的可能性，因為彼此都有所擔心，不知道對方會如何使用額外增加的能力來對付自己（1979: 105）。[21]

　　然而，單純就整個結構來看，我們並無法判斷究竟國家感受的恐懼程度有多大。

　　我們不妨仔細思考Measheimer在他的一篇著名文章中，所提出之一連串類似的主張（1990: 44-45）。他認為：「當安全感不足時，國家會變得比較關心相對利益，而忽視絕對利益。」然而，究竟什麼時候安全感才會「不足」呢？此外，國家究竟會變得有多關心相對利益呢？「在無政府狀態下，當國家之間的協議有可能得到不對稱的報酬，而這種報酬又可能改變當前權力平衡的局面，進一步對國家造成不利時，國家會被迫拒絕接受這種協議。」然而，我們卻鮮少看到這種不對稱的收益會改變權力平衡的局面。因此，當這種收益沒有改變權力平衡局面時，我們又該預期些什麼呢？「既然國家沒有比生存更為崇高的目標，那麼當國家處於緊急關頭時，決策者心中最重要的考量，就會是國際政治的因素了。」然而，究竟這種生死緊急關頭發生的頻率有多高呢？此外，如果國家並未遭逢這種緊急關頭，相對利益對國家來說又有什麼樣的驅動力呢？由於我們

無法回答這些問題——而無政府狀態也無法提供任何解答——
因此我們也無從得知何時該假定國家會決定尋求相對利益。

　　Grieco曾認為「由於無政府狀態以及戰爭的危險，導致所
有國家在某種程度上都會受到恐懼及懷疑的刺激」（1988a:
498）。然而，他卻同樣閃避回答究竟這個關於影響程度有多高
的重要問題。在貪婪過度的情況下，或許會使國家的恐懼稍微
減輕，但絕對無法完全消弭。因此Grieco可能是對的，因為他
認為「國家對於報酬差距的敏感程度——雖然會不斷改變，但
是卻永遠都會大於零」（1988a: 501）。然而，如果國家受到的影
響程度相當地低，這種敏感程度的影響或許就可以被予以忽
略，當國家獲得足夠大量之絕對利益的時候尤然。

　　同樣的道理，Measheimer認為「儘管國家恐懼的程度會隨
著時空更迭而有所改變，但是卻永遠不會降到蕩然無存的程度」
（1994/95: 11）。但是，Measheimer的說法，卻不能一體適用於
所有情境。舉例來說，美國與加拿大之間不見敵意的關係就是
最清楚的例子。[22]此外，就算我們接受Measheimer的論點，我
們也無法預見國家會做出多大差別的行為，因為國家都是受到
Hobbes思想的影響，也就是對暴力死亡存有恐懼感。而不管這
種恐懼的程度究竟多麼細微，國家的行為絕對都會受到這種恐
懼感的影響。

　　即使我們先不考慮這些問題，然而，事實上，「相對利益」
最後通常都與長期的絕對利益有所關連。舉例來說，John
Mattews便認為「如果當下這個互動回合的相對利益有可能在日
後的互動中，創造更多的利益」，那麼，國家就有可能考慮接受
此相對利益（1996: 114）。另一方面，如同我們在前文中所引用

之Waltz的論點，未來如有可能發生損失或毀滅——也就是絕對損失（absolute losses）——那麼國家將會被迫放棄眼前的「相對利益」。此外，Michael Mastanduno曾經仔細分析過美國對日本之工業政策的因應情況，他發現在美國與日本的經濟關係中，美國的「相對利益」考量，「主要乃是反映出對於本身經濟福利制度的焦慮」，而「美國在財政上對日本的日益依賴——極有可能會導致美國未來真正收益的減少」（1991: 75, 77）。因此，國家所關切的真正議題，換句話說，也就是未來的絕對利益（福利、真正的收益），而不是著重於眼前那些淺薄的「相對利益」。

根據Grieco（1997: 175）的看法，Mastanduno的分析結果正符合了相對利益的假說。然而，Grieco亦指出，在Mastanduno的論述卻將利益分配的競逐與對相對意義的追求，混為一談。也就是說，那些追求絕對利益的行為者（國家），同樣也會盡可能地爭取最大的收益。我們可以用古典市場為例，買方與賣方不但會對售價有所爭議，而且也會拒絕一項完美的交易，因為達成這種交易的售價，不是太高，就是太低。這就是一種在純粹絕對利益競爭下的利益分配。不管這樣的結果會對彼此或者對其他行為者的相對財富或收入有所影響，交易者最主要的目的就是在極大化本身可獲得的收益。因此，總的來說，國家會競逐利益分配的事實，並沒有證實國家就一定會追求相對利益。

就這種追求相對利益的推論來說，許多範例都意謂著國家會渴望得到比其對手更多的絕對利益。最重要的是，國家之所以會選擇尋求並接受眼前的「相對利益」，主要乃是著眼於這些

「相對利益」在日後可能帶來更多的「絕對利益」。

權力、平衡，與極大化

　　關於「相對利益」的真正特質，有若干模糊混淆的部分，乃是與權力（力量或能力）的相對性有關。權力的大小，不單單是衡量對手的能力而已，同時也必須衡量本身的實力。舉例來說，當我配備有一把機關槍時，我擁有的力量就比只拿著廚房菜刀的對手更大。然而，當我面對一群裝甲部隊時，我手上的武力（機關槍），所能賦予我的力量就相當有限了。

　　因此，根據上述推論，對於權力（力量、能力）的追求，也就不一定如我們向來所以為的，總是在追求「極大化」。我們並不是要儘可能的追求最多的權力，

　　相反地，我們真正的目標乃是在追求勝過對手的「相對」地位。我相信Waltz必然早已明白這個論點，因為他曾認為「國家的首要考量並非是追求權力的極大化」（1979: 126）。要維繫或者提高自己的相對地位與權力，往往都是要去平衡對手的能力，而不是強化本身的力量。

　　但是，能力的概念是相當絕對的。此外，對於國家可能會追求能力的絕對增加，而不顧相對利益考量的現象，也有許多理由可供解釋。尤有甚者，除了能力之外，關於國家的權力計算，也必須一併納入我們的考量之中。

　　Waltz提出之「國家會選擇平衡力量而非是極大化力量」的論點（Waltz 1979: 127），並非是單純依循無政府狀態的假設而來。此外，我們還必須有以下的假定：（1）國家是害怕的，而

非是好競爭的，而且不是（2）或多或少對其它國家感到害怕，
就是（3）認為絕對利益並不會影響到獲得相對利益的可能性。
如果國家的每一項目標都可從其對能力平衡的貢獻來評斷，那
麼平衡或許就可被預期成為一項「規範」。甚而，如果對手擁有
之一切權力是極具脅迫性的，那麼其它國家將會選擇平衡此對
手的實力，而不是選擇與其站在同一邊（bandwagon）。[23]但是
在這種較不極端的假定之下，我們並無法假定平衡事實的存
在。

　　我們知道國家不會想要去平衡所有能力的集中體。國家最
多只是會選擇平衡那些具有威脅性的能力——也就是在某種程
度上，當國家已經感受到對手的威脅意圖。然而，並非所有因
為絕對利益之不同分配所造成的差距，都是具有威脅性的。而
這些差距也不是位於法則之外，被孤立或者是沒有系統的例外
情況，而是與平衡的「類似法律之規範」具有同等重要性的一
種模式。

　　前述關於平衡強權的邏輯推論，並非把勝利者看成是一個
潛在可能的利益分享者，相對地，乃是將勝利者看成是一個崛
起中的威脅，因而可能在適當的時機，促使其「盟國」形成。
「平衡者」（balancer）會藉由選擇支持較弱小的行為者，以試圖
降低自己必須承擔的風險。它們所關注的，並非是獲得（絕對）
利益的可能性，而是重視不同行為者之間的能力差距，以及一
個崛起中的強權可能會運用其（相對）優勢，進一步對其它國
家造成威脅。然而，這裡的推論，僅是來自於我們對平衡者與
其敵人的特定假設。至於恐懼此一銳不可擋的力量（驅動力），
則會導致平衡的現象不僅在無政府狀態中發生，而且也會因為

特定的假設動機而發生。

　　Schweller曾清楚地指出，在不同的環境中，或者是在不同的假設之下，國家會習慣性地以特定方式採取「靠邊站」或是平衡的策略。換言之，國家會選擇與一個比較強大的國家，或者與是一個正在崛起的強權國站在同一陣線，而不是反過來與這種強權對抗。[24] 然而，「『平衡』策略是否比『靠邊站』策略更普遍常見，乃是一個十分容易誤導讀者的問題。值得注意的是，這兩種策略並非是完全相反的行為。甚而，造成國家採取選邊站策略的動機，與國家選擇平衡策略的動機，在根本上就是完全不相同的」（Schweller 1994: 106）。

　　換句話說，權力是相對性的這個事實，並不必然會使國家走向追求相對利益（平衡）的路線。而能力這個權力的要素，則是一個相當絕對的特質。此外，威脅這個構成平衡策略的邏輯中心要義，究竟是否為真，則必須取決於其他行為者的意圖而定。恐懼的影響力不但是起源於無政府的狀態，同時也因為個人的偏好而會有不同的程度。最後，利益也通常會與恐懼發生相互對抗的情形。

　　如果我們無法得知國家真正的動機為何，我們也就沒辦法判斷國家究竟會選擇採取平衡策略（追求相對利益），或者是採取靠邊站策略（追求絕對利益）了。此外，我們也沒有得到絕對的答案或者具說服力的理由，來解釋為什麼研究國際關係的通則化理論一定要對這兩種策略擇一做出假設。事實上，就某種程度來說，這個理論所解釋的範圍，早已經排除了國際關係某些廣泛且重要的部分。

　　另一種解釋這個問題的方式，則是提出許多當代的現實主

義者都認為權力具有工具性的價值，國家之所以尋求權力，並
不是為了滿足天生想要追求統治地位的慾望，而是為了獲得權
力會帶來的其它附加商品與機會。此外，現實主義者通常認為
用權力來達到的主要目標——例如生存、安全、繁榮，以及自
治——會比其它相對的價值更為絕對。因此，極大化絕對利益
就變成一種合理的動機假設，且如同Powell（1993a; 1993b）曾
正式提出的論點一般，這種假設會進一步引導出典型的「現實
主義的」結論。

職是之故，在現實主義與相對利益的追求之間，其實並沒
有任何關聯性存在。Glenn Snyder與Paul Diesing所寫的《國家
間的衝突》（*Conflict Among Nations*, 1977）一書，被認為是早
期新現實主義的經典著作（Keohane 1986b: 175-177），就提出
了利益極大化（絕對利益）的假設。除此之外，雖然Gilpin曾
主張「政治就是相對利益」（1975: 35），然而在《世界政治中
的戰爭及改變》（*War and Change in World Politics*, 1981）一書
中，他則是以理性的利益極大化假設做為全書之論據，換言
之，也就是以追求絕對利益為全書之主軸。即使Waltz曾經否認
同意此論點（1986: 334），但是他仍假定極大化的存在，而且
也一再提出追求絕對利益的暗示。舉例來說，Waltz曾經明白指
出，只有生存才符合極大化的基本假設（1979: 89, 105）。不
過，對於他與新古典個體經濟學之間的比較，卻一直都是隱晦
不明的。例如，除非在僅求平衡的假設外，「權力平衡」理論
再加入對絕對利益的極大化追求假設，否則從經濟學者追求精
確的角度來看，「權力平衡」理論只可以說是一種微型理論
（1979: 118）。

競爭、怯弱，以及模糊的預測

從前文的分析，我們可以發現，國家通常會受到下列二項因素的驅使：第一，對於絕對利益的貪婪競逐；第二，對保護自己擁有財物所作的努力缺乏信心。正如同Duncan Snidal所言：「並沒有確實的觀點指出國家僅僅尋求相對利益，亦沒有確實的觀點指出國家僅尋求絕對利益」（1991a: 389）。然而，儘管國家對於「相對利益」與「絕對利益」的追求可能改變，但是無政府狀態就和人性一樣，是永遠也不會改變的。也因此，結構並無法解釋這些變異。學者再三提出相對利益的觀點，只是反覆重申對那些多樣化，甚而是相互矛盾之動機的特別訴求，而不是想要解決因為這些動機所引發的問題。

如同我們所知，Waltz本人也無法對此問題做出定論，他的態度因而在防禦性的恐懼（生存）與攻擊性的利益（世界帝國）之間游移擺盪。同樣地，Grieco也認為國家的「主要目標」，在於獲致「最大的利益，以即與其他夥伴保持最小的利益差距」（1990: table 2.3）。矛盾的是，Grieco所指，乃是「絕對利益」與「相對利益」這兩種截然不同的目標，而非是相同的目標。那麼，如果這兩種目標產生衝突時，國家該如何因應呢？國際間的無政府狀態並無法對此問題有所解答：猶如Hobbes所言，這種狀態只會促使行為者為了獲得利益或確保本身安全，而相互展開侵略行動。

Waltz進一步辯稱，為了突顯出最重要的社會力量，他的理論不得不簡化了真正的現實情形，所以只能提出「概略性的初步預測」（1979: 124, 122, 71）。這種說法並沒有錯，因為沒有

任何一個理論可以解釋所有的事情，於是Waltz的辯護之詞也就極具說服力。然而，我們卻清楚地瞭解，Waltz理論中的模糊性實際上乃是根源自他的多樣化、前後不一致的許多假定而來。

對於這個問題，Waltz曾經信誓旦旦的宣稱，結構理論需要的是「把公司當成公司，把國家當成國家，而不要去注意這二者之間的差異」（1979: 72）。這種說法自然就是要把（幾乎）所有的特質都予以抽離。不過，Waltz亦提出許多不同的動機假設，因而使其論點充滿許多變化。正如Tellis所言，藉由不直接提出一個單一不變，且明確的國家動機解釋，Waltz「成功地以系統化途徑，提出一項最特殊的結構性解釋：強調結構是引發所有個體行動最重要，也最有效的因素」（1995/96: 79）。

Tellis進一步指出：「Waltz所建構出來的國際政治系統理論，乃是倣效新古典市場理論而來。此一市場理論能夠充分解釋公司在一個既定的市場結構下，如果在解決其面對的成本損耗問題上，只能獲得少量關於市場實際情勢的訊息時，公司將會採取何種行為的問題」（Tellis 1995/96: 76）。然而，Waltz亦回應指出，這種推論，也正是為什麼「雖然許多不同的企業和市場理論有其不足之處，但是經濟學家總是能夠繼續運用這些理論的主要原因了」（1996: 57）。然而，不管如何，因為對國家動機缺少一個比較一致性的解釋，Waltz針對國際政治所提出來的結構理論，注定會遭到失敗。

安全、攻擊，與防禦

「安全」或許是一種能夠整合相對與絕對利益，或者結合其它廣泛國家利益的崇高價值。然而，如果我們抱持著這種觀點，那麼，我們就必須再次面對同樣的問題：國家乃是透過去（防禦）與競爭（攻擊）的方式，認知其安全。目前已經有相當多的文獻探討關於「防禦性」與「攻擊性」現實主義的相關議題[25]，在這些文獻之中，主要探討的問題，就是國家的動機——也就是國家如何認知重大的安全利益。[26]

舉例來說，Mastanduno就指出「現實主義者認為民族國家會極力避免對手佔據更有利的地位，然而，當情勢對己方有利時，卻也不必然會極力擴大彼此間的差距。換言之，民族國家並不是「差距擴大者」（gap maximizers）。相對地，套句Joseph Grieco所說的話，民族國家乃是「地位防禦者」（defensive positionalists）」（Mastanduno 1991: 79, n. 13）。Waltz提出的「威脅平衡」理論（1987），正對此一邏輯推論做了最好的闡述。

儘管如此，Zakaria卻認為「解決這種關於國際壽命無法確定有多長久之問題最好的方式，就是讓國家透過不斷的向外擴張其政治利益，以盡其所能地增加本身對環境的控制權」（1998: 20）。27 同樣地，Measheimer也提出贊同的看法：「為了在無政府狀態下繼續生存，國家會極大化與其他國家之間的相對利益」（1990: 12）。由此可知，Measheimer主張國家乃是「短期的權力擴大者」（short-term power maximizers）（1995:

82）；換言之，也就是把國家當成是「地位掠奪者」（offensive positionalists）。

在現實主義者之間的這種爭論，通常只是會了找出究竟「最好的」或者是最真實的「現實主義的」假設。例如，Eric Labs就曾問道：「究竟國家的安全，是藉由極大化其相對權力來獲致，或者是透過維繫現狀來得到本身的安全？」（1997：1）。很明顯地，這個問題的答案是「兩者都是」！最重要的原因在於，現實主義若要作為一個解釋國際關係的通則化理論，那麼就同時需要具備上述兩種假設。

當世界上的行為者都以前面提到之「地位防禦者」自居時，這個世界將會是一片祥和，非常和平。然而，一旦這個世界沒有夠多的「地位防禦者」，或者是願意維持現狀的強國（status quo powers，可稱之為「現狀維持者」）[28]，國際關係將會變得和Hobbes提出，人與人會永無休止的相互爭戰的局面一樣——即使並非是同樣的世界。除此之外，國家發動侵略行動的目的究竟是為了自保，或是為了求得利益，或者國家根本不會選擇發動侵略行動，不同的行為者，將會有不同的抉擇，而與國家產生互動的行為者不同，國家也自然會有不同的決定。

Gilpin曾主張：「因為恐懼，國家將會被迫『永無止盡的為了增加或維繫本身的相對力量與地位而奮鬥』」（Gilpin 1975：35）。這種說法雖然有其道理，但是我們仍然需要有一個理論性的解釋，來回答究竟國家什麼時候會決定採取行動改善其地位，在什麼時候又會決定僅採取維繫其現有地位的行動。如同前文所述，國際間的無政府狀態就和人性一樣，是永遠不會改變的，也因此就無法對這些可能的變異提出解釋。

　　不管是絕對利益與相對利益，攻擊性現實主義與防禦性現實主義，都沒有太多的新意，與Kissinger提出來的「革命性強權」與「維持現狀強權」，或者是Morgenthau提出來的「擴張主義政策」與「維持現狀政策」並無二致。同樣地，結構現實主義者的理論，和其「古典時代」的前身一樣，並無法回答關於我們何時才能預期國家將採取何種政策的問題，只能繼續保持沈默。

理性

　　理性可說是讓現實主義成為解釋國家關係的通則化理論的最後一項要素，同時也是我要在此進一步討論的主題。舉例來說，Kydd曾主張「現實主義背後的基本假設，就是把國家看成是一個理性的行為者，可以依據理性採取合乎戰略性的行動」（1997：120）。許多現實主義者都抱持著這種觀點，Robert Keohane則認為這是「一種理性的假設：如果國家是單一理性的行為者，那麼我們就以輕易地來分析世界政治了」（1986b：165）。[29]

　　然而，這裡的理性，卻僅是具有工具性質的。姑且不論國家追求的是相對或絕對的利益，但是認為國家能夠理性地追求利益的說法，只不過是將Morgenthau等人的論點，以另一種口吻重新加以詮釋罷了。因為Morgenthau就曾認為「當國家發現利益，且此利益符合其需求時，國家必然會採取行動」（1962a：278）。不過，重點在於國家如何發現這些利益。只有當利益具有實質形式時，才會引起國家的興趣——而賦予利益實質形式

的方法，不但可藉由計算、工具推論得到，甚而也可因爲國家一時的衝動情感（興趣、慾望）而成形。

當我們稍早前討論到Morgenthau的時候，這種理性的假設就已經與國家利益的具體呈現密不可分了。現實主義與其它理論不同之處，並不在於其提出此一理性的假設，而是在於現實主義能夠清楚界定出國家、領導者，以及公民的利益所在。[30]理想主義者雖然不假設非理性的存在，但是卻對個人與國家利益做出了極不相同的解釋。然而，利他主義者（altruist）與道德家就是典型地以理性的行動，將其價值觀付諸實現。至於那些支持透過世界法律已達到世界和平的人，通常也都十分強調工具理性的重要。在這些人的眼中，即使理性的行動最後無法完成行爲者的目標或得到最後的利益，但，他們也會認爲這是因爲行爲者本身的錯誤計算，或者是錯誤認知所致，而不會認爲理性因此根本不存在，或者毫無用處。

如果現實主義眞的希望成爲解釋國際關係的通則化理論，那麼就必須要先對人性或者國家動機有相當合理且極具理論性的解釋。然而，令人惋惜的是，不論是生物現實主義或是結構現實主義，都沒有提出一項足以讓人感到滿意的解釋。

光榮、榮耀與英雄式的現實主義

或許現實主義者會對我的論點產生質疑，認爲我至多僅是指出那些目前執學術牛耳的的現實主義學者尚未能夠提出一個具有充分解釋力的人性理論，或者對國家動機提出一套具有高

度連貫性的假設。然而，以後的現實主義學者或許就能夠彌補當前學者之不足，而提出可靠的理論。在這個部分中，我將說明為何上述說法是絕無可能發生的。簡而言之，國家的動機往往充滿無可避免的多樣性與變異性，因此，現實主義也就不可能以此為基礎，提出一套既能解釋國際關係，又相當實用的通則化理論。

為了進一步闡釋我的論點，我將以第一章提出之六個現實主義典範中的Thucydides與Machiavelli為例，對其論點作更深入的分析。這二位學者與Morgenthau和Waltz一樣，都十分強調競爭與怯弱的重要性。然而，不同的是，Thucydides與Machiavelli也十分重視光榮與榮耀這兩項特質。

對榮耀的追求

Machiavelli曾大聲疾呼，要求所有人除了要仿效那些獲致自身利益，得到權力與物質收穫的人，也必須效法那些得到大眾「崇拜與讚許」的人（P14〔5〕）。如同我們在前一章所說明的，Machiavelli認為人類所真正重視的東西，以光榮及財產為最。（DI.27〔2〕；可與P25〔2〕相比較）。此外，當他提到在遠古時代中，人們把「世間的榮耀」看成是「最高級的善」（DIII.2〔6〕），有某種程度他是以這種論點來支持他的主張。

在他的著作中，Machiavelli經常會提到光榮、羞辱、榮耀、惡名狼籍、或者是名譽，而二十世紀的現實主義者，則通常只是探討關於安全與利益的議題（或許還包括公義）。舉例來說，在防禦佛羅倫斯時，Piero Soderini因為拒絕運用「邪惡之

工具」於是失去他的「地位與名譽」（DIII.3〔3〕）。威尼斯人因為自己的魯莽輕率，而失去「許多榮耀與榮景」（Machiavelli 1965: 586）。因為聘僱傭兵部隊，「導致義大利的人民遭到奴役，並遭受差辱」（P12〔6〕）。當Hannibal無法以和平協定方式消弭衝突時，「儘管最後他一定會失敗，但是他並沒有拒絕戰爭，因為——如果他必定得失去某些東西，他寧可光榮地失去」（DIII.27〔6〕：可與DIII.10〔4, 6〕相比較）。那些僭越王位的暴君，「無法瞭解什麼叫做名望、什麼叫做榮耀、安全、平靜，以及心靈的祥和。由於他們的作為，為他們招致了不榮耀的名聲，並會受到人民的輕蔑、痛恨，亦會遭逢危難與無法獲致平靜」（DI.10〔2〕：可與DI.2〔9〕、P19〔3, 6, 7, 11, 12〕相比較）。Machiavelli同時也痛惜人類無知的事實，因為他們太容易「被偽善及虛名所矇騙」（DI.10〔2〕）。

此外，如果鮑吉亞（Cesare Borgia）公爵沒有染上重病的話，「可能已經得到那些可強化實力的武力跟名望」（P7〔6〕）。不過，鮑吉亞眼中的名望，與Machiavelli所提出之權力卻大不相同（雖然並不是毫無相干）。事實上，在Machiavelli的著作中經常使用的「名望」一詞，以我們的觀點來看，會傾向用「權力」一詞來代替。舉例來說，當Machiavelli認為路易七世（Louise XII）「能夠繼續維持他的名望」（3〔11〕），Machiavelli應該是指他的「權力」，至少，依照我們的理解應該是如此。同樣地，當Machiavelli認為一旦菁英「賦予任何一位諸侯良好的名望」時，該諸侯的權力將會有所提升，以因應百姓的抗爭。亦或者，人民會「賦予名望」給特定對象，以逃避菁英施加的壓迫（P9〔2〕）。

值得注意的是，光榮（honor）與榮耀（glory）並非永遠都是最重要的考量。恐懼與利益也經常成為君王優先考慮的重點（例如DI.37〔9〕、P17〔4〕）。儘管如此，光榮依然是一股相當強勢的驅動力量。而對Machiavelli而言，光榮、榮耀以及名望，都是被看成是國家的目的，而非是手段。雖然名望或許可能有助於追求權力或者利益。但是，這種工具性的價值，並非就是人類追求名望的因素。此外，如果沒有透過量化的轉換，虛幻的光榮，是無法轉變成實質性的利益（效益、優勢、獲益）。光榮就像是公義一樣，並不是單純具有崇高價值的利益而已。雖然光榮的確具有很高的價值——但是那並非（僅是）利益。

除了Machiavelli十分重視光榮與榮耀外，這二項特質在Thucydides的《歷史》一書中，也被視為對君王具有強烈影響力的驅動力量。包括雅典人（I.75, 76）、哥林斯人（I38, 120），以及斯巴達人（IV. 16），都強調身為領導者的光榮，以及淪為附屬者的羞愧與恥辱（IV.86, V.69, 101, VI. 80）。同時，這種光榮不會受到由盟國之領袖或霸主所負擔之任何物質利益的支配。斯巴達的Brasidas曾經反對和平，因為他的光榮乃是來自於戰場上的勝利（V.16）。相對地，雅典的Nicias則崇尚和平，因為安穩的世局能夠確保他的良好名望（V.16）。而Alcibiades則以浪費能帶給他和其城邦偉大的榮耀為藉口，為其揮霍無度的龐大花費提出辯護（VI. 16）。因此，無怪乎Henry Immerwahr會認為：「Thucydides筆下的個人與國家，都表現出一種近似荷馬風格的傲慢感」（1960: 282）。

在Thucydides的著作中，我們常可見到他以最極至（英文

中的最高級）的方式來描寫那些為了追求榮耀所產生之國家行動的規模以及事件的激烈程度，例如他就曾寫下「陣容最大的軍隊」（II.31）、「最強烈的戰爭驚訝」（IV.40〔Smith〕）、「花費最多也最壯盛的希臘軍隊（VI.31）、「最慘烈的悲劇」（III.113）等詞句。[31]實際上，光榮與榮耀都是充滿競爭性的，全取決於國家有多少實力與優越性。然而，國家卻必須在一場大型的「零和遊戲」（zero-sum game）相互競逐，才有可能得到少許（或多或少）的收穫。也因此，Thucydides才會認為國家在大型（偉大）的事件裡，才有可能得到更多也更好的光榮（既然僧多粥少，就多煮點粥）。「在最艱鉅的危險中，群體與個人才能得到最崇高的榮耀（時間、光榮）」（I.144）。

上述論點不斷延伸推至極致時，Thucydides就指出，雅典軍隊在西西里島的大潰敗，乃是「希臘戰爭史中，最偉大的成就之一，或者，以我的觀點來看，可說是希臘史中最偉大的一頁：對勝利者來說，那是最榮耀的一刻，但也是被征服者最悲慘的一刻」（VII. 87）。不過，儘管對於獲得或失去大量物質利益的考量是十分重要的，但是那並不是Thucydides所關注之最主要的焦點。他就曾指出：「一旦安全得到保障，西拉鳩人（Syracusans）與其盟友的目光就會轉移到求取勝利帶來的榮耀，而不再關心對物質利益的追求了」（VII.56, 59, 86）。

我們除了可在Thucydides的著作中看到對追求光榮與榮耀的重視外，儘管人們認為Pericles的〈葬禮演說〉乃是因其對雅典參與式民主的頌揚而著稱，乃在但是在這篇演說當中，Pericles卻也反覆強調追求光榮與榮耀的重要性。此外，當我們知道那些在戰爭中死去的士兵會被以何種美名讚揚，以及那些

活著的公民會被以何種理由召集，我們發現這些都會與光榮及榮耀有關。經過前文的分析解釋後，這也並不會令人感到訝異。然而，Pericles卻也指出，若只有光榮的喜愛，那麼信念並然不會長長久久。此外，能夠給予人類最大滿足感的，不是利益，而是光榮（II.44）。Pericles最後提出的政治訓念即是：最偉大的人，必然能夠擁有最偉大的美德（II.46）。同時，為了號召雅典人成為雅典城市的忠愛者，他鼓勵市民能夠藉著想望雅典的偉大及名望，因而奮起作為。事實上，這個城市的力量，如同君權所宣稱的，也就是Pericles頌揚的論證。換言之，雅典並不需要Homer為文紀念，因為雅典的一草一木，海洋與大地，都已經見證了雅典所擁有過的榮耀（II.43, 41）。

同時，Pericles在他的最後演說中，也呼籲雅典人要克服當前的艱困環境，並且不能對伯羅奔尼薩人有所讓步，以免損害自己的名聲，或者使自己蒙受恥辱（II.61）。Adam Parry（1972: 61 n. 18）認為Pericles這種嚴正的呼籲，正是一種「擴張式英雄主義的偉大表現」。

我們知道雅典是世界上最有力量的城市，因為它從未向不幸低頭，而且也比其它任何擁有會隨意發動戰爭之百姓與勞工的城市更加自由。今日它所擁有的實力，可說是震古鑠今前所未有。而關於這種偉大的記憶——關於我們希臘人如何擁有支配最多希臘人口的力量；如何在最慘烈的戰爭中，不管是單槍匹馬，或者是連合作戰，都能夠擊退敵人；如何能夠擁有最富裕的城市——都將會永遠留給後代子孫緬懷。雖然在那當口，我們可能會受到其他民族的憎恨或責難，然而，為了完成最偉大的目標，那些偉大的人必須能夠承擔這些批評。因為憎恨並

不會永久存在，但是，勝利的光榮以及爾後的榮耀，將會永遠存在人們的記憶中（II.64〔Smith〕）。

對Machiavelli和Thucydides來說，權力政治就等同於榮耀、恐懼，以及利益。偉大功績所帶來的強大內在價值，是任何物質利益都沒辦法比得上的。值得注意的是，現實主義者提出的三合一元素，亦即恐懼、光榮，以及利益；安全、利益，以及名譽——乃是驅使國家採取行動的主要動機力量。

英雄現實主義對物質現實主義

然而，Hobbes在《巨靈論》一書中，卻提出極度相對的論點。他以貶抑的口吻指出，對於名譽的追求，就等於是關注那些「瑣碎之事」（ch. 13, par. 7）。同時，Morgenthau也認為在國際關係裡頭，聲望鮮少被當成是國家所追求的目標。除此之外，Waltz也和許多當代的現實主義者一樣，認為政治根本完全就是物質利益的同義詞。我們可以發現，這些學者與Machiavelli和Thucydides等人的觀念，有極大的差距與歧異之處，也因此，我們能夠輕易地將他們分成英雄現實主義，以及物質現實主義兩大類，同時也可看出政治行為的不同樣貌。

舉例來說，Waltz主張「國家如果不尋求保有對既有疆域的控制，那麼就會逐漸失去其獨立自主的地位。這個簡單的推論，對國家的行為提出如下見解：它們的擴張性目標也就是要擴大控制範圍，它們的專制的鬥爭，正是為了求得較完善的自給自足」（1979: 106）。

然而，正如前文所述，出使到雷西德蒙的雅典使者，除了

恐懼之外——最先是對波斯人的恐懼，現在則是對其存有不滿的「盟友」有所恐懼——也試圖去追求領導地位之榮耀，以及增進雅典帝國的物質利益。Pericles所強調的，亦即是帝國的榮耀，而非是想要減少任何依賴關係。此外，雅典史上規模最大的西西里遠征隊最後雖然大敗而回，驅使他們前進的，乃是對於榮耀與利益的追求慾望。因此，Nicias曾十分貼切的描述，這是一種「無法得到之恐怖渴望」（VI.13），與自給自足，或者是為了確保自身安全的說法，毫無相關。

同樣地，對Machiavelli來說，榮耀的確會驅使國家對外採取擴張行動。儘管威尼斯在不對外擴張的情況下，仍能自給自足，然而，即使這種對外侵略的行動可能會加速國家的滅亡，Machiavelli仍比較贊同羅馬的擴張戰略（DI5, 2-5：可與Pocock 1975: 196-199相比較）。此外，如同Harvey Mansfield所言，在Machiavelli的心中，「真正的美德，乃是建立在征服之上，而不是建立在國內的自給自足之上」（1979: 187）。

此外，Waltz也主張「在自助的體系下，基於安全的考量，經濟利益只好屈從在政治利益之下」（1979: 107）。尤有甚者，「權力的考量，將凌駕於理想的考量之上」（1991: 31）。然而，因為光榮在一般人的心目中，有著極高的評價地位，因此，並不是那麼容易就會屈服在政治利益之下。同時，因為可能致命的恐懼，就同意放棄對物質利益的追求，也讓人感到羞愧。諷刺的是，光榮和榮耀，卻是人們用以克服恐懼及甘冒追求物質利益之風險的主要動力。[32]因此，對國家光榮的侮辱，通常會導致國家對物質安全採取保持模糊關係的政策。如同前文所述，就連Waltz也認為應把自尊與感覺放在國家政策的第一位。

　　我們都知道Waltz提出之理論，其中一項主要的結論就是國家會傾向於採取平衡策略，而不是選邊站策略。然而，當國家的名譽及光榮成為最重要的考量時，即便是國家這種重大的決策，也有可能會受到改變。因此，Waltz進一步指出，雖然Machiavelli的論點十分重要，但，他卻沒有根據本身的現實政治觀點，發展出一套關於權力平衡的理論（1979: 117）。而，Machiavelli真的是有所疏忽，或根本就是駑鈍愚昧呢？我認為都不是。我的解釋有很大的部分可以用一個事實來說明：因為在追求榮耀的時候，採用平衡政策並不必然就是理性的選擇。

　　然而，Gilpin卻提出一個截然不同的觀點。他認為「Thucydides真正感到興趣的，乃是一種戰爭的特殊形式———一種對於整個國際體系結構有所爭議的戰爭形式」。因此，若以Gilpin的論點來看，Thucydides認為伯羅奔尼薩戰爭「是值得特別注意的，因為希臘在這場戰爭中集結了最多的權力，而這場戰爭也對整個體系結構有所影響與啟示」（1988: 593）。但是，與Gilpin的論點相反，正如我們所分析的，Thucydides之所以對大量權力的集結感到興趣，主要乃是因為希臘有很大的機會能夠在這場戰爭中得到光榮及榮耀。在Thucydides眼中，希臘人為了許多不同理由（至少有部分理由）而加入他們的戰爭，而這些理由是當代物質主義者所無法想見的。伯羅奔尼薩戰爭對英雄世紀而言，可說具有一種相當特別的意義。

　　我們可再分析英雄現實主義與物質現實主義之間的另一差異，不過，這個例子與現實主義的相關性就沒有那麼顯著了。亦即，Thucydides與Machiavelli———以及他們眼中的國家意涵———對當前學者普遍認定的「民主和平」，也就是民主國家不會相

互爭戰的論點，有著相互抵觸的看法。以雅典民主為例，不管是在Pericles主政的時代，或者是他去世之後，雅典一直都是採取帝國擴張主義的政策，而非是和平政策的。雖然雅典是由許多實施民主制度的城邦所構成，但是在Brasidas戰勝，而雅典在西西里島潰敗後，雅典就開始與民主國家進行對抗了。同樣地，Machiavelli之所以贊同共和政體，乃是因為在這種制度下，國家有比較強的能力來參與花費龐大的戰爭，而不是因為這種制度比較容易帶來和平（DI.6〔6-10〕，II, 1-4）。[33]一旦人類的最高目標是要在戰爭中獲致偉大的功績，或者奪得霸權領導地位，那麼他們就不可能成為「康德學派」（Kantian）那種反帝國擴張主義的中產階級民主國家之一分子了。

國家利益的社會建構

雖然我並不認為我們應該將目前的國際關係建構在英雄式的假設之上[34]，但是新古典經濟學派對於獨立偏好的假設——關於利益、服務、或者是機會的價值，與其它偏好，或其他人擁有之財物並不相干——對於那些十分重要的利益、價值的看法，則可能過於輕視。儘管國家所追求的某些利益，具有一種無可避免的組成要素（危機），但為了其內在的滿足感，國家仍不得不盡力取得。Fred Hirsch就曾對這種「決定性的商品利益」舉出若干經典的例證，包括風景優美的土地、郊區的閒適生活，以及領導地位的工作等等（1976: ch. 3）。「一個人所分配到的收入、財富、及經濟力量…（一個人）對於經濟資源是擁有相對控制權，而非絕對控制權」的因素，與是否能夠得到相

對（較高）的地位，有很大的關係（1976: 102）。

在政治學研究中，如果刻意忽略對利益的比較面向討論，是存在相當大的問題的。舉例來說，Robert Jervis就曾順便提到「因爲羨慕而追求地位，乃是最愚蠢的慾望」（1993: 54）。爲什麼Jervis認爲對地位的渴望，是「愚蠢的」，而不是「理性」的呢？此外，羨慕之意，也未必就比追求物質利益的利己主義思想，更爲（就工具實用性而言）不理性，或者就比較（就道德上而言）不具吸引力。

對羨慕、地位、或者其它相對利益貨品而做的攻擊，意謂著一種關於個人及國家利益的敘述性的實質理論。此外，因爲現實主義者向來對人性的評價甚低，自然也就特別輕視人類對這些東西的追求了。[35] 至於Machiavelli與Thucydides等人，會相當重視自我的名望，或者可透過登上領導地位，而發覺到自我的滿足感，就這些特點而言，他們並不是毫無理性的。就算是尋求統治地位的個人或國家，也因爲其達到內心滿足的愉悅——例如達到對權力的慾望——而願意承受道德鄙視。

將名望、羨慕以及其它相對重要的利益納入考量，將會進一步增加現實主義者對於國家動機解釋的複雜性與模糊性。然而，就算我們執意將這些特質與利益點排除在我們的模型之外，將其置之不裡，可是，不管是因爲特定理由或方法論上的原因，英雄現實主義與物質現實主義之間的鴻溝，仍然是相當重要的。正如同防禦性現實主義與攻擊性現實主義間的差異一般，前述二種現實主義也同樣強調對於恐懼、光榮、利益，以及其相互關係的認知，即使是在現實主義的系統化準則標準之下，依舊是有所不同的。

　　國家的利益並非是外界客觀賦予的。現實主義眼中所看到的國家實質目標，乃是根據工具性理由所推斷出來，因此這些目標並非是偶然出現的，相對地，這些目標乃是會隨著文化、歷史，以及環境之不同，而出現系統化的變動。當人性呈現在（國家政治）國際政治之中時，會包含許多系統及特點上的變異。我認為，人性與國家動機的諸多面向會持續變動的現象，乃是無法避免的，同時也是經由社會環境所建構得出的，更是會隨著歷史演進而更迭的。也因此，若我們無法尋求建構性價值及利益的解釋，現實主義者提出之「類似法律」的規範，其實並沒有多大的解釋力。

人性及國家動機：是易變物，而非不變物

　　Gilpin向來認為Thucydides「傾向於揭露今日我們所說之國際關係的根本且不可改變的本質」，而這種說法在某種程度上是正確無誤的（1988: 591）。因為Thucydides的確希望他的研究，能夠「被那些渴望對過去歷史有正確認知，以便對未來有更清楚之詮釋的探索者們認為是有幫助的，而在這段期間內，假使人類經驗沒有確實反映出來，則就必須透過模仿得到」（I.23）。然而，正如我們已經發現的，Thucydides與Machiavelli提供了對個人及國家之動機的基本解釋，而他們的解釋，與二十世紀時期諸多現實主義者之主張，皆不相同。再者，他們對於人性與政治上的變異性，也沒有多所注意。[36]

　　至於那些強調人性或國家動機常保一致的現實主義者，則往往傾向於臆斷文明的假面具，會因為艱困時期而褪去，而顯

露出人性「眞實」的一面。正如一位評論Thucydides的學者指出：「在革命或戰爭的時代，人性將被披露」（Macleod 1979: 52）。然而，艱困的環境並不只有除去掩飾模糊自然本質之傳統的眞諦而已。換句話說，我們並無法從一具消瘦憔悴的身軀，或者從一個因爲嚴重營養不良，肚子因此膨脹的小孩身上，看出任何人類體格的眞正面貌。簡而言之，在極端的情況下，我們所看到的事實，與被扭曲的情況，是幾乎一樣多的。

的確，艱困的環境會出現刻苦的人。這也就是Thucydides所說：「和平與繁榮的國家與個人，會擁有比較好的心情。然而戰爭卻會將絕大多數的人類特質，依據其命運帶到不一樣的境界」（III. 82）。因此，艱困的時代，和和平的時代一樣，都會將人類塑造爲該時代的化身。戰爭所創造出激烈情緒，也因此和在戰爭的環境下所披露的一樣多。綜而言之，我們所擁有之較好與較壞的情緒，都是被截然不同的環境所塑造出來的，而不是天生就擁有的。

如同前文所述，Machiavelli向來認爲人性是卑劣的。他亦指出，人類是「貪婪不知足的、傲慢自負的、詭計多端的、善變的、邪惡的、不公正的、暴力的、野蠻未開化的」（Machiavelli 1965: 736）。「他們是忘恩負義、善變無常、覬覦王位的一群僞君子，也是逃避危險的懦夫，並無時無刻不在追求利益」（P17〔3〕）。「人類的所作所爲都是錯誤的，此外，也沒有什麼能夠阻止人類犯錯」（DI.58〔4〕）。儘管如此，Machiavelli還是認爲人類在某種環境下，會依照自由意志而做出追求權力與利益的決定，即使這種決定不會一再重複發生。

舉例來說，Machiavelli雖然認爲「人類一直都是擁有相同

的情緒」，但是他接著指出「在這個國家中，人類的（天生）行為有時候是比接受不同教育學習發展出之生活模式更為正直的」（DIII.43.1）。人類的情緒範圍或許是固定的。但是，這種「不變」的本質，卻是會隨著時空更迭，而有劇烈改變的。

事實上，社會制度會塑造並選擇人類的天性。Machiavelli甚至曾在一首詩中說道：「戒律能夠編造補足人性不足之處」（1965: 737）。他同時也強調「人類是多麼容易腐化，而其本質又是如此容易被加以轉化」（DI.42.1〔emphasis added〕）。因此，這種急迫想要控制傾向邪惡本質的需求，也就是Machiavelli所說之惡毒言論的最好範例，同時也表現出古羅馬的情形——「因為他們少見的苛嚴待遇以及他們惡名昭彰的行為，使得人們每每回到起點」（DIII.1.5）。然而，不管是逐漸腐敗，或者是重新回到善良德行，人性都已經被改變了。同時，這種改變，還會世世代代持續下去（DIII.43, 46）。

Machiavelli甚而認為，就算人類的邪惡，也有可能是因為惡劣的制度或常規所引起的。

> 君王不應該抱怨其統治之子民所犯的任何錯誤，因為。這種錯誤不是因為他們的疏忽，就是因為子民看到君王曾做出相同的行為（錯誤）而仿效之——在教皇亞歷山大六世（Pope Alexander VI）統治前的羅曼迦那就是一個行為惡劣的例子。即使是最輕微的事件，都會以殺戮和搶奪來結束。然而，這是由於君王本身的邪惡所引發的，而不是因為人類天生的邪惡本性所致（DIII.29.1）。

任何一個既定的社會，都可能是，或變成是善惡兼具的。

一旦具有卑劣的政治，那麼人性的「惡劣面」（DI.3.1）就會展露無疑。相對地，在一個美善的政治環境下，尤其同時兼有好運的情況下，就可能形成一個正直的社會和繁榮富裕的人類族群。

因此，一個把自私邪惡看成是類似法律之規範的模型，就只能對「惡劣」的政治環境做出精確的預測。因為，就連在梅洛斯的雅典人，也只是強調「利用」「強者」的規範「法則」來治理，而不是逼迫梅里安人一定得服從之（V.105）。而全盛時期的雅典，正如同Pericles在其〈葬禮演說〉（II.35-46）中所言——是一個擁有優雅文化與英勇成就之精力充沛且民主的城市——正表露出得到優勢的「較高」可能性。換言之，如果一個理論只打算解釋「現實主義的」類似法律之規範，那麼，就會招致分析上與道德上之徹底的失敗。我們必須瞭解，現實主義行為者的（可變化的）利益本質，在其付諸行動之前，是有可能被預測的。

不過，這種本質也是生物現實主義者與結構現實主義者所無法解釋的。他們都無法說明究竟什麼時候個人或國家會因為恐懼而採取行動，或者什麼時候會因為利益而採取行動。於是，任何想要把人性看成是固定不變的人，最後都將被迫得把人性視為一個可變數來看待。我們於前文提到的Morgenthau、Waltz，以及Grieco正是如此。

現實主義的特質與貢獻

國家為了滿足自我慾望所採取的行動，往往會與國際無政府狀態下的種種限制相互抵觸。在無政府秩序之下，國家之間的慾望（利益）或多或少都會有所競爭衝突。這項論點既然是現實主義頗為重要的見解，自然也就不應該受到忽略。然而，在我們進一步說明國家如何回應無政府狀態下之種種問題之前，我們必須對國家的特質有所瞭解或有所假設，同時也必須要縮小探討的範圍，以便能得夠更有用且明確的預測。

我們並不否認，國家的確會優先考量追求本身的安全、利益以及名譽。由於自私的天性與無政府狀態的環境所致，尤其是當這二者有所互動時，國家通常都會嚴正強調本身之安全，同時會希望犧牲它國的利益，以換取本身的收益。然而，決策者或分析家如果忽略了這種模式，將會使自己陷入危險的處境當中。儘管如此，不管這些見解能否單獨成立，或者將其整合為一之後，都仍然無法成為一個解釋國際關係之通則化理論的依據與基礎。

當我們說明現實主義者對無政府狀態與道德規範所提出的解釋後，在結論部分，我會再次將焦點轉移到這些議題上。不過，在這個部分裡，我將著重於解釋人性與國家動機這兩項議題，這同時也形成了本章的輪廓。

多樣化的現實主義模型

如前所述，國家動機具備多樣性與變異性不但是不可避免的，這同時也是阻撓現實主義成為解釋國際政治通則化理論的一大障礙。此外，如果我的推論是對的，也就是說前述任何一個動機都太過於狹隘，以致於無法成為通則化理論之依據的論述是正確的，那麼，我們除了將現實主義看成是一個由以共同假設為基礎之前後矛盾理論模型所組成的一套論點外，似乎就沒有別的選擇了。

不過，在國際關係的研究與實踐裡，現實主義依然可以找到一塊可盡情揮灑的空間。舉例來說，假使我們承認平衡政策與選邊站政策都是類似法律的規範，那麼我們就可以開始推測，究竟國家在什麼情況下，會採取其中一種策略。Schweller就曾經以分析四種不同的國家種類為依據，對此項議題做了深入的研究（1994）。此外，若我們將他的著作與Stephen Walt的威脅平衡論相互比較，我們可以發現，Schweller認為受到威脅的國家會傾向於採用平衡政策，而沒有受到威脅的國家，則比較偏好採用選邊站的策略（1997: 929）。

或者，我們也可以再想想關於相對利益的問題。Mastanduno就言之鑿鑿地認為：「一般而言，國家行為的限度所表現出對相對利益之關切，會隨著目前是與盟友或敵人產生互動，或者彼此之間是經濟關係或軍事關係而有所不同。」他同時指出，國家一旦取得優勢地位，將會降低其它盟國對於相對利益所產生之敏感性（1991: 79, 81）。即便是Waltz也承認：

「當強權平衡的局面已經穩固，而且國家能力之分配極度不公平的時候，國家對於絕對利益的考量，將會更甚於對相對利益的考量」（1979: 195），此外「當國際間出現（權力）非常穩固的國家，或者出現面臨（生存）危險的國家時，對於絕對利益的追求，也將會凌駕於對相對利益之追求上」（1997: 915）。這些學者所提出來的論點，在某種程度上也逐漸回答了國家在何時會追求何種利益的重要問題。

這種對現實主義之特質與貢獻抱持較中庸的看法，晚近以來被學者以二種互補的方式加以闡述。Gilpin認為：「現實主義，就像自由主義和馬克思主義一般，基本上都是一種哲學的定位；那並不是一個科學的理論」（1996: 6）。此外，有一些近代的現實主義者也把現實主義看成是一種能夠為還沒發展成為理論的假定提供一個主要核心，或者是為從這些假設中推演出一套科學性理論提供啟發思想的「典範」，或是「研究計畫」。[37] 不管是哪一種闡述方式，現實主義都是建立社會科學理論的一種靈感及來源根據，而不是一個理論（或是一套理論）。

Waltz曾對現實主義的主要核心提出下列解釋：（1）國家的利益就是行動的根源；（2）政策的必要性是來自國家之間紊亂的相互競爭；（3）根據這些必要性得到的計算結果，可以找出最符合國家利益的政策；（4）成功，也就是政策的最終測試，意謂著能夠保存並強化國家的力量（1979）。從這四點來看，包括Waltz的權力平衡論、Walt的威脅平衡論，以及Schweller的為利益選邊站論點，都可說是根據上述解釋而演發出來的。因此，這些理論都可說是「適用的」、「真實的」，而且是相當有價值的現實主義理論。

基於某些原因，我們或許會強調上述的主要核心。若基於另外一些原因考量，我們又可能會強調這些學者關於國家動機的其它假設。然而，並沒有任何一種論點能說是最為正確的理論。事實上，根據每一種論點得出的預測，至少都會與根據另外一種論點得到的預測有所抵觸。不過，這種前後不一致的矛盾情形，並非就是錯的──只要我們將現實主義看成是一個研究計畫或者是哲學取向。

因此，John Vasquez抱怨當前的現實主義者都各自提出不同的預測，如選邊站或平衡策略的論點，或可認為是錯估重點了（1997: 905）。一個單一理論若可推論出相互抵觸的預測，那麼該理論就違背了「科學」的真理。但是，一個研究計畫或者典範，就不是如此。現實主義的理論僅必須與其典範的主要核心一致，理論和理論之間，並不必然要互相符合。實際上，我們應該期待那些次要的假設能夠在不同的現實主義理論間，引起衝突性的預測。

如果Vasquez的看法是正確的，也就是說「當一個現實主義理論的『類型』被放棄不用後，另外一個『類型』會立刻取而代之成為『真正的現實主義』，或者是『新的現實主義』」（1997: 906），那麼他自然就有合理正當的權力可以抱怨。然而，若我們認真地將現實主義看成是一個研究計畫或哲學上的取向，那麼就不可能會有一個單一的「最真實」的現實主義理論。相對地，反而會有一些「適用的」現實主義理論，這些理論只需要與主要核心概念相符，彼此之間並不需要等同一致。

現實主義與其「競爭對手」

　　考慮到我們必須果決地從許多選項中挑出最適當的話題，若我們接受現實主義的判斷，就表示我們必須放棄「檢驗」現實主義與其競爭對手的話題。經驗上的「檢驗」或許會顯露出這世界上有某種事件是（不是）與現實主義的研究計畫主要核心始終一致的。[38]然而，這並非就代表著我們必須把現實主義看成是比其他理論最好的典範。由一種現實主義理論能夠解釋的許多事件，未必就能從其他現實主義的理論得到一樣好的解釋，換言之，其提供的解釋並非完全一致，或者同樣正確。舉例來說，如果平衡政策與選邊站政策就是國家結盟行為的所有類型，這也是Waltz所主張的論點[39]，而如果完善的現實主義理論能預測出這兩種政策，那麼，這些現象不僅強化了現實主義，卻也同時與現實主義的論點有所矛盾。

　　Labs就根據此一觀點，提出了一個與我主張之論點相左的看法。他認為防禦性（而非是攻擊性）現實主義乃是「最好的現實主義理論，不但能夠因應未來情勢，而且還能夠與其它解釋國際關係之途徑相抗衡」（1997: 48）。然而，這二者都無法使現實主義者在這種爭鬥中領先。相對地，正如我們所看到的，這兩種論點依然無法成為解釋國際關係的完善的通則化理論。

　　這種爭論的看法誤解了國際關係中，「相互競爭」之理論的本質。攻擊性和防禦性現實主義都是起源自相同的現實主義主要核心，只是發展成為不同的變形而已。它們並不是「真正

的」現實主義理論的競爭者。同時，它們也不是競爭成為解釋
國際關係之最佳理論的鬥爭中的諸多競逐者之一。「相互競爭」
（現實主義者與非現實主義者）的理論乃是根據不同的邏輯思考
而來；其適用之處，也是國際現實中的不同部分。

　　我們可再舉另外一個例子來看——Schweller和David Priess
曾主張：

> 　　與普遍的看法不同，「理想的」現實主義國家，並不
> 是尋求權力極大化，且具有惡毒心腸，企圖要透過赤裸裸
> 的權力與永久的聖戰運動將其價值觀灌輸在其他國家之上
> 的霸權。相對地，理想的現實主義國家乃是相當審慎小
> 心、仁慈厚道，且瞭解強制作為的限制，並會向其他國家
> 推廣其容忍多元性與多樣性存在的價值觀，希望其他國家
> 能倣效之的霸權（1997）。

　　事實上，上述任一說法也絕對不會成為理想的國家現實主
義模型。不過，這二者可說都是有些道理，且極具潛在價值的
模型。

　　Schweller和Priess之所以會對一個比較普通且較不誇張的諷
刺文有如此誇大的回應，是可理解的。瞭解他們論點的一個較
好的方式，也就是認為其偏好的模型是較具有道德吸引力的；
或者其偏好模型之政策規定的目的就是要導致「較佳」的結
果；抑或者可說他們偏好的模型，比起其它模型，更能對強權
的行為有一成功的預測或完善的見解。儘管如此，有些國家確
實會採取必要之行為，其作為也就類似追求極大化權力的惡毒
暴君。此外，如果那些十分瞭解利己、自主主張之人性的現實

主義理論都不願意試著去形塑這類國家的行為，那將會是更為不幸的了。

現實主義與其競爭對手，以及其它不同的現實主義理論，其實都已經獲得「協調」，分別可以解釋國際關係的不同面向。到目前為止，從我們已經討論過的內容來看，讀者應該可以很清楚地發現，現實主義的理論特別適用於解釋某種重複發生的國際衝突形式。舉例來說，自由國際主義理論，就對合作的特定機會及形式，特別具有解釋力。

研究國際關係的學生，與其一直詢問何種理論才是「較好的」，不如去探究這些理論究竟適用於哪些情況，對哪些情勢的解釋特別有幫助。在國際關係領域中，不同的理論、傳統，或者是研究計畫，都是針對不同的事件所發展的，而不是彼此之間相互競爭來解釋同一件事情。現實主義，就像其競爭對手一般，都是僅對某些目標特別有用的工具。事實上，我們也無法將現實主義運用在所有的目標之上，現實主義也絕非能夠解釋所有的目標。

雖然傳統思想以及典範會不斷演進發展，因為它們會給予我們關於這個世界的一些重要的忠告——不過也僅止於「一些」重要的事情。一旦我們本身，或我們的世界改變了，因為我們早已習慣於面對這些煩惱的事情，我們或許會改變本身的觀點，盡量找到最正確的見解。不過，不管在任何時候，「我們」其實都是相當多元分歧的。因此，不管現實主義最後究竟是「勝利」或是「失敗」，都會繼續強大及衰敗，同時，不管影響程度如何，現實主義也永遠會吸引人們的興趣。

現實主義說明人性與國家利益的問題，並非來自於其想將

國際關係的次面貌提升至主要表徵的地位。相對地，典型現實主義強調的重點，乃在於自私與恐懼，而這些重點也轉移了我們原本專注在比較不重要及不一致之國家行為面向的注意力。簡而言之，現實主義並沒有，也無法對國際關係提供一適切的通則化理論。

討論問題

● 恐懼、容耀，與利益這現實主義的三要點，何者被省略了？「現實主義」與「非現實主義」動機之間的混合是否始終如一？恐懼、榮耀，與利益這三項要點的相對重要性，是否不會隨著時空轉移而改變？

● 為什麼有些人會相信國家利益能夠，甚至是應該以權力觀點來加以定義？另一種說法則是指，所謂的國家利益就是人們或者其政府所任意指定的東西。現實主義者如何反駁這種說法呢？你覺得哪一種說法比較合理？為什麼？

● Morgenthau 提出之維持現狀、向外擴張、以及維持自尊的三項策略，是否能夠正確表達國家的恐懼、榮耀，與利益？如果我們承認這三項策略的確會反覆發生在國際關係中，那麼我們又該如何看待結構現實主義呢？這種變化並不能純粹用無政府狀態來解釋，儘管這似乎是國際秩序中始終不變的現象。然而，除了直接運用國家利益來當作解釋，是否還有其它不同的方法可以說明採用這些策略的原因呢？

● 你覺得這世界上是否普遍存在著追求權力的意願？我們該如

何化解關於這個問題的各項爭論？或者該如何解釋任何關於人性的主張？

- 如果有一個理論假設國家永遠尋求自我的生存，你覺得這個理論應該是什麼樣子的？這種只做出單一假設的理論，若用來當成是解釋國際關係的一個通則性理論，你認爲是否合理？

- 結構現實主義者認爲，國家政治與國際政治之間的不同，根本就在於人性在截然不同環境中（無政府狀態與層級節制政府）的表現而已。你覺得這種說法正確嗎？另外，究竟結構是會「篩選」動機與利益，或者是會「塑造」動機與利益呢？（是否有另一種說法能對這問題提供較好的陳述？）

- 你認爲結構理論認爲對於人性與國家動機的看法，至少需要一種模糊的理論是正確的嗎？如果是，這些假設究竟具有多少理論上的重要性？我們是否有可能僅透過一些關於國家動機的適當且不衝突之假設，就可建構出一個結構理論？這種理論看起來又該是什麼樣子？

- 即使我們同意現實主義者向來會尋求多樣化的動機假設，難道我們就無法在這些假設中，找到一種「較高」或「較深入」連貫性？就原則上來看呢？就實際上來看呢？

- 政治上的眞正相對利益究竟有多重要？許多「相對利益」長期來看都會變成「絕對利益」，這種說法正確嗎？若我們以時間架構的角度來看待這種說法，則會與先前討論之關於情感（短期利益）與理性之間的關係，形成一種明顯的比較。而這兩種比較的相關性爲何？這兩種論點各自有何利弊？

- 事實上，對於國家何時追求相對利益，何時又會追求絕對利

益的問題，現實主義無法提出一理論上合理的解釋。你覺得
此一事實的重要性為何？如果我們將現實主義描述成一種只
強調相對利益的理論，而且只用在國家追求相對利益的時
候，其具有何種吸引力，又須付出何種代價？換言之，我們
是否能把這種重視相對利益的現實主義，看成是一種解釋國
際關係的強大且不完全的理論？

● Waltz認為國家會選擇平衡策略，而非是尋求其權力之極大
化。Measheimer則主張國家是短期的權力極大化者。我們該
如何看待（解決）這些當前重要的現實主義者之間的爭論？
對於我們看待動機假設在現實主義理論中的地位，這些爭論
又能帶給我們什麼啟示？對於現實主義作為一通則化理論的
特質與連貫性，這些爭論又給我們什麼樣的啟示？若我們指
出Waltz或Measheimer有一人是（一定是）錯誤的，這有什麼
暗示？若我們指出這二人的論點在某些重要的事件上都是正
確的，又代表著何種涵意？

● 攻擊性現實主義與防禦性現實主義之間的差異，與相對利益
和絕對利益之間的差異，這二者之間的關連性為何？我們把
攻擊性現實主義和防禦性現實主義看成是運用在不同環境的
兩種不同現實主義理論，這種看法有何利弊？

● 理性是否真如文中所言，是一個被諸多理論所共同享有的理
論假設？學界對「現實主義的」理性，是否有特別的曲解？
如果有，形成這種曲解的原因為何？而這種曲解，與學者所
提出之動機假設又有何不同？

● 在本章中，我們認為Waltz理論的主要缺失並不在於他所提出
之極度簡化的假設，而是在於他的假設並不充分。你同意這

種看法嗎？爲什麼？

- 此外，我們也認爲沒有任何單一連貫的動機假設（或者是一套有理論規律的假設），能夠使現實主義成爲一個解釋國家關係的合理的通則化理論。你同意這種看法嗎？爲什麼？是否有其他解釋國際關係的通則化理論會使你有不同的答案？

- 先讓我們假設處於古希臘與文藝復興時期的政治行爲者，比我們更爲重視光榮與榮耀。然而，即使如此，這種架設究竟有何涵意？現實主義者該對其理論做出何種修正，以便包含這種在動機偏好順序上的差異？對生物現實主義者和結構現實主義者而言，這種必要的修正是否也有所不同？

- 讓我們假設利益是經由社會建構形成的。那麼，如果個人與國家的利益都是經由社會制度所形塑而成，這種推論對結構現實主義會產生何種問題？對生物現實主義又會又會產生哪些問題？我們該如何透過在修正的「純粹」（結構或生物）現實主義理論，來體現這種見解？這是否會產生更多更基本的問題呢？你認爲一個社會建構者的現實主義應該是什麼樣子的？

- 若我們將現實主義看成是解釋國際關係的多樣化理論的根源，而非是單一的通則化理論，我們會得到什麼幫助？我們又有什麼損失呢？

- 你覺得理論間的競爭模式是否眞如作者所言，是一個很大的問題？不可否任，這種說法的確被一些學者運用以解釋這門學科中的特定現象。然而，究竟「現實主義與其競爭者」所強調的重點爲何？

- 根據本章內容，「與現實主義始終一致」和「與現實主義背

道而馳」的差異，對我們解釋國際關係之現象有何助益？現
實主義者提出的論點，是否往往前後相互抵觸、矛盾？

深入閱讀

　　關於人性的主要問題——是否真的存在？如果存在，其重
要性為何？——因為本書篇幅所限，實在無法做更深入的說
明。Bhikhu Parekh在一九九七年寫的一篇文章〈人性存在嗎？〉
("IS There a Human Nature?")，即指出了這個問題的若干面向
與涵意。然而，我們卻無法完全忽略此一議題，因為有部分現
實主義者是把人性當成是其理論之根本依據的。關於Niebuhr的
觀點，Davis與Good的著作有清楚的介紹（1960: 70-91），讀者
若想要研讀更詳細的內容，可參考Niebuhr（1941）的著作。至
於Morgenthau的解釋論述，可參考他於一九四六年出版的《科
學的人間對權力政治》（*Scientific Man Versus Power Politics*）
一書。

　　此外，關於人性及政治有更廣泛之探討的作品，讀者或許
可先參考Martin Hollis的《人類的典型》（*Models of Man,* 1977）
一書。而Stevenson（1974）與Trigg（1988）二人的著作，則對
主要西方哲學家提出的人性理論作了簡短的摘要。Waltz所著之
《人類、國家，與戰爭》（*Man, the State, and War,* 1959）一書中
的第二章與第三章，對試圖將戰爭與和平之理論奠基在人性中
的企圖，以古典的檢證（批判）方式做了說明。關於這種解
釋，近來的著作可參考Offerman-Zuckerberg（1991: part 4）。此

外，由Pennock與Chapman所完成之《政治中的人性》（*Human Nature in Politics*, 1977），則收錄了許多政治理論學者的論文，是一本很有用的參考書籍。Mary Midgley於一九九五年完成的《野獸與人類：人性的根源》（*Beast and Man: The Roots of Human Nature*），則是以深入淺出的寫作方式，詮釋社會生物學的相關要點，讀者不必擔心會遇到太多艱澀的科學字眼。

至於Morgenthau對國家利益的論述，讀者可參考《國家利益的防衛》（*In Defense of the National Interest*, 1951），或可參考較簡短的著作：Morgenthau（1952a）。Robert Tucker於一九五二年所寫之〈摩根索教授的政治現實主義理論〉（**"Professor Morgenthau's Theory of Political Realism"**）一文，則對Morgenthau的論點作了精闢的分析批判。相對地，Good於一九六〇年所寫的著作，則是以較同情（支持）的觀點來看待其主張。Friedrich Kratochwil的〈國際關係中的「利益」國家〉（"On the Nation of 'Interest' In International Relations," 1982）一文，則是以嚴謹的概念分析為主。他指出（國家利益）不是一個規範性（而不是敘述性）的名詞，而且在一八七〇年代的歐洲國際關係史上，（國家利益）其定義曾出現極大的變化。

晚近以來，現實主義者對國家動機的討論，逐漸集中在國家追求相對利益的論點之上。其中，Grieco的論點引起了主要的辯論（1988a）。Mastanduno（1991: 78-82）與Matthews（1996: 116-121）二人的態度則較為中肯。相對地，Duncan Snidal（1991a; 1991b; 1993）與Robert Powell（1991）; 1993a; 1993b）二人則就是主要批評此觀點的學者。

如果讀者有興趣想要進一步瞭解政治學中的英雄概念，我

建議可先研讀Thucydides《歷史》一書中，收錄之Pericles的
〈葬禮演說〉（Fureral Oration）與最後演說（II.35-46、60-64）。
另外，Homer所寫的〈伊里亞特〉（Iliad，為歌詠特洛伊戰爭的
敘事詩），則是典型的希臘文學作品。至於從社會學觀點出發來
看待荷馬世界的著作，可參考Finley（1978）。Adkins（1972）
的作品則是對這些概念提供了相當不錯的初步介紹。最後，近
來將光榮與榮耀概念運用在國際政治上的著作，可參考Abrams
與Kagan（1998），以及O'Neill（1999）等人的作品。

註釋

[1] 在這個小節中，其它沒有特別註明的引文都是引用自Thucydides所寫的《歷史》(*History*) 一書。而我所採用的譯本，主要乃是由Crawley所翻譯 (Thucidides 1982)。此外，我也參考了部分由C. F. Smith 在Loeb版本 (Thucydides 1919-23) 中，所翻譯的文字，這些我都會加上 "Smith" 以作為區別。

[2] 在本節中所引用之《巨靈論》(*Leviathan*) 一書的內容，都是取自於C. B. Macpherson所編纂的版本 (1986)。

[3] 文中多數關於Machiavelli的引證，都以下列方式予以表示：P =*The Prince*《君王論》，我採用Mansfield翻譯的版本 (Machiavelli 1985) ；D =*The Discourses* [on the First Ten Books of Livy]《論述集》，我引用的版本則是經過Crick修改，由Walker所翻譯的版本 (Machiavelli 1970)。

[4] 此處讀者可與Carr (1946: 53, 103-105, 208) ；Aron (1966: ch. 3) ；Wolfers (1962: 125-126) 的看法作一比較。

[5] 關於生物現實主義者的理論，請參照pp. 11-12，Morgenthau的理論請參考pp. 15-16。

[6] 舉例來說，在《國家利益的防衛》(*In Defense of National Interest,* 1951) 中，有一章的標題就是〈戰後美國外交政策的四個謬誤〉("the Four Intellectual Errors of American Postwar Policy")，包括道德主義、守法主義、感情主義，以及新孤立主義 [moralism, legalism, sentimentalism, and neo-isolationism]。此外，有另外三章的標題分別為〈對歐洲的誤判〉("The Failure Judgment: In Europe")、〈對亞洲的誤判〉("The Failure Judgment: In Asia")、〈意願之不足〉("The Failure of Will")。Morgenthau本人所寫的這類論文，包括〈美國外交政策的衰敗〉("The Decline and Fall of American Foreign Policy")、〈我們的外交政策有何錯誤〉("What is Wrong with Our Foreign Policy," 1962b)、〈外交政策

的覆滅〉("The Subversion of Foreign Policy"），以及〈國家利益的問題〉
("The Problem of the National Interest," 1962a）。此外，另外有一本論文
集的開端，甚至宣稱「本書的目的在於赤裸裸地呈現出美國外交政策
的內在弱點，包括美國對於當前各項實質議題的概念看法與回應」
（1962a: 2）。

[7] 舉例而言，Morgenthau便曾惋惜地說：「在我們所需要的理性健全外
交政策與民主之尊重民意情感偏好之間，實在是很不相容的」（1962c:
106）。他並且嘆息地指出：「對國內政治的過度考量，將會對外交政
策的制定造成相當嚴重的負面影響」（1962a: 409）。「由於美國憲法體
系上的缺陷，使得我們的外交政策左右爲難，必須時常跟著過去或未
來的選舉結果而有所變更」（1962b: 8）。同樣地，Reinhold Neibuhr也曾
說道：因爲民主國家不但在預測未來形勢發展上有相當大的困難，而
且也必須做出一些必要的犧牲，因此，「民主國家在外交政策的領域
中，有其天生的弱點存在」（1940: 65）。

[8] 不過，Morgenthau卻曾對一個特定的案例提出相當明確的解釋。他認
爲那些因爲戰敗而居於劣勢的強權國家，會比較傾向於採用「擴張主
義」的外交政策，扭轉由其它強權國主導的國際情勢，進而重新奪回
主導地位。

[9] 對於結構現實主義理論的基本介紹，可參考第11-12頁，至於對Waltz論
點的基本介紹，可參考第16-18頁。現實主義者對結構的概念，則可參
考第16-17頁，進一步的探討內容，請參考第83-85頁。

[10] 雖然這個術語 "structural dodge"，是極有可能引起爭議的，但我相信
這是比較具有描述性的術語。一直以來，結構主義被規避與國家動機
有關的理論問題之慾望所深深影響。甚而，如果我對於結構現實主義
者的看法是正確的，也就是其努力都是白費的，那麼，這個術語所帶
有之輕蔑的弦外之音應該會被證明是正確的。

[11] 請參見第19-23頁。

[12] 關於這些不同的賽局模型，以及其它與國際關係有關的二乘二賽局，

讀者可以參考Snyder and Diesing（1977: 37-52、88-101），以及Jervis（1978: 170-186）。

[13] 這種認爲生存假定是優先次序較高之動機的說法，也常見於「古典」現實主義者的理論之中。舉例來說，Henry Kissinger就主張政治家的「第一目標即是生存」。此外，他也反駁道德主義者的理想主義誘惑，並認爲我們不應該「以一廂情願的想法來取代對生存的需求」（1977: 46, 204）。Nicholas Spykman同樣也主張「權力的鬥爭也就是生存的鬥爭」，他並認爲這就是國家關係的中心要義（1942: 18）。Morgenthau甚至還提出「國家生存的道德原則」一說（1954: 9）。

[14] 參考第20頁。

[15] 其中已有若干個範例有更進一步的發展，請參見第139-143頁。

[16] 如果我繼續檢證其他現實主義者的論點，我們將會發現國家動機的範圍更是無遠弗屆。在這個部分中，我引介Waltz的例子來說明即使是一個具有嚴謹態度與學識見解，且備受推崇的理論家也會陷入此類動機的泥淖之中（在後面的內容中，我將說明這是一件不個無法的結果）。

[17] 雖然以假設單一動機爲基礎的策略通常都傾向於形成通則化的理論，但事實上，這些策略在運作上，卻都導致相反的結果。

[18] Waltz或許是太過小心（不願直言），以致於不願意去使用以《國際政治理論》（*Theory of International Politics*）爲標題的文章。但是，若與John Rawls以《正義論》（*A Theory of Justice*）爲題的著作相比之下，Waltz又顯得比較婉轉，不過，直接了當的設定主題，至少也點出了國際政治理論的志向之一。

[19] Grieco最近的著作，也引起了許多討論（1998a）。Snidal（1991a; 1991b; 1993）與Powell（1991; 1993a; 1993b）則是對這個論點提出批評。因爲我並沒有和這些學者一樣，透過個體經濟以及賽局理論的方式來分析，因此我認爲我的論點與這些學者的主張可說有許多不同之處，或者可說是這些主張的再延伸。

[20] 此一論點，可與Waltz（1979: 80）、Waltz（1993: 49）、Hoffman

（1973: 8-9），以及Schuman（1941: 41）等人的論點相互比較。

[21] 這種主張可以Grieco（1988a: 487）、Grieco（1988b: 602）、Measheimer（1990: 12），以及Mastanduno（1991: 78）等人的論點相互比較。

[22] 我們將在第136-137頁的內容中，對這個議題作更進一步的分析。

[23] 關於選邊戰（西瓜偎大邊）的隱喻，請參考第18頁，註10。

[24] 關於此一論點的量化分析，可參考Jones（1994）。

[25] Lynn-Jones（1995）、Labs（1997: 7-17），以及Zakaria（1998: 25-42）等人，對這些文獻都有相當詳盡的摘要整理。這些著作對於防禦性或者攻擊性現實主義者而言，都是相當有用的參考文獻。

[26] 在Waltz 提出之防禦性的現實主義中，對於動機假定的重要性還有其他的解釋，讀者可參考Brooks（1997: 449-452）。

[27] Schweller曾經引用Raymond Aron 的話來陳述類似的觀念。Aron較保守地指出：「所有強大的國家都會冒著生存的危險，只為了求得更遠大的目標」（1997: 929）。

[28] 雖然Waltz的論點是從國家特質中抽離出來的，但是在此引用Waltz提出之現狀維持者的概念，仍是相當有趣的——這裡的現狀，也就是一種特定種類的狀態。請參見1979: 186、1990: 737、1993: 52-53。

[29] Keohane的論點，可與下列學者的觀點一同比較：Waltz（1979: 117）、Measheimer（1994/95: 10）、Frankel（1996a: xviii）、Kauppi（1995/96: 148）、Mastanduno（1997: 50）、Labs（1997: 7）、Elman and Elman（1997: 924）。

[30] 這樣說或許有點誇大。舉例來說，官僚政治模型（bureaucratic-politics model）就並不假設理性的存在（在國家層次）。然而，自由主義不管是以功利形式或者契約形式出現，都認為工具理性的確存在。同樣地，社會建構主義，不但不承認非理性的存在，甚而將焦點集中在特定理論性說明的發展與其差異之上。

[31] Machiavelli也曾指出，能帶給人類最大尊榮的，包括「偉大的進取心」

以及「傑出的楷模」(P21〔1〕)。

[32] 「榮耀乃是我們之所以能夠克服對死亡感到恐懼的依據,而我們對利益的喜愛,則使我們可以不顧自己生命而努力追求之」(Palmer 1982b: 832)。

[33] 關於羅馬的帝國時代與共和時代之間的關係,可參考Sullivan(1996: 63-80)的討論。

[34] 然而,從O'Neill(1999)的著作中,我們看到他對榮耀與戰爭的有趣討論;同時,Abrams與Kagan(1998)二人,也對外交政策中關於榮耀與其他模糊的利益做了深入的討論。

[35] Rhoda Howard使我想到另一個更為激進的解釋:當代現實主義者之所以輕視光榮及羞恥,乃是因為他們並不經常經歷這種感覺或價值——與早期的男人與女人形成強烈對比的是,光榮與羞恥乃是他們道德經驗上最為重要的部分。

[36] 若我們公平地看待Gilpin的論述,在他的另一篇論文中(1991),儘管冷戰(Cold War)與伯羅奔尼薩戰爭都是霸權之間的對抗,但Gilpin同時也強調出其間的不同。

[37] 例如:Elman(1996: 18)、Vasquez(1997)、Elamn and Elman(1997)、Schweller(1997: 927)、Wohlforth(1994/95: 95)以及Waltz(1997: 915)。

[38] 我使用這種說法的目的,並非只是為了俏皮。其實,在與現實主義之假設或邏輯「一致符合」的行為,以及與現實主義假設或邏輯不相符的行為之間,確實有重要的差別存在。第一種類型的行為或許被認為是強化或支持現實主義的論點,但第二種類型的行為則非如此。

[39] 然而,這種主張可與Deudney(1996: 213-216)、Schweller(1998: ch. 3)的論點作一比較。

第三章

無政府狀態、層級節制、秩序

無政府狀態，也就是在權威與秩序之間缺乏層級節制的關係，成為用來定義國際關係這門學科的一個主要特質。主修比較政治的學生，往往是以層級節制下的政治秩序，以及在既定法律與政府體系下所運作的社會，作為研究的對象。然而，主修國際關係的學生，他們研究的焦點卻是集中在國家在無政府狀態下的互動，並且同意國際間並沒有一個較高的政治權威存在。這種制式化的研究範疇，就像是任何寫實的諷刺文學一般，會突顯出不同主題個別的特質。然而，我卻認為現實主義者對於無政府狀態之涵意與啓示所作的說明與解釋，實際上並沒有多大用處與價值。

無政府狀態、混亂、秩序

我們現在所說的「無政府狀態」一詞，最初乃是源自希臘，其字面上的意義就是缺乏政府或統治。而「統治」一詞，則是Thucydides用來指稱雅典「帝國」的字眼：也就是擁有治理其它城市（國家）的權力。其涵意與盟邦內國家之間的對等地位，或者是某一國家在許多平等國家間享有之霸權地位的概念，可說正好相反，而有一定程度上的出入。事實上，「帝國」一詞代表的政體類型，或許比較接近我們今日所瞭解的君主政治（一人統治），以及寡頭政治（少數菁英治理）。

在一般日常生活的對話中，「無政府狀態」一詞，通常都意謂著混亂、騷動或無秩序。但是，我們必須瞭解的是，即使缺乏一個層級節制的法律秩序，也不必然就會導致Hobbes所主

張之人人相互為戰的局面。即使沒有中央政府的建制，個人與
社會團體仍然會自我約束並形成組織。也因此，絕大多數現實
主義者認為國際關係顯露出重要的秩序要素，是一個不爭的事
實。

　　儘管如此，在國際社會中的秩序，乃是以「水平」的樣貌
建立，而非表現出「垂直」的形式：換言之，國際關係中的秩
序，乃是透過地位均等的國家間之互動所形成，而非是透過
「高層」直接施加壓力所形成。舉例來說，主權國家通常會與其
它國家簽訂契約（協定），同意以互惠的方式，接受共同的責
任，並放棄若干「根本的」自由（主權）要素。結盟、和平條
約、外交豁免權、領海範圍、海關工會，以及聯合國安全理事
會（United Nations Security Council）等，都是少數我們所熟悉
之透過簽訂契約所形成的國際秩序建制。然而，秩序（可預測
性）同樣也可以從風俗習慣、有法定效力的常規，或是戰略互
動中形成。權力本身不管是透過強迫執行，或是透過強大的領
導才能，都能夠指揮或安排互動的結果。

　　雖然國際秩序並不是透過層級節制的政治制度所強行獲
致，但是透過「自助」的方式，仍有許多國際責任可以得到執
行：威脅、報復、談判，以及其它國家自行採取之類似的手
段。[1]國家的法制體系則提供了司法強制性的依據。「名譽」，
也就是在共同合作的努力中，希望被看成是值得信賴的夥伴的
慾望，會促使行為者決定採取順從的態度，即使是那些從不認
為他們的諾言有何內在價值的人，也同樣有此慾望。此外，國
際組織與國際建制，儘管沒有完整的政府威權，卻仍具有可觀
的說服力，甚至是強制力。[2]

現實主義者傾向不被國際法及國際秩序的限度所影響——無論如何，這些規範的強制性通常得根據國家權力之大小而定。相對地，現實主義者（並非是不合理的）反而強調國際關係中的暴力與混亂失序面向。最重要的是，現實主義者十分重視國家保留了（發動、參與）戰爭之權力的事實，這種權力在國際關係的核心扮演極為重要的角色，同時也是造成暴力與混亂無秩序的主要原因。

然而，國際社會之秩序本質與影響程度，乃是一種經驗性的過程，而非僅是理論上的探討。此外，國際秩序的範圍及特質，也有可能會隨著時空轉變，而有劇烈的變化。舉例來說，一旦體系在頻率、場合、或者是國家依賴戰爭權力之形式上發生變化，就會使特定的時代或體系的暴力程度產生改變。[3]雖然無政府狀態，就如同自私的天性一般，都是國際關係中的核心部分，但是無政府狀態其實一點都不像現實主義者一貫強調的那樣簡單、普遍，或是受到限制。

Waltz對結構的看法

雖然所有現實主義者都強調因為無政府狀態所引發的侷限性，但是正如我們在前兩章曾經介紹過的一般，當代結構新現實主義者把無政府狀態看成是他們理論的核心要旨。在這裡，我們則是要進一步介紹Waltz這位最具影響力，也最忠實的結構現實主義者。

結構理論的本質

　　Waltz嚴謹地將分析的層次與客體予以分隔。在他的第一本書《人類、國家，與戰爭》(*Man, the State, and War*) 中，Waltz把國際現象之解釋面向分成三個主要的層次：個人層次、國家層次，以及國際體系層次。Waltz將之分為國際關係的第一、第二，與第三印象理論——「人類、國家，與華爾滋」——已經成為國際關係學科中，普遍為人所知的一個專門術語。[4]

　　在這三層理論當中，第三印象或體系層次理論並不打算解釋那些由個人、小團體，利益、特質，或是國家的內部政治過程所引發的國家（實質）行為。相對地，這些理論所欲瞭解的，乃是形塑所有個人與團體之行為的體系力量，而不管究竟它們背後的特定特質或歷史為何。

　　Waltz後來則進一步將其理論濃縮至對體系結構的探討，試圖「將其構成要素擴大，以便能將整個體系一併看待」(1979: 79)。「結構的概念，乃是奠基於一個事實：不同個體之間的組合排列，而產生不同的行為；同時，也會在互動過程中，產生不同的結果」(1979: 81)。「當我們將所有政府部門予以排列，同時將其運作功能以不同方式加以結合後，就會導致不同的行為與結果」(1979: 82)。

　　此外，Waltz也堅持，若要定義「結構」，就一定要「避免被個體間的互動與其特質所影響」(1979: 79)。這也是經過兩次抽絲剝繭所留下來的結果，亦即所謂之體系各部分的安排。在第二章中，我們仔細檢證了結構現實主義者對於抽取國家利益與動機的努力。在本章中，我們將會對Waltz抽離國家間互動

特質的作爲，做一類似的評論，而且會在第四章與第五章的內容中，作進一步的探討分析。

定義結構

跟隨著Emile Durkheim的邏輯思維，Waltz主張任何政治結構，不管是在任何分析的層次之上，都必須要以下列三個要素來加以定義：安置性的原則、個體間的功能性變異，以及個體之間的能力分配（1979: 81-82, 88-99）。

根據Waltz的說法，所謂安置性的原則，只有兩個：層級節制與無政府狀態。任一個體都被安置在具有層級節制政府的威權關係之下，同時也屈服在此環境之中。但是，當個體所處之環境爲無政府之狀態時，那麼就不會有上述情形發生（1979: 88-89）。

政治個體所擁有之特質，會隨著其所擔負之功能，以及其在政治版圖中的地位，而有所不同。Waltz進一步指出，之所以會出現功能性差異，有絕大程度是導因於安置性原則下的結果。「層級節制意謂著在體系裡的不同部分之間，存有一至高無上與屈從的關係，而這也就是所謂的變異性…相對地，無政府狀態包含著體系中不同個體之間的合作關係[5]，而這就意謂著它們之間存有若干相似之處」（1979: 93）。

在層級節制的結構中，「政治行爲者本來就會因爲其具有之權威程度之不同，以及其扮演之功能角色不同，而有不同的變異」（1979: 81）。以美國爲例，立法功能與行政功能就被劃分在不同的部門之中（國會與總統）。再以英國爲例子，立法功

能與行政功能可說是集中在同一個部門當中（內閣）。此外，若是在一個絕對君主政體的國家當中，所有的政治威權都集中在單一的「個體」（行為者）之上，此個體也就是此國家的世襲領導者。

另一方面，在無政府狀態的秩序之下，Waltz認為不同政治個體（國家）間的功能性差異，實際上可說是不存在的。Waltz之所以會有如此主張，乃是因為在缺少一個層級節制的功能性分工政府的情況下，所有的國家都必須要履行所有的，同時基本上也是相同的功能。「在無政府狀態的環境裡，相似的個體會共同行動。在層級節制的環境中，相異的個體則會產生互動」（1979: 104）。

至於Waltz提出之結構的第三項要素，也就是能力（權力）的分配，所考量的乃是個體之間所擁有之「量」的不同，而不是「質」的不同。舉例來說，美國聯邦司法部門的地位，就等同於政府一般，擁有否決國會與總統決定的龐大權力。但是，英國的司法部門，雖然不受政治力的干預，卻仍然隸屬在內閣之下。綜而言之，這就是所謂結構上的差異：因為整個體系的政治影響，使得具有類似功能的部門，卻掌握著不等同的能力（權力）。

綜而言之，結構理論試圖就是透過這三項要素，來解釋不同政治體系間的變異性。此一方式，也呈現出結構現實主義者試圖將焦點集中在若干持續具有強大政治影響力的要素之上。更明確地說，Waltz一派的結構主義，試圖將我們的注意轉移到無政府狀態與層級節制之政治秩序間的差異。在無政府狀態（國際的）秩序裡，結構主義所關注的焦點在於能力分配的差異

與改變。如果所有的國際秩序都是無政府的狀態，那麼國際結構與國際結構之間的唯一不同，就僅在於該結構下，每個個體（國家）之間的能力分配了，而這也正表現出強權的興衰結果。

二分法或連續體

在十九世紀中葉以前，英國與印度之間的關係，究竟是存有層級節制的關係，抑或是無政府狀態的呢？在一九二○年代，美國與中美洲國家之間的關係又屬於哪一種？此外，在一九五○年代與一九六○年代，蘇聯與中歐、東歐的共產國家又維繫著哪一種關係呢？針對上述問題，答案應該是相當明顯的：兩種關係皆有。除了這些例子，我們另外還可以找到許多類似的情況。不過，整體來說，這些例子都堅定地認為無政府狀態與層級節制是連續體之下的兩種結局。有些國際秩序會被歸類於「混合」的類型，也就是多少都帶有無政府狀態與層級節制的樣貌。儘管如此，Waltz卻仍拒絕接受這種概念，而且堅持無政府狀態和層級節制應該要被看成是截然不同的兩種情形（1979: 114ff）。

對於我用了如此大的篇幅來解釋這個乍看之下好似不怎麼重要的議題，讀者們或許會產生疑惑，不過到了第五章，讀者就會有比較清楚的理解了。在第五章中，我將會指出除非我們都承認這種混合秩序的可能性——尤其是在「原本」無政府秩序下所出現之層級節制的可能性——否則我們就很難能夠理解整個國際秩序的限度與特質，同時，也有可能會低估國際關係

對權力以外之特質的依賴程度。

無政府狀態與層級節制

Waltz認為這種「兩種且唯二」（two and only two）的安置性原則——無政府狀態與層級節制——是需被用以含括所有類型的社會型態的。儘管他也體認到若干模糊不清的例子，例如二次大戰期間的中國（1979: 116），但是Waltz仍然以為這些例子的發生頻率與其重要性，並不足以形成第三種安置性的原則。

在最近幾十年中，因為受到主權平等與民族自決的影響，幾乎所有國家都成為有主權領土的國家。到了今日，無政府狀態與層級節制也因而成為運用最廣泛的兩種安置性原則。然而，若我們真的想要找出一套能夠解釋政治結構的比較性、通則化理論，那麼，一旦我們採用與Waltz相同的立場，將自己侷限在無政府狀態與層級節制這兩種原則之下，那似乎就是比較有問題的了。

舉例來說，中古歐洲的封建政治秩序就是一種多樣化的網絡，牽涉到許多錯綜複雜的且不對稱的權責及功能性差異，因此就很能被歸類在無政府狀態或者是層級節制之中。換言之，Waltz的二分法論述並不能對封建政治的動態特質有任何解釋。事實上，因為Waltz用這種與封建社會根本不符的過時概念誤導了我們焦點，反而混淆了我們原來（正確）的理解。

在清朝時（1644-1911），中國與其鄰近國家的關係並無法被歸類為無（中央）政府的，或者是具有層級節制體制的。不

可否認，中國從未將其鄰國，例如韓國或阿薩姆（作者所指或許是印度），視為與之對等的政治實體，更遑論在其眼中是「西方海洋蠻夷之邦」的歐洲各國了。相反的，中國堅持與這些國家保持「朝貢關係」（tributary relations），透過納貢的行為，這些國家象徵性地表達他們對「天朝」（Emperor of Heaven）的臣服。儘管如此，我們仍不可因此就將這種關係看成是層級節制的關係。一方面，在這種形式的隸屬關係下，這些朝貢國仍然享有近乎完全的政治自主權。另一方面，真正的層級節制隸屬關係，臣服者通常只會享有文化及抽象的自主權，而非擁有政治實權。

此外，即使是在現代以歐洲為中心的國際體系中，也充斥著許多在Waltz眼中看來是「異常」的例子。舉例來說，歐洲聯盟（European Union，簡稱EU）的權力與時俱進，我們已經很難描述其下各成員國之間的關係究竟為何，是缺乏一個中央政府的無政府狀態，或者其實存有著一層級節制關係。歐洲聯盟的成員事實上都是擁有獨立主權的國家，彼此之間因而透過這種無政府的關係有所互動（同時也與歐洲聯盟之外的國家產生互動）。在此同時，這些成員國卻也必須服從於一些歐洲的區域性機構，例如歐洲執行委員會（European Commission）與歐洲法院（European Court of Justice）。

一般來說，現實主義者對這些例子並沒有多大的興趣。然而，上述例子乃是對現實主義者的一種評論，而不是針對國家實際上的利益與行動所作的論述。不過，事實上我們究竟該如何挑選、定義與安排這些安置性原則，就取決於個人的興趣了。

此外，一旦原則性考量超出兩個以上，就需要透過一個廣泛、全面性的歷史比較來排列其重要次序。當我們開始對這些原則考慮替代性的排列次序時，我們或許也可從中得到新的收益。此外，有些相對較狹隘及專業化的當代分析或應用目的，也同樣需要有不同方式的排列原則。舉例而言，一九九六年當選為以色列總理的Netanyahu，就曾一度考慮過讓從未（完全）成為正式主權國家的「巴勒斯坦當局」成為第三種秩序的可能性。

現實主義者或許可以理直氣壯地指出，這些「例外」在全球政治上的重要性都有其限制，在Waltz的理論中更是如此，因此為其特別運用另外一套原則，並不會額外付出更多代價。不過，其他學派領域的支持者就未必會對這些不同的「例外」感到興趣、特別關注，或者是有深刻的印象了。

整體來說，我們心裡真正要仔細考量的，也就是究竟需要多少種安置性原則的決定。因為此一決定並非可從客觀的現實中就可得到。相對地，我們仍需要考慮許多理論上的利弊得失，才能進一步挑選出凸顯相似性與一致性，或者是強調多樣性與變異性的原則類別。儘管這並非是簡單的抉擇，我們仍必定要做出抉擇，因為在衡量利弊得失的時候，並不存在著理論上或實際上的中立態度。不過，值得一提的是，這種利弊之間的平衡考量，不但會隨著時空轉換而有所改變，甚而也會因為分析目的之不同，而出現更迭。

既然我們無法找到折衷的解決方案，那麼為了進一步激盪討論的空間，我願意選擇暫時不去理會上述第三種安置性的原則。相對地，我要將焦點集中在Waltz的理論之上，也就是無政

府狀態與層級節制應該被看成是嚴密的二分法；或者，若我們從另一個角度來看，我所關注的焦點也正是集中在所謂「層級節制—無政府狀態」的混合秩序之上。

混合式政治秩序

當然，我們可以瞭解Waltz之所以對「無政府狀態—層級節制」此二分法有特別的偏好，正反映出他想把結構與分析過程予以分隔的希求。舉例來說，Waltz通常會抱怨「當聯盟出現時，學生們就會認爲無政府狀態的程度會有所減輕」（1979: 114），而不會於國家所擁有之能力以非結構方式進行重分配之時有所埋怨。但是，Waltz也極盡所能想要避免這種分析上的混淆情況。

此外，我們可以進一步考量例如在一次世界大戰後受到盟國保護看守的埃及，以及目前仍然爲強權屬地的安道爾共和國（Andorra）與波多黎各（Puerto Rico）的情況。在時空背景影響下，這些「國家」受到了某種特殊的安排；換句話說，這些「國家」的結構受到改變，但是其（決策）過程卻不受影響。對內，這些「國家」仍然享有十足的主權；但是，對外，這些國家卻必須依附在強權之下。爲了使國內政治能夠平順地進展，它們對內採行層級節制的管理。然而，在整個國際社會裡，它們不得不屈從在「提供保護」的強權國之下。進一步來看，與其說這是一種類似同盟關係的重新安排，倒不如把它們看成是一種在正式層級節制關係下，具有不同權利與力量的政治體。

若從非正式的層級節制的面向來說，我們可從政府權力所

能影響的範圍，看到關於混合式結構的更清楚的例子。以德意志民主共和國（東德）爲例，儘管無論在國內或者國際間，東德都享有一個主權國家所具備之絕對的權力。但是，卻仍因爲被迫成爲共產國家集團的一分子，而必須受到若干（層級）的限制。[6] 換言之，東德在處理與其它國家之關係時，其所處的環境雖是一種無政府的狀態，但大致而言——雖然並非完全——從在整個結構上看，東德仍必須屈服在蘇聯之下。東德與蘇聯之間這種「特別關係」並非是暫時的、湊巧的，或者是偶然發生的。相反的，這種關係可說是一種永久性的安排，直到東西德合併之後，才宣告結束。此外，這亦是一種建立在架構清晰的政治權力與功能分工之上的特殊關係。

　　從許多角度來看，強調（層級結構）權力影響之範圍是內含在更大的無政府結構之中的這個事實，的確會對推論的過程有很大的幫助。然而，若從其它面向來看，包括東德政府與糾葛其中之外國政府的角度，或許層級節制下的從屬關係才是最明顯的。不可否認，在蘇聯集團的次體系中，雖然我們可以看出許多構成層級節制的重大要素，但是，即便如此，冷戰時期的國際秩序卻仍然呈現出無政府的樣態。另一方面，蘇聯在中歐與東歐的附庸國家，有許多都是（一定程度上）其屬國。的確，所謂無政府狀態—層級節制的二分法仍然不足以混淆前述事實，此外，我們也無法找到任何足以令人信服的理論解釋，可以否定這種非正式的層級節制關係。

　　無論如何，Waltz 也的確提出了一項相當可貴的論點——他認爲「在層級節制的結構中會出現若干無政府狀態的部門，這是不會改變的現象，同時這也不足以混淆一個更大體系的安置

性原則」（1979: 115）。不過，Waltz所謂的「部門」，卻是影射著一種混合式的類型。如果我們單純地把整個國際秩序看成是一個有層級節制的結構，那麼我們將無法清楚地判斷與瞭解國際結構賦予這些「無政府部門」的壓力與其彼此間的關係究竟為何。相對而言，「層級節制部門」甚至有可能會改變「根本上」為無政府狀態的結構秩序動態。

很明顯地，我們發現即使Waltz也認為國際關係是「帶有少許政府特質，同時也點綴著少許社群共同體的要素」（1979: 114），但是他的這種觀點卻不是全然情願的。事實上，Waltz這種勉強接受的態度，主要是因為受到典型的現實主義看法影響所致。簡而言之，Waltz的前述說法可能會低估了無政府狀態的影響力，或者是過份誇大了層級節制／政府等特質的重要性。然而，若是一直堅持這種嚴謹的二分法，Waltz也有可能需要承擔誇大無政府狀態之重要性的風險。此外，他也犯了將這種經驗上議論誤導為概念上之邏輯的錯誤。

許多成對的理想類型，包括無政府狀態與層級節制在內，都可以被看成是分之為二的，或者是連續不斷的（結構）。儘管我們總是將高、低視為一個連續體的不同端點，然而，因為某些緣故，我們或許會希望以某個特定的高度為標準，將周遭的人歸類為兩個不同的群體（高於此標準與低於此標準的）。我們一直討論的強權國與非強權國之間的差別，也是根據權力的變數所為之二分法，不過從另一種角度來看，權力卻是一種連續不斷的重要概念。再進一步來看，這兩種結構都不是「自然的」；甚而可說是為了某種目的或圖謀需要所形成的產物。

即使我們是以在缺乏某一概念之前提下，來定義某一個概

念，就如同Waltz對無政府狀態的定義一般（缺乏層級節制），我們通常還是可以自由選擇究竟要採用二分法的陳述，還是選擇連續不斷的論述方式。進一步來看，一個二分法若要得到採用，就得要符合下列要件：（1）劃分的界線必須十分顯明無疑；（2）模糊曖昧的範圍不能太大；（3）位於「灰色地帶」的重要個案不能太多。

舉例來說，我們將白天與夜晚劃分為二的做法，基本上是相當正確且有用的，因為在黃昏和黎明這兩個日夜轉換的時期都是相當短暫的，同時在這兩個時段中，也較少有人類的重要活動發生。然而，究竟什麼時候聖誕節的早晨才真正到來（也就是許多北美洲孩童拿到聖誕禮物的時刻）？究竟什麼時候天色才算黑了，而且小孩必須回到室內，不能在戶外玩耍？在這些例子裡的分界線根本上是有很大爭議的（不要在七點前叫醒我。當路燈亮起來時就得進到屋內。）。與那些必須牽涉到「權力」的例子相比，這些例子是不是比較普通，或者如同分別白天黑夜一般，這些例子更容易被劃分為二呢？

依循著這個推論，我認為介於無政府狀態與層級節制這二種理想型態之間的渾沌地帶，實際上遠比Waltz所臆測的更為廣大與重要。藉由將無政府狀態形容為一種平凡無奇的空虛境界，Waltz的二分法不但混淆了層級節制之要素在國際關係中出現之頻率與重要性，同時也蒙蔽了我們對於當代國際政治秩序的許多重要且有趣之面向的關注。

無政府狀態、權威、與權力

「國家政治乃是權威、行政，以及法律的領域。國際政治則是權力、鬥爭，以及調解的領域」（1979: 113）。如果Waltz的說法是對的，我們或許就能輕易地分辨這二者之間的不同，不過，卻也同時缺少了可以檢證無政府狀態與層級節制這個二分法的重要論據。事實上，無政府狀態並非純粹是權力的範疇（完全不受權威的支配），而層級節制也不僅是權威的範疇（完全不受權力之羈絆）。因此，做出如此「簡化」的假設所引發的問題，通常會比根據此一假設所得到的啟示更多。

武力、秩序、與權威

Waltz對於無政府狀態與層級節制所作的正式定義，乃是從權威觀點出發。

> 國內政治系統有部分（職位）是建立在上層與從屬關係之上。有些（職位）有權力可以指揮統御；有些則必須服從命令。國際政治系統有部分（行為者之互動）則是建立在協調之上。表面上，（行為者）彼此之間都是平等的。沒有任何人有權力發號施令；也沒有人必須服從命令（1979: 88）。

政治秩序或統治，對Waltz而言，都與合法性的權威有密切

的關係。「國家政治與國際政治之間的差異，並不在於使用武力的權限，而是在於從事關於此項行動之組織的不同種類之上。一個被某種合法正當性權威統治的政府，往往會賦予本身使用武力的權力」（1979: 103）。依循著相同的脈絡，Nicholas Spykman也認為國際社會是「一個沒有中央權威來維繫法律與秩序的社會」。同時，他把國際關係描繪成「一個權力的競賽，行為者在這競賽中並不屈從在任何更高的權威之下」（1942: 7, 9）。

　　Waltz的說法，或許可說是從Max Weber對國家所下的定義而推演而來。Weber認為國家就是一個擁有武力之合法使用權的壟斷性社會機構。[7] 在國家之內，只有一個部門，也就是政府當局，擁有使用武力的合法壟斷權。或者我們可說，政府至少被授權能夠定義什麼是合法允許的使用武力，什麼又是被禁止的使用武力情況。同時，國家裡頭的公民百姓，則不被賦予對彼此用武的權力。[8]

　　儘管如此，在無政府狀態的環境下，每一個國家（個體）都有權力根據本身的判斷，選擇在其認為最適當的時機來使用武力。甚而，任何限制只與該國家的能力強弱有關，而無關於該國家的權力。對Waltz而言，武力在國際關係中之所以扮演著特別的角色，並不是因為個人或國家擁有喜愛使用武力的偏好——這點或許是第一或第二個印象式（個體層次）的解釋，端賴是從人性或國家特質角度來判斷——而是由於國家本身具有以武力對抗其他行為者之權威。另一方面，國家之間的關係乃是必須相互協調的，而不是相互隸屬的。

　　Waltz緊接著指出，在無政府的狀態下，「權威」幾乎可以

等同於權力。「在國際間，不管權威的要素爲何，都可說是從能力（權力）爲其源頭，而能力也就是構成這些要素能夠呈現出來的基礎。職是之故，權威也就可說是能力的一種特殊表示方式」（1979: 88）擁有力量，才能擁有合法之權利。相對地，Waltz就認爲層級節制政府中的權威，與眞正的權力意涵有較大的差距，甚而也說不上是權力的來源。

　　不過，Machiavelli卻反而強調即使是史上最偉大的羅馬帝國，也是透過一種「殘害同胞」的行動才得以建立（1970, I.9, 18〔6-7〕）。甚至連Edmund Burke這麼保守的思想家，也不忘提醒我們，幾乎所有的政府，不管他們現在具有多麼高的正當性，其實在創立初期，都是經由採取非法的行動而獲致權力（1955〔1970〕: 25, 192）。正如John Herz後來所言：「人類最終將會認清擁有自保力量之權威的眞面目，不管哪一種權威皆然」（1976: 101）。此外，不管在任何時期，我們都可輕易地——往往都是毫不費力——發現政府的權威都是來自於統治菁英的強制性權力。

　　舉例來說，讓我們看看一九七〇年代與一九八〇年代早期的瓜地馬拉、薩爾瓦多、薩伊、衣索比亞，與柬埔寨等國，或者是一九九〇年代早期的緬甸、索馬利亞，與海地的情形就可得到大概的瞭解。在這些國家裡，政府的權威幾乎都是被統治菁英以強制性的（政策）工具來控制。相對地，今日的歐洲聯盟（EU）本身的能力雖然微不足道，但是其具有的權威卻十分可觀。事實上，我們可明顯地看出，當前權威在歐洲聯盟各成員國之間關係上所顯現出的重要性，比起以往，可說是更爲強大。這種不對稱的權威關係，從一九八〇年代早期的瓜地馬拉

政治情況就可見一斑，統治者與被統治者之間的關係是極不平等的，當權者恣意妄為，甚至每一個月都殺害成千上萬的平民百姓；此外，我們也可看到在赤色高棉統治之下，有數百萬柬埔寨人在殺戮戰場（Killing Field）上慘遭屠殺。

Waltz曾指出：「國家之間的戰爭無法解決關於權威與公理正義的問題；戰爭只能夠決定關於收益與損失在競爭者之間的配置情形，同時回答究竟誰是強者的問題」（Waltz 1979: 112）。這種論點或許是正確的。然而，軍事政變此一在過去幾個時期以來造成許多國家出現政權更迭現象的主要機制，或許也可以同樣的角度來看待，因為其所引發之結果，與戰爭其實相去不遠。

不過，Waltz本人卻不如此認為。他指出「在全國範圍內，關於權威的關係是早已被建立的。而在國際間，只存在著一種關係，那就是強者勝出的結果」（1979: 112）。或許我們可以比較同意權威關係在國內政治秩序上所扮演的角色，會比在無政府狀態中更為重要。但是這二者之間的差異，僅僅只是程度上的不同，卻非是種類上的不同，而且也會因為各種不同的變數影響而有所改變。

無政府狀態與權威

如果從Waltz本身的結構理論概念來看，他嘗試將無政府狀態與權力，以及將層級節制與權威這兩套概念結合在一起的企圖，是相當有問題的。從Waltz對結構的定義來看，他認為結構乃是對不同個體部分所作的安排。權力與權威，相對而言，卻

是與該如何創造及維繫此一結構的作法有關，而非是與此結構之樣態有關。

在定義無政府狀態與層級節制的時候，Waltz使用了「有權下令」以及「必須服從」的語氣（1979: 88）。不過，得到統治權的方式，卻有所不同。可以是透過力量取得（例如武力征服或軍事政變），或者是經由「合法的權威」所賦予（例如透過選舉或者世襲的權力）。[9]相對地，任何一人都可被「要求」必須服從命令，不管是服從較強大的力量，或者是較高的權威階層，甚至是攔路搶劫的盜匪或警察都是一樣。

整體而言，無政府狀態並非純粹就是權力交錯的領域，同樣地，層級節制也不僅僅是權威的範疇。如果我們能夠抱持著這種混合的政治秩序概念，也就是抱持著「比較偏向」（而非絕對）無政府狀態或是層級節制的看法，想必更有助於國際關係的解釋。事實上，除非我們真的這樣做，否則我們就不需要特地遮掩國際關係中的若干重要特質。如果無政府的社會裡頭能夠出現秩序，那麼權威、行政，以及法律等現象，在此種社會中也必然能夠有其生存的空間。

另一方面，即使我們承認顯現出上述論點的歐洲聯盟等反例，根本上並不會模糊無政府狀態—層級節制此二分法的概念，但是實際上，此種例子卻不是經常可見的實證現象。的確，我們並沒有任何合乎結構理論的理由可以解釋為什麼政府無法透過擁有武力的控制權而獲致權威。相對地，我們也沒有任何關於結構理論的理由能夠說明為什麼絕大多數國家，例如在羅馬帝國或者鄂圖曼帝國下之國家，無法在其宗主國或者其它國家之帝國權威下獲致自主之地位。

　　一般而言，正當合法性的權威在國內社會裡的地位，會比在國際社會上的地位更爲重要。但是國內政治，除了是權威、行政以及法律的領域之外，同樣也是權力、鬥爭以及調解的領域。國際政治秩序（無政府狀態）與國內政治秩序（層級節制）之間眞正的差異，在於實際變量上的不同，而非是內涵特性上之不同──也就是讓變數繼續存在，而不是單純以二分法來歸類。同樣地，在無政府狀態與層級節制之下，權力與威權之間的關係乃是經驗實證性的，而不是理論性的。因此，Waltz對自己相反看法之堅持，不但是一種誤解，同時也混淆了政治秩序之國家與國際體系間的某些重要相似之處。

政府與中央集權

　　到目前爲止，在我們的討論內容中，並沒有對政府做太多的探討。或許這會讓人覺得有點奇怪，因爲即使是明顯缺少一個層級節制政府的國際社會，也都有可能存在著許多法律、秩序以及權威的相關要素，不過，政府乃是一種相當特殊的組織類型，具有一定的權威，並負責執行法律、維護秩序，以及其它相關事項。當然，目前有許多形形色色的國際性組織和區域性組織，也扮演著類似政府的角色，可以提供這些服務與相關福利。如果僅以政府的觀點來定義無政府狀態，我們的焦點或許就會被誤導至政府的制度形式，而不是關注在政府的統治、權威、法律以及維繫秩序的功能之上。

　　Waltz在區分無政府狀態與層級節制的時候，也是以集權化的觀點來做區隔。「國內體系是中央集權且層級節制的國際體

系則是分權且無政府的」（1979: 88）。

　　但是，究竟什麼才算是「集權化」，很明顯地就與當時之時空背景以及程度有密切的關連性。若與亞洲和非洲的情況相比，我們可以發現歐洲某些區域，有逐漸形成集權化的趨勢。但是若與其它國家相比，例如法國，則這種趨勢又顯得相對較弱了一些。此外，我們也必須注意，如果堅持要把所有的秩序形式僅劃分為集權化或分權化，這會是十分荒謬的。

　　尤有甚者，（相對）集權化與（相對）分權化之秩序間的差別，並不全然等同於以權威為基礎之秩序及以權力為基礎之秩序間的不同。政治上的分權化，與法律與合法性的政治權威有高度的相關，正如同聯邦國家或邦聯國家間的不同一般。相對地，武力——顯然是現實主義的概念——乃是一種標準的機制，可以建立所謂集權化、層級節制的政治秩序。

　　在過去半個世紀以來，武力不斷被已建立的國家用來當成是集權化的一種工具。西藏（Tibet）就是一個相當明顯的例子。經由武力征服的過程，西藏不得不接受（中國的）中央集權的政治權威。儘管這未必是一種合法的手段，但是晚近以來，武力已然成為國家擴充本身版圖的一種相當普遍的機制。藉由併吞鄰國疆域以及擴張帝國力量至較遙遠的國家，國家不但達到集權化的目的，同時其國力也更加強大。

現實主義的反駁

即使這種差別已經不再像Waltz所宣稱的那樣顯著與常見，但是現實主義者或許會回答說：差別還是存在的。在無政府狀態的社會中，權力可能扮演著較重要的角色。同理，權威在層級節制的社會中，也扮演的相對較爲重要的角色。這些**趨勢**可以藉著分析政府制度的存在與否，得到充分的解釋。

這種說法似乎是十分公正的。不過，這並不代表無政府狀態—層級節制的二分法就得到支持。此外，更有許多現實主義者一直都認爲出現在國際社會裡之權威與層級節制特質，是不正常、不協調的，即使事實上這些現象是相當普遍（即使頻率不高）。[10]這樣的結果就有可能混淆了包括無政府狀秩序下之重要差異處，以及無政府與層級節制秩序之間的重要相似之處。

不可否認，之所以會有上述偏差的認知存在，主要在於「無政府狀態」一詞的模糊意涵。事實是，現實主義者捨棄了涵意較爲中性的「水平秩序」，而採用極具感性的「無政府狀態」一詞。無政府狀態同時也是一個具有負面意涵的字眼——也就是缺少層級節制——而與層級節制秩序等這種帶有正面意涵的詞彙，形成強烈的對比。同時，由於現實主義者將無政府狀態定義爲一種殘缺不全的狀態，因而很容易將該狀態下的秩序物認爲是沒有明顯特質的（因爲這種定義，並不像層級節制的定義一般，具有明顯可辨的特質）。

主權與責任義務

除了以權力、權威，以及政府形式之有無等特質來區分層級節制與無政府狀態下之秩序外，現實主義者通常也會採用主權與責任義務的概念來區隔上述二者。然而，這兩項概念卻也傾向於贊同連續體的概念，而比較不支持前述二分法的分類。同時，這些概念也指出了其實在國內政治與國際政治之間的相似之處，遠比結構現實主義者接受的更為廣泛。除此之外，現實主義者也指出Waltz所言之無政府秩序中，缺少一顯著的功能化區別的論點，並不是正確無誤的。

主權

John Herz曾經指出，現實主義認知到「在以主權國家為主體的時代，關於權力政治的出現乃是無法避免」的事實（1976: 79），可說是間接將無政府狀態與一個由主權國家組成之體系劃上等號。Henry Kissinger也認為，正由於國家「必須在充滿主權國家，以及各種意志激烈角逐的世界中求得生存」，因此這個理論才會稱做是現實主義。此外，Waltz同樣也主張「國際結構中的層級節制特質雖然侷限了主權實際能夠發揮的影響力，不過最主要的原因仍是受到較大體系下之無政府狀態之限制」（1979: 116）。

當我們以主權概念來說明時，無政府狀態和層級節制似乎

就是彼此的構成要素之一。國家內部各種層級的主權，可被看成創造出一種外部無政府狀態的主權關係。那些掌握全國最高權威的領導者，往往會認為國際間再沒有存在凌駕其上的更高權威。相對地，在「無政府狀態」之下，權威的分散，則隱含著一旦認可其它國家具有等同的主權，就等於創造了國家與國家之間的主權關係。依照這種邏輯來看，或許我們就可以將這種二分法視為是相當有幫助的：也就是可輕易地將國家分類為主權國家或者非主權國家。

儘管如此，如果我們進一步檢視Waltz的論點，我們將可清楚地看出，其實在Waltz的心裡，對於主權國家並沒有任何強烈的意識與看法。「將國家稱做『相似的個體』，也就是認為每一個國家都是相互類似的獨立自治的政治個體。而這也是認為國家是主權體的另一種說法」（1979: 95）。其實，這種看法是錯誤且全無根據的。主權國家乃是一種特別形式的政治自治團體。任何個體都可以享有政治上的自治，但是卻未必擁有主權，這也就與封建制度與之宗主國體系所顯示的情形有所雷同。[11]

無論如何，主權所代表的乃是一種法律上的關係，而不是會隨著無政府狀態（或層級節制體系）出現之邏輯上的必然物。無政府狀態（以及層級節制）下之世界能夠在沒有主權的前提下繼續存在，目前的事實也是如此。若我們將觀察的重心集中在西方世界，就可以發現古希臘人並沒有這種（主權）觀念。在中古時代，主權可說幾乎是完全不存在的，不管在理論上或實際情況上都是如此。一直到十六世紀晚期和十七世紀，主權才開始成為歐洲國家政治的一項重要的安置性原則。而

後，到了十八世紀，主權才又進一步成爲歐洲國際政治上的核心部分。

因此，硬要將主權與國際政治中的結構理論結合在一起的作法，可說是毫無意義的。事實上，正因爲主權國家是一種法律上的制度機關，所以也就不可能成爲Waltz定義之下的一項結構特徵了。我們將在第五章中，對此一論點做更詳細的探究。

尤有甚者，即使是自治一詞，以及與之有關的獨立概念，實際上都是有問題的。如果我們所考量的僅是法律上的獨立，那麼我們所採用的就是一種非常「不切實際」的法律形式主義。但是，如果我們所指涉的是具體存在的自治，也就是可以做出免受他人控制之決定的能力，此時我們又將回到對一個連續體的討論。此一連續體的範疇則可包括尚未從宗主力量中完全消除或兼併之帝國戰爭下的強權與犧牲者。

責任義務

儘管Waltz本人可能會不表贊同，但是我們在前文中所提到之各項論點的依據，確實都是以他反對無政府狀態－層級節制此一二分法所提出之幾項（矛盾）意見而來。舉例而言，Waltz曾爲文指出：「結構可能會被改變，透過改變個體之間的能力分配。結構也可能因爲被施加若干必要之規定而有所改變」（1979: 108）。換句話說，責任和義務的限制將會改變結構。然而責任以及其它層級節制的相關要素，卻也清楚地出現在無政府狀態下的環境之中。

要定義與分辨層級節制（階級）的順序，就必須透過分析

個體（個人、團體，以及機構）之間，所擔負之不同的責任形式。在國家之間建立不同的責任形式，也就等同於透過建立關於權威與主從關係的有限領域，來改變無政府狀態下的國際結構。簡單的來說，如果我必須順從你，那麼你就擁有比我強大的權威，因此我的個人意志就必須（合理地）屈從於你的意志之下。然而，由於這種國際的責任並不會轉換成為層級節制下的各種不同階級，因此他們必須要建立一套混合的順序。同時，因為權威與責任都是層級節制的象徵特質，所以無政府狀態在原則上不但具有部分層級節制的特質，甚至可說是擁有其所有的特質。

然而，我們必須強調的是，這些差異都是結構上的。根據Waltz的看法，「結構乃是透過其內在各部分的安排來加以定義。只有當安排改變時，結構才算是改變」（Waltz 1979: 80）。因為責任的歸屬，而改變了結構內在部分的安排，甚而創造了例如權利擁有者與承擔責任者、長官與下屬者，以及自由者與服從者等不同的關係。

到目前為止，我們的立場和Waltz所主張的結論，有越來越一致的趨勢。Waltz認為：「在國際秩序裡頭，或許能夠透過終止（行為者之間）協調行動，而訴諸於具有指揮及服從關係的機構來避免或降低可能的風險。換言之，也就是建立一個具有有效權威的機構，並且擴大成一個具有法規的體系」（1979: 111）。綜而言之，Waltz的結論顯示出他接受了有效權威及法制體系可能被創造建立的可能性，同時此一權威法制體系也或許能夠部分地以（層級節制）從屬關係來取代（無政府狀態）協調關係。

值得一提的是，許多重要的差異處不僅是存在於無政府與層級節制秩序之間，同時也會出現在這二者內部。而唯有將無政府狀態與層級節制看成是一個連續體的形式，我們才有可能進一步理解這些差異之處。此外，如同我們將在第五章所談到的內容，這種連續體的觀點，將會重新開啓以往被現實主義者忽略或詆毀的許多可能性與實際情形。

現實主義者或許會回應認為這些特質，例如國際社會、缺少政府的統治，以及國際組織和建制等，相對而言都是比較不重要的。然而，就算他們的看法是對的，不可否認，這都仍是可能會發生的實證事實。也因此，在尚未認清將無政府狀態與層級節制看成是嚴謹的二分法，乃是一種錯誤的概念之前，所有關於「層級節制」的權威、規範以及責任義務的特質，都不應該被排除在考量的犯為之外。

功能性差異

將無政府狀態與層級節制視為連續體的看法，有一項重要的意涵，亦即功能性的差異必須被（重新）引介到我們對無政府結構之分析研究之中。因為認定「無政府狀態限制了體系內不同個體之間的協調關係，同時暗示個體之間的相似性」（Waltz 1979: 93），乃是極不正確的看法。

在無政府狀態之下，由於完全沒有任何層級節制的設計，因此所有的國家都必須被迫執行所有重要的政治功能。從現實主義者的動機性假設來看，國家將會因為必須限制其所執行功

能之範圍，同時需要避免成為其他國家的翻版，而面臨極大的壓力。Hobbes在《巨靈論》一書中就曾表示過精闢的看法，他列舉出若干在他想像中之本質狀態的「不便利之處」：「沒有容納工業的空間…沒有地球的文化；沒有航海術…」（ch. 13,par.9）。[12]不管是個體的相似性或者是不同活動的限制性範圍，主要的原因就是因為（國家）無法透過適當的行動來獲得專業化與分工所帶來的好處。

　　相較之下，責任、權威以及法制體系卻能夠將政治力的分工，進一步引介到無政府狀態中的國家之間。正如同Waltz所說的，在層級節制的領域中，「廣泛的協定能夠說服政府不同部門去執行不同的（個別）任務，同時也能使他們能夠合法地行使權力」（1979: 81）。進一步來說，如果我們以「國家」（以及其他國際行為者）來取代「政府的各部門」，Waltz的論點將可同樣適用於許多國際場域中。

　　截至目前為止，我們已經看到了很多範例。許多由多個國家所組成的組織，例如歐洲聯盟，都可被認為是因為透過建立責任歸屬以及從屬關係，而顯示出功能性差異的清楚例子。此外，（權力）影響的範圍同時也與功能性差異與政治力的分工有所關連。各區域中的大國與小國，就必須負責執行不同種類的任務並擁有不同程度的權力。由此可知，正式的保護關係，牽涉到層級節制的從屬關係以及政治力的分工，這種情形就十分類似聯邦國家的型態。

強權

　　另一個很好的例子就是所謂「強權」的建立，也就是將特別的權力以及責任賦予那些國力較為強大的國家。舉例來說，Bull就曾經認為，雖然當代國際社會中的強權國，「也無法形塑並清楚地描述其擁有之特殊地位」，因為主權平等的概念仍有其影響力存在（1977: 228），但是這些強權國仍然是創造並維繫國際秩序的重要角色。

　　　概略而言，我們可從下列兩個面向看出強權國對國際秩序的貢獻：透過管理彼此間的關係；並且利用其優勢地位，對整個國際社會事務指出一條明卻的方向。更具體地來說，…藉由（Ⅰ）維持權力平衡的局面；（Ⅱ）盡量避免彼此之間發生危機，或控制危機的程度，以及（Ⅲ）限制或控制在彼此間發生戰爭。此外，強權國也會利用其優勢與國際社會的其它成員透過下列方式進行互動：（Ⅳ）單方面利用其區域性優勢；（Ⅴ）尊重彼此的影響場域，以及（Ⅵ）集體行動，也就是帶有強權達成協議或自主行動的概念（Bull 1977: 207）。

　　依循著這樣的論點，Martin Wight亦指出一般不會以「權力的數量或組成要素」來定義強權國，而會以它們（強權國）「在整個國家體系中的關係地位」來加以定義（1978: 50）。而Schwarzenberger更是以一整章的篇幅來說明「國際間的寡頭政治」，其所指的就是那些「自行賦予本身可對國際社會事務行使

高度控制權之功能」的國家（1951: 113）。不過，即使這些差異
是取決於國家所擁有之權力的大小，但是基本上這些仍然只是
特質上的差異。

　　同樣地，Waltz 也以〈國際事務的管理〉（"The Management
of International Affairs"）作為《國際政治理論》（*Theory of
International Politics*）一書之最後一章的篇名。不言而喻，
Waltz 選擇管理一詞，也就意味著這是具有「層級節制」的管
理，而不是在「無政府狀態」之下的胡亂鬥爭。而強權國所扮
演的管理角色，明顯地就意味著其具有與其它（非強權）國家
不同的政治性功能。強權國不僅在整個體系中擁有較大的利害
關係，同時也會「為了本身的利益而行動」（1979: 195）。

　　看到這種說法，現實主義者可能又會認為這種功能性的差
異，最主要還是權力競逐下的結果。即使他們的看法是正確
的，我們還是不該將造成這些差異的根據與其存在的事實混為
一談。此外，也並非所有國家所扮演的角色，都是直接與能力
的分配有所關連。

　　　在西發利亞時代的每個時期中，不同大小的國家會以
　　其在整個體系中的地位及角色來自我定位，而且會與其它
　　國家共同協調與認同彼此的地位，這不僅是根據其權力強
　　弱而定，即使是以其它鄰近個體（國家）來作為比較，而
　　且最主要的是以其在體系中所扮演的特定功能，作為區別
　　的基礎（Schroeder 1994: 124）。

　　Schroeder 進一步指出，國家之所以會接受不同的角色（可
能與安全有關，但不全然是為了安全），實際上是因為這乃是一

種標準的生存策略，例如英國扮演著陸權平衡者的支持者，蘇聯是君主政體的捍衛者，低地國家（Low Countries，指荷蘭、比利時、盧森堡）扮演著中立的緩衝與疏通角色，丹麥和瑞典乃是通往波羅地海大門的守衛，鄂圖曼帝國亦是緩衝國角色，而哈布斯堡王朝（Habsburg）則是扮演著多重角色（1994: 125-129）。一旦當我們將國家之間的關係與互動情況併入考量，我們就可說是具有發展中級現實主義理論，以及我在第二章最後所建議之現實主義模型的理論基礎了。

就算是具有十分優越的權力，也不一定能夠在相同的功能性差異中明確地得到表現。舉例來說，透過正式的殖民政策與透過非正式的權力影響，這二者的差異就足以在強權國與非強權國之間劃分出截然不同的政治性功能。同樣地，在強權國之間，總是存在著許多顯著的差異之處，例如在雅典、羅馬、中國、鄂圖曼，以及大英帝國之間皆是如此。此外，即使是相同的國家，在不同時期之中，也會面臨不同的情況。例如大英帝國在十八世紀與十九世紀的情況，以及二十世紀早期情況就大不相同（Koebner 1961; Koebner and Schmidt 1965）。

結構與功能性差異

整體而言，即使我們運用結構理論的規則以及其它相關的抽象概念來加以補充，依舊無法彌補Waltz的缺失。當我們打算定義層級節制結構的意涵時，我們並沒有將個體的所有特質，以及個體之間的互動完全抽離。這是因為除非我們能夠瞭解個體的某些特質，否則層級節制的秩序必然無法被清楚地予以描

述。從另一個角度來看，層級節制的真正意涵，乃是透過個體之間，所享有之權利以及所擔負之責任的不同，以及上級與下屬之間的關係所界定，而這些差異，實際上都與個體間特質上的不同有關。

　　舉例來說，美國國會擁有特殊的憲法（結構上）的權利、自由與責任，然而，卻也同時與聯邦政府的其他部門以及各州政府之間，保持著複雜的從屬、對等關係。一旦我們不把這些政治權力及關係納入考量，將會無法完全呈現美國政府結構的真實面貌。我們之所以談到這些特質，並不是要混淆個體與結構，或者是模糊結構與過程的焦點。相對地，這是為了要認清個體的特性的確具有一結構面向，而此面向是結構理論所不能忽視的。

　　或許結構理論並沒有打算要捨棄所有個體的特質與互動，而是選擇忽略那些次要、附加的、過去的、或者是「偶發的」特質及互動。的確，在無政府狀態秩序之下，我們或有可能以最低限度的分析扭曲狀況，而放棄比較多的個體的特質與互動。然而，目前的情況卻非此如此。當下我們所處的環境乃是一種具有層級節制面向的特殊國際秩序，我們必須能夠吸納包容個體的某些特質，如此才能對結構有最正確切實的解釋。

　　在Hobbes筆下的自然狀態，由於完全沒有任何層級節制，以及功能性差異的存在，因此，抽離所有特質（而非個體之能力），或許可說還具有一點意義。我們或可將Hobbes所認知之行為者間的互動情況，進一步簡化為只有「戰爭」的結果，而完全缺少關於權威與責任等其它可能的存在。但是，就我們所知，真實的國際體系絕非如此簡單而不具有任何顯著的特徵。

事實上，我們在第一章曾引用Hobbes在《巨靈論》一書將國家
譬喻為「戰士」的論述，而就算是Hobbes本人，在書中也立刻
接著承認，之所以如此比喻，乃是因為國家「支持維繫…其國
民的企業；（即使在戰爭狀態下）如此未必就會引發悲慘的境
界，而帶來特定人類的自由」（ch. 13, par. 12）。此外，就算是
對於暴力死亡的恐懼，在無政府狀態的國家社會中，也顯然不
會具有與Hobbes所言之自然狀態相同的影響力與涵意。

　　這種推論的背景其實相當簡單。因為國家之間的確存在著
權力上的不同差異，而結構理論也確實不能忽略所有的特質與
互動關係。更確切地說，結構理論反而應該把這些特質與互
動，全都看成是結構的一部分；至少，這些也都牽涉到（個體）
功能上的差異。同時，個體的特質與互動，其實也正是展現或
反映了功能上的根本差異，因此，結構理論就一定不能對其忽
視不理——不管是國內秩序或者是國際秩序皆然。

　　Waltz也承認國家「在能力上的確有很大的不同」，而且甚
至也接受「因為這些差異，而發展出類似分工的情形」。不過，
他立刻轉而重申這種國際分工的程度，一旦「與（國內）內部
分工的高度發展情況相比，就顯得十分微不足道」（1979：
105）。但是，儘管是微不足道，卻不意味著完全不存在。這乃
是數量程度上的比較，而非是程度、差異上的較量；此外，也
不是只能二選一的情況。甚而，就算在當代國際關係中，的確
只存在著微弱的功能性差異，卻也不能因而認為去否認可能存
在有相當顯著之功能性差異的看法是合理的。

　　功能性差異不僅僅真實存在於國際社會之中而且這種差異
的種類與程度也會隨著時間與空間的轉換而有所改變。舉例來

說，歐洲聯盟的各成員國所具備之政治分工的情況，比起「東南亞國家國協」（Association of Southeast Asian Nations，簡稱 ASEAN）下的情形更爲複雜及多樣化。此外，分工的本質上也會有所不同，例如催生「歐洲共同市場」（European Economic Community）的〈羅馬條約〉（Treatyof Rome）以及催生歐洲聯盟的〈馬斯垂克條約〉（Maastricht Treaty）的本質就不盡相同。姑且不論這種差異實際上的政治重要性爲何，將有關於認爲無政府秩序之內在及固有特質之概念性主張，與重要程度的論點混爲一談，乃是一個相當嚴重的錯誤。

Hobbes留下的陰影

如同我們在第二章中所談到的，儘管Waltz主張要抽離個體的所有特質，但是他仍運用Hobbes提出的暴力死亡之恐懼論點，也就是導因於國家對於利益（及榮耀）有著殷切的追求所致。在此，我將進一步指出Waltz對於權威、法律、責任，以及其它國際關係中的層級節制特徵所做的種種否認，其實一樣還是根據Hobbes對無政府狀態的認知而來。此外，也就是因爲有這些額外的假設，而不是因爲無政府狀態本身，使得Waltz的理論具有現實主義的特質。

無政府狀態與平等

我們可以瞭解，Hobbes不但認定無政府狀態與行爲者都會

受到競爭、怯弱，以及榮耀等因素的驅使，而且他也假定這些行為者的外表上與心智上都是平等的。不平等很可能就是引起權威、責任以及層級節制秩序的一個重大因素，而這也就是我們所謂之強權與影響力的範圍。再者，權力上的不平等，更是國際關係的一個重要現實。因此，過份強調合法的主權形式主義，而忽略權利存在的現實，反而會形成一種奇特的現實主義種類。於是，Hobbes 提出之平等的假定，實際上並不是一種有助於解釋國際關係的理論基準點。

事實上，我們所假定的平等關係，只出現在強權與強權間的關係。換句話說，現實主義者將他們的理論建構在一種假設性的平等之上，不但呈現出一種解釋國際政治的通則化理論，同時更將強權政治理論表露無遺。Waltz 或多或少也接受這種論述。「結構不僅是透過其內在的所有行為者而加以定義，特別是透過其中的主要行為者」（1979: 93）。「若我們從力量的角度來看待政治，則國際政治可以透過少數體系的邏輯來加以研究」（1979: 131）。

然而，國際關係的許多現象其實都是發生在國力不均等的國家之間。正如 Waltz 所說：「國際政治基本上就根本是不平等的」（1979: 94）。儘管如此，他的理論仍因為堅持一個從奇特的形式合法觀點來定義之純粹的無政府狀態，而假定各行為者之間是平等的。也因此，Waltz 的理論並不是設計來處理國際關係的諸多常態現象。

至此，現實主義者或許會認為他們所掌握的乃是「最重要」的部分。不過，這並不是一個客觀科學的判斷。對數十億生活在非強權國家之中的人類來說，他們心目中所認知的國際關係

的重要部分，追本溯源，其實還是權力上的不平等。

　　「權力政治」不但牽涉到平等的邏輯性，同時也與從屬的邏輯性有關。對那些強國而言，權力乃是當它們與其它強權之間達到對等地位時，所同時具備的一項條件，而且也是它們用以凌駕於其它弱國之上的一項資源。但是，對那些弱國而言，權力──尤其是它國的權力──可說是造成不平等與屈從地位的因素之一。有了足夠的權力，強國可以恣意而為。而弱國就必須承擔所有的結果，包括在層級節制體系中居於服從地位。

　　Robert Tucker就十分明瞭這樣的情形。他指出「基本上，國際體系永遠都是寡頭政治的（不平等的），因為那是一種無政府的狀態」，換言之，因為「自助權利的效用，必然需要仰賴那些真正能夠運用這種力量的國家來分配。」Tucker接著指出，這種以權力為基準的不平等乃是「根源於國際體系的本質。」「自助行為的最初建立…以及國家『天生的』不平等，都是造成國際體系繼續維持寡頭政治的主要原因」（1977: 4, 168, 169）。

　　然而值得一提的是，Hobbes提出的無政府邏輯──以及Waltz的論點，至少就其正式的樣貌而論──根本就等於是平等的邏輯論點。此一平等的假定也是引導出Hobbes思想的基本必要條件，因為不平等，尤其是權力上的不均，會成為導致權威、責任，以及層級節制秩序的一項重要來源。

霍布斯的主權國家

　　因為在自然狀態中，每個人都是平等的，因此Hobbes在《巨靈論》中就主張「每個人都有擁有任何東西的權力」，而

「每一個人都是被自己的理性所控制」（ch. 14, par.4）。然而，這種純粹自由的狀態，也正等於是沒有任何人享有擁有任何東西的權力：我的「權力」不能迫使任何人去作或不去作任何。在這種狀態下，沒有任何責任存在，因為責任歸屬就代表著一種不平等，以及不相同的權利與義務的狀態。換言之，在這種缺乏責任與較高權力的自然狀態下，「每一個人將會，也能夠合法地仰賴其自身的力量與計謀，來對抗所有其他的人」（ch. 17, par.2）。

> 根據Hobbes所言，逃離這種戰爭狀態的唯一方法，就是去創造一個由所有人組織而成的團體，由一個共同接受的人所領導，每個人都必須簽署全體同意的契約，如此，每一個人都應該對所有人宣示，我放棄我的權力，並將其授權給政府，給這個領導人，或者是給予領導團隊，在這種情況下，你也將放棄自己的權力給於那人，並且授權同意他的所有行動決定（ch. 17, par. 12）。

對Hobbes而言，政府的成立必須透過社會契約的簽訂，也就是每一個人都同意「放棄對所有事物的權力」（ch. 14, par. 5）。同時，他們必須要永遠放棄所有的權力，並且授權同意具有威權之上位者的所有行動，絕不能後悔。[13]

此外，在Hobbes的心中，所謂絕對主權的意涵，其實也是取決於邏輯思考的一種概念。個人只要保有任何私藏的自然權力，就會使個人陷入戰爭的（有限）狀態。不僅如此，如果所有的人都不放棄自己的權力，那麼他們將失去平等的地位──而這也是Hobbes對於人類動機所提出之解釋的一種不真實的假

設。不可諱言，Hobbes所認知的政府，必須是在所有人都完全，同時平等地屈服在主權者之下，而這個主權者，則是唯一不受社會契約所規範的行為者。至此，我們就面臨了一個相當簡化，且非此即彼的選擇：完全的自由或完全的屈服；無政府的人人互相爭戰狀態或層級節制下的絕對主權；毫無權威或絕對的權威。對我來說，我認為Hobbes的論點之所以與Waltz對安置性原則所提出之二分法論述會如此相似，絕非是單純的巧合。

　　儘管如此，就我們從實際歷史觀察得知，權力的分割（主權切割）以及公民保存若干權限的結果，並不必然會導向人人相互對抗的戰爭狀態。有限政府仍然是政府的一種形式，並非就代表著無政府的狀態。相對地，更重要的是，即使在缺少政府的情況下，我們仍然有可能會保有秩序和責任的存在。換言之，Hobbes提出之純粹自由或純粹服從的二分法，乃是從國內政治與國際政治中「抽取出來」的概念。只有不偏袒Hobbes提出之極端假設——也就是將無政府狀態與層級節制視為一種連續體的光譜——所有理想化的類型才能真正應用在每一種時期的國內與國際政治之上。

結構與人性

　　不論Hobbes對於絕對主權需求的看法有多大的錯誤認知，但是他仍將自己對無政府狀態與層級節制的看法建構在對個體的相同假設之上。同時，那些形塑出Hobbes所提之自然狀態的個體，也一樣需要有Hobbes式的主權概念來進一步架構其從屬

關係。就像Reinhold Niebuhr所說的，「就算是向來自利的個人也需要有一專橫的政府以維繫社會秩序」（1944: 123）

Waltz（明顯地）修正了Hobbes對層級節制秩序提出之解釋假設。不過，對於Hobbes提出之無政府秩序假設，Waltz則加以保留。值得一提的是，Waltz並不像Hobbes一樣，把無政府狀態與層級節制看成是絕對相反的兩個情境。從Hobbes的觀點來說，完全沒有從屬關係（無政府狀態）的相反面，就是完全的從屬關係——但是這卻不是Waltz對層級節制／主權所提出之概念見解。

事實上，他提出的層級節制政體，並不是為了那些需要有政府來壓制他們無止盡的自利渴望的個體（人）所設計的，而是為了那些比較類似於「洛克式」（Lockean）的個體所設計的構想：這些個體就是具有較高容忍度及自制性的公民，而且其外在需求之渴望也相當適度。當討論焦點由無政府狀態轉變為層級節制之狀態時，Waltz所改變的部分不僅包含了結構本身，同時也包括了行為者內在的特質。

儘管如此，那些能夠安身立命在一個高度制度化自由民主國家之下的人們，並不必然就會走向一個人人相互為戰的國際戰爭的局面。就算那個社會是由Hobbes眼中的自利個體所組成，一旦能夠平順地內化轉移成為洛克式的自由主義者，那麼這些個體就能夠在整個國際關係中自由的行事，尤其是在處理與其他自由社會的關係之上更是如此。不可否認，無政府狀態的確是整個國際社會比較不容易出現和平的互動關係，就算其組成個體是洛克式國家也同樣如此。在無政府的狀態下，它們或有可能會被迫採取Hobbes所提出的國家行為模式。但是，就

算真的沒有中央政府的存在，也不能就此確定在整個國際關係中，國家將會（重新）轉變為與以往完全不同的個體。

因為保留了Hobbes對於無政府狀態所提出之動機性假設，Waltz的觀點不免也存有與Hobbes相同的缺點與誇大的論點，不過其主張仍具有極為重要的理論性意涵。和Hobbes一樣，Waltz過度誇大了無政府狀態引起的問題，而且低估了國際仍會有因為對壓倒性權力感到恐懼而形成之國際社會秩序之可能性。而此一偏差的成見，是否嚴重扭曲我們對當前的國際社會的認知，則是我們在後面兩個章節裡所要深入討論的問題。

討論問題

● 無政府狀態下的秩序如何建立？國際關係中有多少秩序性存在？因為國家非制度性的互動所產生之秩序的程度為何？而如此形成之秩序又與國際機構有何關係？

● 無政府狀態與主權之間的關係為何？國際無政府狀態是否會創造主權國家呢？如果是，那麼無政府狀態又從何而來？或者，主權國家才是創造國際無政府狀態的主因？若是如此，國際政治理論是否就不必然需要涵蓋國家理論？

● 我們說無政府狀態比國際關係中的秩序「更為重要」，這代表著什麼意思？什麼才是衡量重要程度的絕對標準？在國際關係中，是否仍有其它關於「重要」程度的合理標準？我們該如何判斷各種關於重要性的主張呢？

● 現實主義對無政府狀態的強調，為何是有用的呢？而又有什

麼理由可以解釋這是沒有幫助的，甚至肯定是錯誤的呢？

● 在抽離國家的特質與抽離國家間之互動這二者之間，究竟有何關聯？為什麼Waltz對其如此重視呢？

● 文中提到，關於現實主義者對秩序所提出之解釋的問題，在於他們將經驗上出現的問題，看成是理論上的問題。你是否同意這個觀點？為什麼？（區別理論與經驗問題之討論，將成為後面幾章的主要內容論點。請繼續在心中仔細思考這個問題以及你對這問題的看法。）

● Waltz提出之結構概念，不但是此學門中相當常見的論述，同時也相當地具有吸引力。但是，是否還有其它關於結構的不同概念構想呢？這些不同的構想在比較上，又各有什麼優點和短處呢？

● 如果秩序是因不同個體之間的互動所形成，如果所有無政府狀態下之秩序，不同的只有能力分配的程度，那麼，究竟是什麼使得無政府狀態下的所有個體會採取一致性的行動呢？無政府狀態本身是否真的具有如此大的影響力？

● 讓我們再次思考第二章中提到之Morgenthau提出的四項策略：維持現狀、對外擴張、強調威望。這些難道不是國家在互動模式上的體系差異嗎？若然如此，這些策略其實並無法真正運用在結構理論之上。那麼，這會引起多大的問題呢？在第二章中，我們認為這些差異乃是導因於國家動機上的相異性。它們是否有可能是因為那些不包括在Waltz對結構之概念的「結構的」特質所引起的呢？

● 將無政府狀態與層級節制看成一種簡潔的二分法，具有何種（理論及實際上）功用與意義？如此的區別，又有何缺失？你

如何看待這種做法的得與失？你自己對於理論本質的看法為何？關於國際關係之本質，你本身又有何看法呢？

● 因為理論經濟的因素，Waltz主張將除了無政府狀態與層級節制以外的所有安置性原則全部排除。就原則而言，如此做法最後有何利弊？實際上的利弊又為何？關於這個問題，你的答案是否會隨著時空轉換而有所不同呢？就分析的目的而言，你的答案是否仍然一樣呢？

● 刻意忽略一些「特殊」的例子，例如封建社會或者歐洲聯盟，是否真的會帶來理論上的嚴重問題呢？將這些例子排除在外的做法，究竟有何好處與缺失？

● 作者認為Waltz將無政府狀態與層級節制視為一種二分法的論點，就當代國際政治的歷史發展而言，是一種錯誤的歸納方式。你是否同意他的看法？為什麼？（同樣地，請在心中思考此一問題，我們將在後面的內容中再次提到。）

● 將無政府狀態與層級節制看成一種連續體的概念，有何利弊？

● 文中亦提到現實主義者將其特殊利益與此領域中最重要的概念混唯一談。你的看法為何？如同文中所言，基本的理論抉擇通常都是根據直覺或美學的判斷，來決定究竟何者有趣或重要，這種說法是否為真？

● 武力、秩序，以及權威之間有何關聯性？我們是否能找出一個理論性的答案來回答這個問題呢？或者，這個答案會隨著時空轉換而有極大的不同？或者兩者都有可能發生？

● 「無政府狀態」一詞，是否真的隱含著極為偏差的看法？如果我們以水平秩序的討論來取代現實主義者關於無政府狀態

特質的論述，會引起何種差異？這種差異具有何種理論性意
義？在運用上有何不同？二者間又有何差距？

● 在缺乏主權的前提下，無政府狀態是否仍有可能會出現秩
序？同樣地，在缺乏主權的情況下，是否仍有可能出現層級
節制的秩序？如果這些問題的答案是肯定的，那麼一直以來
現實主義者運用主權概念的原因究竟為何？這種情形對於現
實主義所分析之永恆的類似法律之規範的作為，有何負面的
影響？

● 很明顯地，並非所有的國家都會執行同樣的功能？那麼，為
什麼Waltz要堅持國際政治理論必須排除這種功能上的差異
呢？如果結構理論包含了這些功能性差異，會發生什麼樣的
結果？我們是否依然能夠討論那些類似法律的規範？而這些
規範是否又和Waltz所談的一樣？其通則化的程度是否又一
致？

● 無政府狀態與平等之間的關係為何？平等在Waltz的理論中是
否扮演著一個基本的重要假設？為什麼Waltz要堅決否認國際
關係中顯而易見的不平等與從屬關係之事實，並以此作為其
理論假設？這些關於平等的問題，是否只是早先談到之關於
功能性差異問題的變形而已？

● 作者認為Hobbes比Waltz更執著於其動機性的假設。你認為
Waltz可能作何回應？而任何適切的回應是否需要對Waltz的理
論做出任何的改變？

深入閱讀

　　Waltz對於無政府狀態的主要討論，都見於《國際政治理論》（*Theory of International Politics*, 1979）一書的pp. 88-89，100-106。所有對於這個議題有興趣的讀者，都應該要仔細研讀這些內容。Schmidt（1998）的著作，則是過去一個世紀來，在國際關係領域中，對無政府狀態以及相關的主權討論作了相當詳盡的整理分析，其焦點更集中在第二次世界大戰之前的相關作者論點與爭論。

　　Helen Milner在一九九一年所寫之〈國際關係理論的無政府狀態假設：一個評論〉（**"The Assumption of Anarchy in International Relations Theory"**）一文中所抱持的觀點，則與我的論點十分接近。此外，她對互賴所可能對Waltz提出之無政府狀態觀點引發之影響，有極為深入的見解（1991: 81-85）。Alexander Wendt在一九九二年所發表的〈無政府狀態是國家所創造出來的〉（**"Anarchy is What States Make of It"**）一文，則對無政府狀態秩序的變異性，提出了一個重要的解釋。Alker（1996: ch. 11）與Onuf和Klink（1989）提出的論點雖然類似，但研究途徑卻極為不同。Ashley（1988）的作品則提供更激進，也是後現代的論述。Lake（1996）與Powell（1994）的觀點，則對Waltz之無政府狀態概念提出了更為「主流」的見解與分析。Speer（1986: ch. 4）則是透過提出支持世界政府的論點，進一步討論無政府狀態的概念。

　　Ian Clark所著之《國家的層級節制》（*The Hierarchy of*

States, 1989）一書，則是對Waltz的無政府狀態與層級節制此二分法，提出更具影響力與歷史觀點的不同意見。他強調國家之間階層的形成，以及一八一五年以來，階層在理論上與國際關係現實上所出現之不同的樣貌。Alexander Wendt與Daniel Friedheim在〈無政府狀態下之層級節制〉（"Hierarchy Under Anarchy," 1995）一文中，則是以東德爲例，提出了與Clark類似的觀點。James Hsiung於一九九七年所出版之《無政府狀態與秩序》（*Anarchy and Order*）一書，則是探討國際法對無政府狀態下形成之秩序所做之貢獻。Hedly Bull於一九七七年所完成之《無政府的社會》（*The Anarchical Society*）一書，則可說是探討國家社會之議題的最經典著作之一。

註釋

[1] 在國際關係的研究中，自助乃是相當常見的字眼。在國際無政府狀態下，我們無法依賴政府，來協助保障我們的利益及權利。相對地，我們必須依靠「自助」，透過我們自己的權力與技能，以及其它任何我們可從朋友、盟國、或者其他行爲者身上，所能獲致的一切援助來獲致一致的利益與生存。

[2] 關於國際關係中非強制性順從機制的探討十分廣泛，讀者可參考 Chayes and Chayes（1995: part 2）。

[3] 進一步的探討，可參考第145-147頁，

[4] 對於此一經典論點的嚴正批評，請參考Suganami（1996）。

[5] 在此，我們使用「合作」（coordination）一詞，正強調了國際秩序是由許多地位平等之國家間的互動關係所形成的事實。國家之間會盡量協調其外在行爲，而非選擇犧牲其利益，屈服在一個更高權威之下。

[6] 關於東德主權問題的更進一步討論，可參考Wendt and Friedheim（1995）。至於對冷戰時期之權力影響範圍的討論，則可參考Triska（1977: ch. 9）。Bull（1977: ch. 9）與Wight（1978: ch. 3）則是從理論面來廣泛地探討當代國際社會裡的實踐情況。

[7] 關於從Weber本身之論據，看出其是一位現實理論學者的討論，可參考 Smith（1986: ch. 2）。

[8] 不可諱言，這種限制仍有例外的情況，最顯著的例子就是自衛。此外，實際從過去的歷史來看，也有許多Waltz所沒有察覺的變異情況。舉例來說，某些層級節制的社會，包括古羅馬與當下的索馬利亞與蘇丹，都將執行懲戒謀殺犯的權力交付給受害人的家屬。

[9] 在這些能力創造權力的情況裡頭，關於力量與權威之間的不同得到解決。

[10] 這個區別相當的重要。舉例來說，雙胞胎雖然並不是隨時可見，但卻相當普遍，也是很平常的現象。他們也並不是出現在普通事物之外的

異象。同樣地，天才雖然並不常見，但也可說是相當普遍的。如果沒有極具說服力的解釋理由，只是一味認爲這些天才都是怪人的話，可說是十分容易讓人誤解的。

[11] 關於封建制度及早期國家體系類型的討論，請參考Spruyt（1994）。關於宗主國體系，參考Wight（1977: 23-24, 75-80）。

[12] 此句話的原文爲："no place for Industry... no Culture of Earth; no Navigation..."在本章中所引用Hobbes之《巨靈論》一書的所有內容，都是以C. B. Macoherson的版本爲準（Hobbes 1986）。

[13] 然而，Hobbes也指出一項例外情形，那即是當自己的生命遭到主權者的威脅時，也就是當恐懼凌駕於自身責任之上時，個人可以拒絕繼續接受此項契約。

第四章
體系、結構、權力平衡

　　結構現實主義者的主要研究途徑，正如我們在前面幾章所談到的一樣，是透過儘可能地抽離（國家）特質的方式。這種理論上的策略是為了以最少的假設作為推敲上的依據，並且能夠以最少的變數來解釋、回答相關問題。也因此，結構現實主義者自知為了獲致此一嚴謹、簡化的（結構）理論，他們犧牲了該理論在廣大時空範圍裡，所可能具有之廣度與深度。

　　然而，在第二章中，我們發現結構（理論）的解釋似乎偏好以結構與「個體層次」（國家）之間的互動為依據。而後，在第三章中，我們則是發現無政府狀態本身對國家行為可能產生之影響，可能遠比現實主義者所持之看法更為輕微。本章將依循著這個論點，藉由檢證Waltz所提出之權力平衡說，也就是他所認為的國際政治的純粹結構理論，進一步擴大我們所探討的範圍。同時，我將再一次斷言這種所謂結構的解釋，有可能根本就是錯誤的，或者根本就不具有任何結構層次的依據。

　　到目前為止，我們只有在談到強權與非強權的差異時，才對結構的第三個特質，也就是能力分配有所討論。所謂強權，乃是因為具備較大之能力，使得它們在國際關係中扮演與其它行為者不對等（較強大）的角色。所謂非強權（或較不強大的國家），則是結構理論裡所提到之必須依從強權（命令）所行動的屈從者。不過，Waltz卻以能力分配作為推論之根據，在《國際政治理論》一書中提到他的一項主要結論：兩極結構（bipolar structures）會比多極結構（multipolar structures）更為穩定。他同時也指出，在無政府狀態之下，國家往往會尋求「平衡」（balance）其它國家的機會，而非會選擇「西瓜偎大邊」（bandwagon）的策略。我們將以本章前兩個段落的篇幅，對這

些論點做深入的探討。而最後兩個段落則將提出一項強調體系與結構間之差異的評論，以便將探討的焦點導引向國際機構的討論（第五章）。

穩定與兩極體系

　　Waltz認爲一個國際體系能夠保持穩定，如果（1）繼續維持無政府的狀態；以及（2）「組成該體系之主要行爲者的數目沒有出現重大的改變」（1979: 162）。然而，從這個定義來看，多極體系似乎會比兩極體系更爲穩固與安全。正如Waltz所言，他認爲歐洲的「多極體系持續了三個世紀之久」，而冷戰後之兩極體系，在Waltz提出其見解的當時，只維持了短短的三十年（1979: 162），甚而，到最後這個體系也僅維持了半個世紀而已。儘管如此，Dale Copeland卻強調：「自從Kenneth Waltz在一九七九年提出他的新現實主義理論後，兩極體系比多極體系更爲穩定的論述，已經得到廣泛地認同與接受」（1996: 29）。

兩極體系的優點

　　Copeland接著指出，這種由主要強權組成之兩極體系，「將比較不會引起重大的戰爭」（1996: 29）。同時，經由仔細地檢證發現，Waltz所提到之「兩極體系的優點」（1979: 168），並非指涉他原先所認爲的穩定的問題，而是在於強權能在這種體系之下和平共處。換言之，當Waltz主張「兩個強權國會比多個

強權更能夠適當地處理彼此間的關係」（1979: 193），他的眞正意思是認爲這兩個強權國之間，比較能夠去避免一般性、體系間或者爭奪霸權的戰爭。同樣地，John Mearshimer 也將穩定界定爲「沒有戰爭及重大的危機」（1994/95: 6）。

根據Waltz的推論，由於「兩極體系世界中的（國際）關係較爲簡單」的緣故（1979: 174），所以兩極體系較容易促進和平。「在多極世界中的強權政治，每個行爲者都可能構成他人的威脅，而誰能夠完善地處理各項危機與問題，乃是一個未知的謎題。」「危險處處可見，責任歸屬未明，而且重大利益的定義也混淆不清」（1979: 170, 171）——種種情況都有可能會增加爆發有意或無心的戰爭。相較之下，在兩極體系之下，關於「誰是他人的威脅，從來不會引起懷疑」（1979: 170）。同時，正因爲彼此之間所可能產生的威脅如此清晰可見，因此強權國能夠「迅速地對紛擾不安的事件做出回應」（1979: 171）。兩極體系裡的強權國比較不會陷入戰爭的泥淖，因爲他們對彼此無時無刻的緊密注意，能夠使他們在最短的時間內，透過互動的過程，對自己的行爲做出最適當的調整。

兩極體系的另一項優點在於，即使有若干小型的爭鬥，但是對整個體系仍不會產生重大的影響。在兩極的世界裡，「結盟關係的建立，並不會使強權的能力（力量）得到過多強化」（1979: 171）。因此，不管是得到更多盟友，或者是遭到既有盟國的背叛，就整個體系中的平衡狀態來看，都不會有太大的影響。「只有當強權間發生戰爭時，彼此才會有極大的損失；就權力與財富面向而言，兩個強權唯有透過和平發展內部的資源，才有可能得到更多的獲益，而不是透過吸收或說服——或

者藉由戰鬥或征服──其它國家」（1979: 172）。[1]從另一個角度來看，戰爭通常都是因爲行爲者有勇無謀的作爲所引起：兩極體系下的強權國因爲有太多利益需要透過和平來獲致，而且有太多資源可能因爲戰爭而損失，透過相互對抗而得到利益的可能性也太低，因此將不會希望引發戰爭。[2]

　　不可否認，強權之間還是會彼此互相競爭，而且也會因爲感到恐懼與疑慮，而採取必要的行動。不過，「也因爲對於和平與穩定的需求，而使強權國能結合在一起」（1979: 175），或者至少能避免爆發戰爭。強權的共同利益，也就是確定其能夠保有凌駕於其他行爲者之上的優越地位，一定程度也限制了強權們對於那些可能引發戰爭的競爭性利益的追求。正因爲強權在戰爭中的損失可能遠超過其獲益──因爲它們是國際秩序的最上位者──所以Waltz認爲兩極體系下之強權會面臨多極體系下之諸多強權國所沒有的結構性誘機，也就是維持整個體系的和平與穩定。

　　除此之外，多極秩序之下的強權，或許會存在著多種不同的潛在敵人，因此會創造出不可能在兩極體系下出現的危險威脅與困局。另一方面，許多行爲者也有可能會聯合起來，採取集體行動，因而也增加了彼此之恐懼與敵意程度。的確，由於兩極世界裡，強權的主要敵人只有另一個強權，彼此之間的緊張程度自然相當高。然而，「因爲沒有辦法將彼此間之衝突訴諸於第三人，面對沈重的壓力，雙方也只得採取較爲溫和適度的行爲」（1979: 174）。

　　兩極體系與多極體系究竟孰優孰劣，學術界沒有一定的論調。有許多理論家也提出反對多極體系的看法與論述。舉例來

說，Thomas Christensen與Jack Snyder（1990）就曾完整地闡述多極秩序下有兩項可能導向戰爭的特質：「連帶效應」（chain-ganging）以及「推諉責任」（buck-passing）。[3]許多分析者就是以「連帶反應」來解釋第一次世界大戰爆發的原因：奧地利攻擊塞爾維亞，後來就拉著蘇聯加入戰決一同對抗塞爾維亞，後來德國也被拉進來共同對抗奧地利，後來法國也加入…。第二次世界大戰則是「推諉責任」的最佳範例：法國、英國、蘇聯相互推卸責任，都希望對方能夠以某種方法來制止Hitler的作為。[4]兩極體系下的超強，相較之下，就無法將責任推卸給其它對象，同時也找不到任何其他具有足夠力量的盟友，能夠將其拉進戰局，在戰爭中一同抗敵。[5]

本節的其餘部分，將繼續說明學界對Waltz認為兩極體系較為穩定與和平的主張，所提出之另外三點批評。

冷戰和平

過去十年來，現實主義者因為無法事先預測冷戰的結束，而受到各方的諸多批評。然而，就算是這些批評卻也未能預測出這個結果，而結構現實主義者更指出，他們從來不打算去解釋或預測任何（結構上的）改變。正如Waltz在柏林圍牆倒塌前十年所提出來的論點，他的（結構）理論「解釋的是連續性、復發性，以及反覆出現之事物，而不是改變」（1979: 69）。

因為冷戰的結束，使得許多人都警覺到這種只關注連續性之論點所可能出現的限制。然而，當結構現實主義者的論點遭受批評時，他們總會認為這些批評所指涉的根本不是他們做了

什麼，而是批評那些他們本來沒有打算要去做的事情。歷時多年的「冷戰和平」[6]則對結構現實主義的闡釋力，包括其一般性的見解以及對兩極體系較爲穩定之主張，提供了一個極佳的檢證機會。令人訝異的是，Waltz與John Mear-sheimer對此都提出明顯相似的解釋理由，但是最後這些理由卻都被證實爲「非結構性的」。

Mearsheimer則進一步指出：「軍事力量的分配與特性，才是造成戰爭或獲致和平的眞正根源」（1990: 6）。從他借用軍事力量特質的說法來看，我們可以瞭解Mearsheimer對於冷戰和平的解釋，並不全然與Waltz的結構觀點相同。換言之，Waltz的論點主要是強調國家擁有之不同的能力程度，而軍事力量的特質則並非Waltz所定義之結構下所具有的一項特質。

就冷戰這一個相當特殊的例子而言，Mearsheimer明確指出三項在此期間國際社會能夠保持和平的主要因素：「歐洲大陸上出現兩極體系的強權分佈；兩大強權具有不相上下的軍事力量；以及核子武器的出現，使得戰爭猛烈程度超乎想像，同時也強化了彼此嚇阻的能力」（1990: 11）。不可否認，第一和第二兩項因素的確是帶有結構意味的；這些因素說明了能力分配的問題。[7]不過，第三項因素，也就是核子武器的出現，就明顯不是屬於結構性的因素。此項因素之所以能有效力，乃是因爲武器本身可能引發之強大威力的特殊性質所致，而不是因爲整個國際體系是無政府狀態或者與能力的分配有任何關連。

Waltz後來也提出類似的看法，他認爲「到目前爲止，歷時最長久的和平時期，主要因爲有兩大支柱的支撐：兩極體系以及核子武器」（1993: 44）。換句話說，就連Waltz本人也都同

意，半個世紀以來的冷戰和平是建立在非結構的因素之上。就Waltz所提出之關於兩極體系的優勢來看，核子武器對美國與蘇聯在冷戰期間能夠維繫和平狀態之事實所帶來的助益，仍有一定程度的重要性。

不僅如此，Waltz更直接了當地認同核子武器的確具有引導國際社會走向和平狀態的效力。[8]「與傳統武器相比，核子武器更能夠勸阻國家發動戰爭。」「核子武器的出現，徹底地降低了擁有這些武器的國家走向戰爭的局面。」「核子武器具備之絕對性的（毀滅）特性，將傳統武器的世界帶向核子武器的世界」（1990: 743, 744, 732）。然而，這些影響卻與能力的分配一點關係也沒有；不管是對兩極體系或多極體系下之秩序，核子武器都具有相同的效力。如果我們嚴肅地看待Waltz對核子武器的評論，那麼我們或許可以大膽地說，冷戰和平的出現與兩極體系的世界根本毫無關連。

結構並沒有說明為什麼其最能解釋在這個例子中出現之隸屬議題（戰爭與和平）的「大圖像」。同時，雖然現實結果與理論的推論「一致」，但是國家行為卻與Waltz根據結構理論所得到之預測大不相同。此外，造成此結果的因素也並非導因於結構或兩極體系。即便是在Waltz個人的觀念裡，能力分配也不是促成冷戰和平或穩定的主要因素。因為結構理論犧牲了絕大多數特質，而僅能夠透過具有正確導引此一情境之能力，來證明其具有解釋性，所以其不足之處是具有很大的理論重要性的。

兩極體系的邏輯

學界提出的第二點批評，乃是以Waltz論點的邏輯性為評論的對象。此項爭論至少可溯及到一九六四年，也就是與Waltz第一次提出他的兩極體系理論（1964），而Karl Deutsch與J. David Singer一同提出對多極體系之優點的解釋（1964）同一個時期。[9]Dale Copeland則是賦予此爭論新的內涵，進而對Waltz的結構現實主義的穩定性質提出挑戰。

「在Waltz的構想中，也就是以「極」（強權國）的數目作為關鍵的結構變數，不管是在兩極體系或多極體系中，對於體系為什麼會捨棄和平而發動戰爭的原因，其實並沒有多大的不同」（Copeland 1996: 46-47）。如同前述所言，Waltz也否認他的理論能夠解釋（兩極）體系中的改變；因為該理論只能對特定的秩序狀態提出說明。但是，當（兩極）體系與無政府狀態維持不變，且功能性差異也被排除在結構理論之外時，「對於爆發大型戰爭的可能性的改變，也就沒有什麼能夠解釋了」（Copeland 1996: 72）。也因此，在兩極體系秩序之下，即使在不同時間點裡，爆發戰爭的結構可能性將必須維持不變，而且不管在任何一種兩極組合的體系下皆是如此。

儘管這或許會讓人覺得奇怪及不安，但若我們認為Waltz會主張兩極體系能夠消除或緩和那些在多極秩序下會引發戰爭的因子時（並非是以其它因素來與之抗衡），這卻也不盡然就是錯誤的想法。我們將接著說明Copeland何以指出時間與改變有其一定的影響力的理由。

　　Copeland推敲戰爭發生之可能性的方式，是先將強權的數目侷限在二個或五個，同時預設這些強權在最初的力量都是相等的。接著有一個強權取得了領先的優勢地位。而後這個最強大的強權逐漸沒落，同時有另一個強權的地位開始上升，最終取而代之。從這個循環中，我們可以發現三種不同的情境，我將之稱爲「平衡」（最初的平等地位）、「分離」（單一強權的興起），以及「聚合」（同時發生既有強權之沒落與另一強權的興起）（1996:figs. 1, 2）。

　　根據這三種不同的情況，Copeland指出最初的對等局面——平衡——不管在兩極體系或多極體系之下，都比較不容易有出現戰爭的可能。他認爲，「唯有當一個國家明顯具有比其它國家更強大的軍事力量時，才會有可能考慮發動戰爭取得霸權的地位」（1996: 50）。相對地，在「聚合」的階段，不論是兩極體系或多極體系的秩序，出現預防性戰爭（preventive war）的可能性都相當地高。因爲「假設國家都是理性的行爲者，並且積極尋求它們本身的安全，則具有優勢地位但開始衰落的軍事強權最有可能會發動戰爭（以確保本身之地位）」（1996: 48）。

　　至於這兩種不同的（體系）秩序之間的差異，則在第一個階段，也就是所謂的「分離」階段中出現。在多極體系之下，一個正興起之強權並沒有攻擊其它國家的動機，因爲此國家不但必須面對其它許多敵人，同時也因爲需有足夠的時間讓自己更爲強大，以便能在爭奪霸權的戰爭中一舉獲勝」（Copeland 1996: 48）。尤有甚者，「多極體系之下，一個開始沒落，但仍與其它國家具有同等地位的強權，也有足夠的理由認爲另一個

興起中的國家，只要尚未在體系中得到最為優勢的地位與力量，那麼該國家就會自我限制其稱霸之野心，因為外在世界仍有許多較其更為強大的國家存在；因此，也就不是那麼必要得發動預防性的戰爭了」（1996: 50）。

然而，在兩極體系之下的「分離」階段，Copeland則是認為出現戰爭的可能性就居高不下。因為不論是對逐漸興起的國家，或者對衰落中的強權來說，彼此間都只有一個明顯的敵手，而且兩個國家的力量基本上是相去不遠的，因此，「在兩極體系下，強權要發動成功的霸權爭奪戰可說是相當容易」（1996: 50）。此外，雙方面也都不必擔心會有第三者的出現，會在戰爭中從旁獲利，或者破壞既有的平衡局面，因為根據兩極體系的邏輯定義，在當時的國際環境中，根本不會有其它國家具有足以與兩大強權匹敵的力量（1996: 50-51）。

在「聚合」階段中，尚會出現另一項較細微的差異。Copeiand指出，在「聚合」階段初期，在結構剛開始出現轉變時之多極體系中的強權，將有最大的可能會發動戰爭，攻擊敵方以取得稱霸的地位。不過，當出現兩大強權的實力逐漸接近時，爆發戰爭的可能性又會隨之下降。相對地，在兩極體系下，發動戰爭攻擊敵國的可能性，並不會隨著兩大強權國之間的實力接近而有所緩和。一個正衰落中的強權，在兩極體系之下而不是多極體系之下，將會比其它實力相當的強權國，更容易冒著失敗的危險而發動戰爭。

這樣的邏輯，從整個世界發展的歷史來看，是否合理呢？Copeland則持正面的態度，他並指出在核子武器出現前的兩極秩序裡，就曾經有三個顯而易見的戰爭案例爆發的時刻，符合

上述推論。也就是兩大強權其中的一個強權國正開始沒落,而同時面臨另一個新興強權(即使此強權可能仍認為其實力與既有強權約略相當)的挑戰時所爆發的戰爭,包括有西元前五世紀的雅典與斯巴達之戰、西元前三世紀的迦太基(Carthage)與羅馬之戰,以及西元六世紀初期的法國與哈布斯堡王朝之戰(1996: 60-71)。Copeland同時也指出,在一九六二年的古巴飛彈危機(Cuban Missile Crisis)時,根據此一邏輯的推演,美國也幾乎要踏入戰爭的結果(1996: 71-86)。也因此,Copeland將他的一篇論文命名為〈新現實主義與兩極穩定的迷思〉("Neorealism and the Myth of Bipolar Stability")。

平心而論,本書並沒有打算要對與權力平衡之能力分配有關的各種現實主義理論做出誰優誰劣的判決。然而,不管是在他的邏輯性或者是其所能找到之歷史佐證上,Copeland都必須承認其不足與Waltz相比擬。[10]我們因此也看到一個前後不一致的結構現實主義理論,而這與第二章最後所提到之內容也不謀而合。Waltz與Copeland所提出的模型無疑地都是屬於現實主義的範疇——他們都是擷取現實主義假設的「核心」部分——但最後卻得到迥然相異,甚至可說是與現實主義相互矛盾的結論,因為他們對能力的分配預設了截然不同的假設,或是將這些假設運用到不同的環境背景之中。不過,就我們討論的部分而言,其實並沒有多大的缺失:從無政府狀態直到對能力分配的討論,即使是現實主義者本身,也無法對以下我們要討論的問題達成一致的共識。

西西里遠征隊

與Waltz堅持的認知不同，Copeland不但對能力提出不同的動態面向，同時也提出許多大不相同的動機假設。以他們對於兩極體系優點的討論爲例，Waltz的論點十分接近「防衛的地位論」（defensive positionalism）[11]：他理論中的超強並不會冒險去取得霸權地位，而是傾向於確保現狀的維繫。相較下，Copeland提出的超強，就比較願意考慮以發動戰爭的方式取得優勢地位。如果沒有這個假設作爲前提，將很難臆想到強權國家會願意在彼此實力差不多的情況下，發動沒有勝算的戰爭。至少，我們必須假設這些強權都認爲維繫既有的地位，也就是等於與另一個強權保持著絕對的相等實力，而不是只有保持比那些原本就不具有對等地位的弱小國家更爲強大的實力。

因此，我們就必須再次考量國家動機此一不可避免的前提。事實上，若僅觀察（兩極）體系本身，我們並無法對無政府狀態下之國家的各種行爲做出任何預測。兩極體系下的超強不見得就一定是保守的。此外，我們也找不到任何合乎邏輯的理由，可以解釋爲什麼一個國家會比較滿足於身爲兩大國際強權之一，而感到比較不滿足，如果其僅是三個或四個國際強權之一。[12]強權堅持保守主義（或者侵略性）的立場，並不能再不考慮其它重要的動機性假設之下，單純以能力分配的原因來作爲解釋。

有些典型的現實主義之動機假設會認爲強權將會爲了確保本身在現狀下的優勢地位，而採取必要之行動。然而，其餘也

　　有些現實主義的假設認為強權會積極尋求在體系間取得統治性的地位。Thucydides筆下的雅典，就對兩極體系下的強權為了取得霸權地位，可能採取的必要作為，提供了一個相當清楚的例子。

　　根據Thucydides的看法，我們所談論的伯羅奔尼薩戰爭被看成是一個單一的戰爭。但是，這場戰役也可被看成是兩個不同的戰爭，中間則間隔著一段長期間的和平。不過，即使我們將這場戰爭看成是單一次的戰役，其實這也具有兩個截然不同的階段，因為其間有七年的時間，雅典與斯巴達之間並未相互攻擊、發生戰爭。尤有甚者，在「戰爭」的期間，雖然整個國際體系仍維持著穩定的兩極結構，但是雅典在外交政策上的取向與外交行為，都有顯著的改變。

　　在Thucydides的《歷史》一書中，雅典在戰爭發生初期最主要的戰略，是依循Pericles提出的大規模防禦性戰略：注重海軍，不企求奪得新的戰利品，同時不讓（雅典）城市陷入危險境地（II.65）。[13]，[14]然而，在伯羅奔尼薩戰爭爆發後的第六年時，雅典卻轉而採用較為擴張式的侵略政策。到了第七年，當斯巴達在皮洛斯（Pylos）戰敗提出和議的要求時，雅典新領袖Cleon卻悍然予以絕（IV.21）。[15]但是，隨著慾望的不斷擴張，雅典的政策似乎越來越偏頗。最後，雅典因為在一連串的戰役中，敗給由Brasidas將軍率領的斯巴達軍隊，因此最後不得不被迫接受所謂的〈尼西亞斯和平協定〉（Peace of Nicias）（IV.78-V.24）。

　　由此可知，人類的貪欲乃是超乎一般人所想像的。《歷史》一書的最後三冊記述了許多雅典的重大外交決定，包括入侵西

西里、雪城之戰敗，以及導致雅典最後走向衰敗的一連串軍事挫敗與國內的鬥爭等事件。[16] 我們將在第六章繼續討論關於西西里遠征隊的相關議題。在此重要的是，我們所必須瞭解雅典選擇了破壞現狀，採用向外擴張的策略，這與Waltz對強權在兩極體系下所可能採取之作為的預測，是完全相反的。[17]

事實上，Nicias十分願意繼續維繫當時的國際現況，亦即合乎Waltz的預測（VI.9-14）。然而，Alcibiades卻傾向於積極向外擴張，正好與Waltz的推論背道而馳。

> 人類的滿足不能取決於逃避較強者的攻擊，而是應該先下手為強，以預防即將來臨的攻擊。同時，我們也不能預設國家停止擴張的時間點；相對地，我們我們不但不能因維持現狀而自滿，反而應該持續計畫擴張的行動，因為，如果我們放棄對他人的統治，我們就將自陷於被他人統治的危險境地（VI.18）。

除了認為「Nicias所支持的無為政策」是錯誤的之外，Alcibiades也提出雅典人天生的積極特性。「我的信念乃是一個本質上就是積極活躍的城市（國家），沒有比突然採用這種（故步自封）策略更容易、更快速使自己滅亡了」（VI.18）。

Alcibiades提出的論點，以及雅典議會根據此論點所作出的決定，正反映出Thucydides在《歷史》一書之第一冊中所強調的雅典特質。雷西德蒙國會裡的哥林斯人就曾對雅典與斯巴達「這兩個國家特質的強烈對比」留下深刻的印象。

> 雅典人熱愛創新，他們的構思敏捷，不管在設計或執

行階段都極為迅速…他們熱衷從事超出自己能力與判斷以
外的冒險…他們會前仆後繼追隨成功者的腳步,但面對挫
敗時卻沒能立即撤退…只要有堅定的決心,他們能夠完成
任何想要的事物…一言以蔽之,他們天生就是不會停止活
動,而且也不會與他人分享任何東西的民族(I.70)。

事實上,(兩極)體系並不能決定究竟一個強權國家是現
狀下或者是革命性(帝國擴張性)的強權。如果我們同意
Thucydides的論點,那麼國家特質本身應該就是決定性的關鍵
因素。也因此,斯巴達的保守特質才是真正使其成為現狀下強
權的主要原因,而非是受到兩極體系的影響所致。無論如何,
黃金時代的雅典可說是與Waltz所提出之兩極體系優點完全矛盾
的確實案例。因為Waltz認為在這種體系之下,強權國家將會因
為結構因素而(被迫)採用保守主義的策略,然而,雅典的情
形卻不符合這種推論。

不過,現實主義者並不會就此認定這種接連不斷的擴張行
動——希臘語稱之為polypragmosyne(詳見Ehrenberg 1947;
Adkins 1976)——就是造成雅典衰敗的主要原因。真正的問題
在於,究竟結構是否就是導致,甚至是迫使我們去假定兩極體
系下之強權會成為滿足於現狀之強權國家的原因。對於這個問
題,Waltz並沒有多加著墨,而是只針對一個預測性或解釋性的
理論提出若干假設而已。從上述這個在兩極體系秩序下的歷史
個案來看,Waltz的假設很明顯地是錯誤的。

權力、威脅、平衡

Waltz提出的另一項與權力平衡有關之重要的結論，則是牽涉到一般對於平衡現象的探討。「我們所預期的，並不是當一個平衡局面達成時，就會永遠得到維繫，相對地，乃是當平衡局面遭到破壞時，一定會透過某種方式再次獲致相同的平衡局勢。權力平衡的型態基本上會一再地出現」（1979: 128）。因為此一結論乃以無政府狀態為立論依據，而不是根據能力之分配而為之推論，所以Waltz認為能夠適用於所有種類的國際秩序。

平衡與選邊站

在第一章裡，我們簡單介紹了Waltz對平衡策略與選邊站策略所作的區分。根據Waltz的看法，無政府狀態與層級節制的不同，乃是根據其在面對其它行為者逐漸強大的力量時所作之不同回應而定。在層級節制的秩序下，政治行為者為了要增加自己獲得勝利之戰利品的機會，會傾向採取「選邊站」的策略，也就是選擇支持極有可能獲勝（取得優勢）的一方，以從中獲利。正因為面臨較低的生存危險，因此就算是比較缺乏自信的國家，也能夠專心一致地去追求國家的絕對利益。[18]然而，在無政府狀態秩序下，一個逐漸強大的國家——尤其是想要尋求全球霸權地位的國家——在其它強權國家眼中，就未必是能夠取得恩賜（利益）的來源，反而可能是自己未來的潛在敵人，

甚至有可能會因為競逐利益而背叛其「友邦」。

根據第二章的討論，我們發現若只根據無政府狀態此一條件，我們並無法預測國家是否會採取平衡政策。但是此一策略選項依然存在於Waltz的論點之中，他認為即使是在無政府狀態下，國際社會仍有可能會形成平衡的狀態。這個結論或許能夠得到證實，因為反霸權（anti-hegemonic）聯盟的出現（不同國家集結起來對抗特定強權，例如拿破崙主政之法國或納粹德國）以及後來因為此一共同敵人已經消失而解散，就為此論點提出了合理的佐證。然而，就算我們不考量其他的動機假設問題，一般關於平衡策略的看法卻仍然都是有所偏差的。

另一方面，國家之所以決定採用選邊站的策略，也並非因為層級節制本身的環境因素所致，而是考慮到勝利者將來可能的預期行為。舉例而言，讓我們想像一個在高度派系化的軍事獨裁政權之下的領導權鬥爭情形。如果鬥爭下的獲勝者後來可以輕易地降低潛在對手的職位，或者是逮捕、流放，甚至是殺害潛在的敵人，那麼選邊站的策略或許就不是一個理想的策略。那些覬覦領導地位的各造，也會根據預期獲勝者的可能行為而理性地選擇適當之應對策略。然而，如果某個國家打算採用Machiavelli的建議，也就是消除與其他行為者之間的競爭關係（P3〔3〕），那麼選邊站策略就是該國家唯一合乎理性的選擇了。

儘管如此，當國家並沒有面臨生死存亡的緊要關頭，那麼選邊站策略也就不必然是取決於整體結構的影響了。舉例來說，在一場激烈的公職選舉中，即使是在民調中居於落後地位的候選人，也會繼續其競選活動，這是相當常見且合乎理性的

行為。事實上，只要不是面對著存亡的緊要關頭，層級節制秩序下的結盟似乎就是十分模糊不確定的。

　　尤有甚者，就如同我們在第二章裡所討論的內容，國家在無政府狀態之下所偏好的策略，通常是選邊站策略，而不是平衡策略。這種情形大抵可從國家的影響能力範圍一窺究竟。然而，就算是從強權國與中等強權之間的關係來看，選邊站策略究竟是不是一種合乎理性的戰略，也端賴其選擇支持或反對當權者後，會為其帶來多少風險與利益而定──此決定也會因為不同議題以及不同領導者的情況而有所不同。同時，其他比較不重要的國家之所以決定與特定強權國結盟的原因，或有可能是因為其可以從中獲得更多的利益，而不是因為對另一個強權或者是對鄰國的威脅力量感到恐懼之故。[19]

　　此外，選擇平衡策略的原因並不是受到無政府狀態之環境所影響，而是因為國家抱持著可能被其它國家所侵佔的恐懼所致。[20]在特定層級節制秩序之下，因為國家的生存或長期榮景可能面臨著危險的情勢，因此平衡政策有可能因此被採用。相對地，在特定無政府狀態秩序之下，國家面臨的風險也可能不是那麼嚴重，因此各國可以採用選邊站之策略來應對國際情勢。而這種種的因素，也就是行為者本身特質及其能力，從Waltz對結構的定義來看，都是屬於「非結構的」因素。換言之，我們也因此無法單獨從無政府狀態或層級節制的單一因素，就判斷國家究竟會採用平衡政策或選邊站策略。

兩極體系與平衡策略

雖然結構本身無法決定結盟於否（平衡策略或選邊站策略），但是Waltz提出之「權力平衡會反覆出現」在無政府狀態下的主張（1979: 128），的確爲後冷戰時期的結構現實主義者在對單極體系或全球體系（例如Mastanduno 1997）之看法提出反對意見時有深遠的影響力。當某個國家擁有極強大的（軍事）力量時，將會展現出其向外擴張，尋求全球霸主地位的野心，也因此，我們可以自信地預測，其它潛在的強權國家將會結合起來，以平衡此一逐漸強大的霸權國家。

不可否認，一個「仁愛厚道」的霸權，或許能夠透過與其它國家共同分享因其領袖地位所獲致的各項物質利益，從而降低這些國家所感受到的威脅。而那些較弱小的國家則能夠透過諸如與強權簽訂制度化的協定、採行合作性外交的政策、非侵略性的防禦政策，或者是透明化的決策過程等等方式，來得到霸權更堅決的保證。甚至，對那些愛慕虛榮的國家，霸權也能夠以允許它們加入領導核心的方式，滿足其各項需求。然而，各國心存對霸權的恐懼，尤其是長期的恐懼，卻仍是受到結構影響所必然會出現的結果。因此，我們將可預期國家，至少是強權國家，最終仍會放棄選邊站策略，而一致採用平衡策略以對抗霸權。而且，當國家感受到來自霸權侵略意圖越高，它們採用平衡策略的可能性就會越加堅定。

同樣的邏輯也可用以解釋兩極體系下的超強國家之間的關係。在兩極體系之下，超強無法將局勢扭轉爲單極體系，以降

低其可能面臨之危險。此外，因爲外在的威脅來源十分清楚且刻不容緩，因此我們能夠預期每一邊（超強）都會選擇採用平衡戰略。我在第二章中提到之防禦性地位的邏輯，雖然無法對國家動機提出通則化的理論解釋，但卻可用來形塑與推敲超強在兩極體系下可能採用的策略偏好。

　　然而，一旦我們以多極體系作爲討論標的，因爲結構壓力所出現之平衡局面，也會因爲例如各國不同之體認，以及國內偏好之歧異等因素，而陷入渾濁不清的泥淖。就算國家最後決定繼續採用平衡策略，我們也無法單從結構本身看出國家所欲平衡的對象究竟是誰。正如同Glenn Snyder所言：「在多極體系之下，誰與誰結盟的問題從結構上來看是模糊不清的…每一個國家基本上都可以是其它國家的朋友或者是敵人…國家本身總是存在著究竟誰是朋友而誰又是敵人的不確定性」（1997: 18-19）。[21]除非一個潛在的霸權明顯對整個體系形成威脅，否則在多極體系之下，我們將無法清楚地界定該採用平衡策略或者是選邊站的策略。此外，如果無法確實瞭解盟國的眞正動機，我們將無法判斷在多極世界裡組成之聯盟，究竟是反映出因爲該盟國本身之怯弱，而決定對一共同威脅採用平衡之策略，或者是其爲了獲得集體利益，而以對抗第三者之藉口所採用之選邊站策略。

　　此外，當我們回顧歷史，我們將會發現平衡政策其實並沒有達到類似法律規範的功效，而且根本也無法獲致平衡的局面。這個事實，一點也不令人感到驚訝。Paul Schroeder就曾經指出：「這就是新現實主義理論不能解釋，或者甚至可說是無法認清的國際歷史之確切的明顯結果與普遍模式」（1994:

130），即使是針對潛在霸權所做的回應，也就是採用在邏輯上應該奏效的平衡政策亦是如此。

舉例來說，Schroeder就認為在一六六〇年至一七一三年間，英國與奧地利對法國的政策回應，就無法以平衡政策的邏輯性來加以解釋。然而，事實與之正好相反。從一六八五年至一六八八年，英國的統治者James II對法國可說是百般依賴。後來因為政府出現劇烈的改變，英國基於國內的政治因素，而對法國採取「平衡」政策，最後竟導致荷蘭軍隊入侵英國的結果。同時，奧地利在當時主要是面臨著其東南方之鄂圖曼帝國的威脅，而法國並非其主要競爭對手。更清楚地來說，即使是德國、美國，以及日本等在第一次世界大戰發生前半世紀興起的國家，其實與共同結盟採用平衡政策來對抗英國的事實都沒有多大的關係（1994: 135-137, 145-146）。

簡而言之，歷史紀錄並不支持Waltz所提出之「權力平衡理論可以運用在一個有兩個或兩個以上的個體所共存的自助體系中的所有情境」的主張（1979: 57）。正如Schroeder所言，新現實主義得到的是「錯誤的國際歷史的模式與明顯結果，同時該理論所提出之具有理論與歷史重要性的預測，其實最後也都被證明是錯的」（1994: 147）。

權力及威脅

不過，Stephen Walt（1987）也曾信誓旦旦地指出，只要我們將國家所欲平衡的對象，從外在權力（能力）改變為對抗外

在之威脅，Waltz提出之深刻見解就可以進一步得到修正與強化。然而，威脅的確切定義，就一定得包含國家本身的特質與其意圖。因此，威脅平衡論（balance of threat theory）實際上並不等於就是結構理論。如果我們無法知道究竟是誰（那個國家）擁有特別的能力以及特定意圖——以及我們本身扮演的是何種角色，而我們又擁有哪些資產——那麼，我們就無法指出究竟是否真有破壞平衡局面的威脅存在。舉例來說，對美國而言，英國、波蘭、墨西哥、蘇俄、中國、以色列、伊拉克，以及北韓等國具有之相等的能力，所代表的就是截然不同的威脅。

　　Waltz的權力平衡邏輯之所以能夠適用於預測單極結構下的潛在強權，乃是因為對霸權能力的清楚肯定往往都被認為是一種威脅。當體系中只存有兩個主要強權時，我們或許可以明白指出任一個強權都會把對方看成是其潛在的威脅，因而會採取平衡的戰略——儘管黃金時代的雅典對此推論有所質疑。然而，在一個多極體系之中，因為至少有兩個潛在威脅的存在，因此大大降低了外在力量與威脅之間的聯繫關係。在此同時，對帝國擴張的恐懼感一旦降低，那麼假設國家會採用平衡政策的推論也就可說是毫無效益的了。換言之，Waltz的平衡邏輯只能適用於兩極體系，而無法適用於解釋普遍性的國際關係。[22]

　　平衡政策的邏輯主要是建立在對生存的恐懼之上。然而，如同我們在第二章中所討論的一般，無政府狀態本身並不能引起Hobbes所說的那種對暴力死亡所懷有之無法抵抗的恐懼。而這也就是Walt提出威脅平衡論的背後的主要見解。但是，此舉卻捨棄了Waltz提出之結構主義——不過，在我看來，這卻是一

件好事。基本上，對多數國際秩序而言，Waltz的極簡結構主義可說是毫無解釋上的助益的。

如果某個理論僅能用以解釋（反）霸權及兩極體系下的國際關係，對國際政治理論而言，該理論就提供了一項極不適當的基礎論據（更別提理論本身了）。無政府狀態下的能力分配，其實並無法解釋其它種類之國家的行為，或者是在其它無政府結構下的推論結果。甚而，結構本身也無法解釋多極政治的環境，而此種情境卻偏偏就是形塑現代西方國際關係歷史的主要特質。此外，從我們早先所提及之冷戰和平與黃金雅典的特例來看，即便是在兩極秩序之下，結構也只是一項具有十分微弱解釋力的變數而已。

體系、結構、互動

值得注意的是，就算讀者能夠接受到目前我所提出的所有論點，但是若因此而決定捨棄體系層次和第三種典型的現實主義理論，則是稍嫌早了些。舉例來說，在討論到冷戰和平的時候，Mearsheimer（正確地）指出他所採用的三項解釋因素，都是基於「歐洲國家體系的觀點…而不是針對國家本身的立場而定」（1990: 12）。此一論述，讓我們想到Waltz對「簡化的」（reductionist）以及「裡朝外的」（inside-out）（第一或第二典型）理論的批評，這些理論都是藉由分析行為者之特質，以進一步解釋各種不同的結果（1979: chs. 2-4）。然而，此種解釋一般而言都是錯誤的，因為國家行為通常是反映外在環境的限制，而

不是國家內部的不同偏好。

Waltz進一步提出他對簡化理論及體系理論的看法（1979: ch. 4），他指出「國際政治的體系理論所要處理的問題，是關於在國際層次發生作用的各項力量，而不是在國家層次競逐的力量」（1979: 71）。然而，實際上Waltz似乎相信這種（體系）理論指的就是結構理論。舉例來說，當他提到兩極結構與多極結構之間的相異處時，Waltz總是會引用到「體系」一詞：就像「多極體系」，「兩極體系」，「兩極與多極體系」等（1979: 162-163, 163ff.passim）。但是，體系和結構根本上卻是大不相同的。

上述論點的邏輯或許可簡述如下。如果「一個體系是由一個結構和若干彼此互動的個體所組成」（1979: 79），同時如果簡化理論乃是關於解釋個體的理論，那麼體系理論是否就不是結構理論呢？答案絕對是肯定的，理由有下列兩點。

首先，以我們對核子武器的瞭解來看，這些雖然是能夠「在國際層次，而不是在國家層次發揮作用的特質」，但是他們（核子武器）並不是結構。Mearsheimer並理直氣壯的指出，軍事力量的特質並不是個體層次的變數，而是體系層次的變數。然而，這與所謂能力分配的問題並無相干，更別提與配置性原則或者與功能性差異有任何關聯性存在了。

其次，除了個體與結構之外，一個體系還得包括個體之間的互動。正因為這些互動是發生在個體與個體之間，因此，他們並不屬於是「個體層次」的現象。當Waltz堅持認為結構理論乃是由個體的特質與其互動所抽取出的理論時，也正暗示了他同意「互動」不屬於個體層次的看法。個體間的互動並不能簡

化至他們的特質；此外，如果「互動」可以進一步簡化，那麼
結構理論也就形同空談，因為我們早已抽取出個體的特質了。
尤有甚者，如果重點不在結構或個體本身，那麼該理論就一定
是體系層次，而非結構層次的理論了。

另外，由於Waltz本人將體系簡化為（較小的）結構，他所
提出的理論也就只含括了少許重要的特質，而無法受到廣泛應
用──就連Waltz自己也引用了非結構的特質來解釋若干基本的
（現實主義的）現象，例如冷戰和平即是一例。因此，若我們打
算捨棄以簡化論的邏輯而使現實主義得到新的生命，那麼我們
就必須以更廣泛的定義來重新界定結構概念，或者是將焦點從
結構現實主義轉移到體系現實主義（systemic realism）之上。

Barry Buzen與Glenn Snyder的論點就提供了若干相當重要
的方向。在《無政府狀態的邏輯》（*The Logic of Anarchy*, 1993）
一書中，Buzen以較為廣泛的結構意涵，區分了他所謂的「結構
現實主義」，與「新現實主義」，或者可說是Waltz提出之較狹隘
的結構主義。同時，我們或許可以在我們的理論中，重新採用
非結構（從Waltz的觀點來看）的體系變數作為解釋、說明之依
據。而這也正是Snyde在其《同盟政治》（*Alliance Politics*, 1997）
一書中所採用的策略。

在本章剩下的部分中，基於下列兩項理由，我將進一步檢
證Snyder的論點。第一，《同盟政治》是較新的出版品，同時
也比較不為人所熟知。第二，Snyder認為其著作可說包含了
Waltz論點的基礎與延伸（1997: 16）。藉由在Waltz理論上加添
了少許新概念──而這些新概念都是屬於體系層次──Snyder
的著作應該會對那些認為Waltz論點過於精簡、嚴謹的讀者產生

一定的吸引力。

此外，正如我將在下一章裡提到的內容，我的論點會比
Snyder和Buzen的見解更為深入。儘管如此，他們二位對Waltz
的結構主義所做之各項修正與增補，可說都形塑了一個足以令
人信服且更具解釋力的現實主義。同時，更重要的是，他們也
開啟了現實主義者與非現實主義者之間的建設性溝通管道。

過程變數與體系理論

Snyder首先引用了Waltz對國際結構所提出之基本概念（無
政府狀態與兩極體系，但是並未包括功能性差異），他並以此進
一步與個體特質作了區隔，而這也是他與Waltz看法相近的地
方。[23]不過，Snyder後來又補充三項新的變數，他稱之為「關
聯性」（relationships）、「互動」（interactions），以及「結構修
飾劑」（structural modifiers）。Snyder並認為這三項新增的變
數，能夠適度地回應一些對Waltz論點的指控。這些指控認為
Waltz「因為吝於接受建言而有罪，因為引用其它解釋論點的收
穫，其實將會遠遠超過降低通則普遍化所需付出的代價」
（1996: 167）。然而，事實上將這些「過程變數」引入新現實主
義理論之後，Waltz原本「不確定、含混的預測」，將會變得更
清晰、確定。

（國家之間的）關聯性

對於第一項新的變數，也就是（國家之間的）關聯性而言，Snyder認為此變數提供了「行為的情境背景」，以及「結構影響轉換為行為的過程」（1997: 20）。「就像Waltz所言，如果體系結構的作用僅為『形塑和填塞』國家之間的關係，那麼關係類別就會顯現出比較緊張的關係」（1997: 32）。Snyder並界定出四種較重要的關係：結盟、利益、能力，以及互賴關係。

結盟關係「凸顯了體系內善意與敵意之間的界線。」這些「在政治家心中，關於究竟誰在未來的互動中會被支持、誰會被反對、或者誰會被其它國家忽視的期待」（1997: 21），都「與結構類型十分接近」，因為這些預期正形塑了「體系中的資源和能力如何被聚集與集中」（1997: 22）。

> 因為承諾具有一定程度的效力，同時因為國家一旦結盟，就會變得有些彼此相互依賴，因此，多極體系下的結盟關係，或許可說是具有準結構（semi-structural）的影響力。透過結盟，國家可以更清楚地分辨出朋友與敵人，同時也能夠將朋友的力量集中在一起，。因此，盟國在體系間集結力量，並且關注與特定國家或國家團體之間的危險與依賴程度。這些影響其實與國家受到兩極體系之影響，並無二致（Snyder 1997: 22）。

值得注意的是，Snyder認為結盟關係雖然是暫時性的關係，但卻往往可以持久下去——這與Waltz的看法互斥，Waltz認

為結盟關係是短暫即逝的。[24]

國家之間相互衝突與彼此共同的利益，也就是構成Snyder論點的第二項屬於關聯性的要素。他認為此要素具有一定程度的重要性，並指出一旦國家之間出現衝突的利益，即使這些國家面臨著一個共同的外在威脅，國家也會被迫放棄或不願意採用平衡政策（也就是結盟）（1997: 22-23）。此點看法十分接近於我稍早提出之能力與認知威脅間的脆弱關聯性。

儘管共同或衝突的利益通常與結盟關係的形成有密切的關聯性，但是Snyder也強調，因為同盟的緣故，國家之間也可以很輕易地產生共同的（或衝突的）利益，反之亦然（1997: 24-25）。舉例來說，原本國家是為了一同應對無政府狀態下之危險情況，而決定相互結盟，然而，或許就會因為其結盟關係的成立，而使另一批國家結合起來與之對抗。基於結盟關係，盟國之間早先的衝突獲許可能得到解決，同時也有可能會創造出彼此間的新的共同利益。

Snyder提出的第三項關聯性就是「能力」。他認為所謂「能力」，其實就是Waltz所說的「資源」。因此，如果我們重新以資源的角度來定義結構體系的話，「能力」指的就是運用資源的各項關係面向了。

晚近以來，探討現實主義的相關文獻就提供了一個相當經典的範例，也就是所謂「攻擊—防禦的平衡」（offense-defense balance）。[25]Snyder提出Thomas Christensen與Jack Snyder（1990）針對第一次世界大戰前與第二次世界大戰前，皆為多極體系的兩個時期所完成的著作，作為說明其論點的佐證。在第一次世界大戰之前，同盟國之間的關係是「一個帶一個」

（chain-ganged）地陸續加入戰爭的行列，因爲當時採用攻擊政策似乎是較具優勢的決定；此外，盟國也必須快速行動以保護較弱小的盟邦。但是，在第二次世界大戰之前，因爲盟國大多具有差不多的（軍事）力量，所以防禦政策變成各國領袖的偏好選擇，也因此盟國之間就出現「推諉責任」（buck-passing）的現象。

一旦我們從關聯性的角度來看待能力變數，而不僅單從資源角度來解釋，我們就能夠同時考慮到例如地理關係等，這些在國際關係中扮演重要且明顯角色的變數（對早期現實主義者而言，也具有重大意義的變數）。此外，我們也可一併考慮到核子武器的影響。此一變數不僅不是無關緊要的權力資源，相對地，這乃是一種特別的類型，其功用雖然有限，但卻具有相當重要的嚇阻用途。基於其特殊的特質，核子武器成爲一種能夠提供特定能力的資源。Snyder認爲這正是從一個較廣泛的角度，來解釋那些一直都在Waltz抽離出之「能力」討論中，但卻因爲他僅注重「程度」上的不同，所以受到混淆之物質資源具有特殊類型的特質（1997: 29）。

Snyder提出的最後一項關聯性變數就是「互賴」。以政治─軍事這種特別的結盟關係來看，特定國家的互賴，「乃是其面對之敵人所帶來之威脅、盟國能夠對此威脅提供之嚇阻與防衛協助，以及遭遇到威脅時，所能夠掌握之替代性解決方案與花費等因素所構成之函數」（1997: 31）。更廣泛地來說，國家究竟會如何回應外在的威脅，可說是其所擁有之選項的函數，而這也會因爲其盟國與其敵人的因素而有所限制。

更直接了當地說，一直執著於某個特定理論之上，例如

Waltz的理論，可說是極度瘋狂的。換言之，我們不應該相信國家永遠會以相同的方式，對與之分享共同利益的盟國做出相同的回應，或者是對與之有許多競爭性利益的敵人做出相同的回應。或者是說，某個強權Ａ不會有計畫地刻意激起另一個強權Ｂ的各種回應；一個遙遠的島國低度依賴其同盟，而一個強大的鄰國強權Ｃ卻為了預防攻擊的目的，高度依賴其強大之鄰國Ｄ。這種理論或許看來是相當簡化而且完美的。然而，事實上，這種理論根本一點用處也沒有。

互動

Snyder認為所謂的互動（interactions）就是

> 與關聯性截然不同，因為事實上那就是「行動」——政策選擇，或選擇的執行——而不是形塑行動與選擇的期待、價值，以及權力關係。互動乃是結盟、利益、能力，以及依賴等行為轉換為結果的過程（1997: 33）。

Snyder以盟國與敵國在三種不同的「賽局場域」中的安全關係為依據，發展出一套簡略的理論概要：「備戰期」（preparedness）、「外交期」（diplomacy）、以及「軍事行動期」（military action）。而後，他又將敵國與盟國之間的賽局又加入衝突變數與合作變數作進一步的細分。最後的結果，讀者可參考圖4.1所示。

這些互動關係都是抽象的理論行為模式，若用Waltz的話來說，就是「類似法律的規範」。從圖4.1裡的備戰期那欄來看，

圖4.1：**互動場域** （資料來源：Snyder 1997，圖1-2）

		備戰期	外交期	軍事行動期
敵對賽局	衝突	軍備競賽	武力威脅	發動戰爭
	合作	武器管制	讓步行為	有限戰爭或結束戰爭
同盟賽局	衝突	乘勢而為	威脅背叛	推諉責任
	合作	分擔責任	集體計畫	支持承諾連帶反應

*部分名詞之原文為：「乘勢而為」（free-riding）、「有限戰爭或結束戰爭」（war limitation or termination）。

**讀者請注意，原文書裡的此圖形將同盟賽局中，衝突與合作階段在三個時期中的國家作為顛倒，此中文版已修正。若讀者想參考此書原著，請注意此錯誤。

Snyder認為敵國之間出現「軍備競賽」乃是競爭模式下的一項特質，而「武器管制」則是屬於合作模式下的特質。至於在盟國之間，合作性特質通常會以「分擔責任」或「集體計劃」的形式出現，至於衝突性特質則會出現「乘勢而為」或「推諉責任」的現象。

　　Waltz過去將互動，甚至是關聯性等變數，歸類在個體層次之上。而Snyder則將這些變數的重要性再次提升至體系層次之上。進一步來看，Waltz的理論策略乃是盡可能地將結構的定義狹隘化，並且將與結構無關的一切特質都歸類在個體層次之上，然後再一併將這些東西排除在其理論之外。這樣的結果，正如許多批評家所言，使得個體層次變成一個充滿解釋性變數，包括Snyder的關聯性及互動變數的龐大的垃圾堆積場，而其中許多變數根本不能算是個體的特質。

　　因此，沿用我們最初的用語以及直覺的判斷來定義究竟哪

些是屬於個體層次的特質，而將其它所有例外，亦即Waltz所謂之「在國際體系層次發生效用，而不是在國家層次發揮效用」的特質歸屬於體系層次，可說是比較前後一致相互符合的方式。舉例來說，結盟關係顯而易見地就是能在國際層次發揮作用，而不是屬於國家（個體）層次的一種行為。同樣的，軍備競賽是發生在國家與國家之間的行為，而不是國家內部自發性的行為，而威脅與承諾亦然。這種理論策略的作用方式，也正是Snyder所採用的方法。

不可否認，無政府狀態與能力分配仍然是Snyder理論的核心部分。如果我在第三章中提出的觀點是正確的，那麼我們也就必須將若干功能性差異等要素加入此理論之中。因此，相對決定論的預測也就是有可能成立的。例如，我們可說不但是國家本身想要採取平衡策略，而且特定結盟關係也會更傾向於採取這種策略，同時我們甚至可對同盟關係下的特定動態行為提出預測。Snyder在《同盟政治》一書中，就致力於發展並檢證此類中等層次的同盟現實理論。綜而言之，不管一般人對Snyder的努力有何評價，他的理論的確對現實主義理論的發展，提供了一個相當吸引人的模型與方向。

結構修飾劑

在Snyder提出的模型中，因為他的興趣主要是在結盟的部分，因此，對於其它方面的探討自然較少，其中讓我最感興趣的部分，就剛好是Snyder著墨最少之處。Snyder曾另外將《同盟政治》的第一章以單獨發表的方式寫成論文，他在文中為體

系因素下了定義,並稱之爲「結構修飾劑」(Snyder1996: 168-171)。他指出此項變數的意涵爲:

> 對整個體系都會產生影響。而其內在本質是屬於結構性的,但其顯著程度卻不足以讓國際社會都瞭解其存在。這些因素修正了互動過程中的許多基本結構要素的影響,但是他們本身並不是互動。他們可以被比擬爲具有與總體經濟學相同的影響力,例如利率或政府規範,或企業公司之間的個體經濟學關係;他們公平地影響了所有行爲者的行爲,但是他們的種類卻不同於其他例如行爲者數目(企業),以及行爲者之間的權力分配等因素——他們就像是決定整個體系結構變數(市場)(1996: 169)。

Snyder同時也強調軍事科技以及規範和制度的重要性。

根據以上所述,當我知道Snyder將「對整個體系都會產生影響,其本質上是屬於結構性的」這項因素(僅)稱之爲「結構修正者」時,我抱持著相當反對的意見。因爲,如果這些因素本質上是屬於結構性的,那麼爲什麼不乾脆將他們界定爲結構的一部分呢?[26]不過,光在用字遣詞上探究、琢磨,其實並沒有多大的意義,最重要的乃是將這些特質引進新現實主義理論後,其所帶來的重要意涵。

這些特質創造了劃分權力的層級節制,以及各種功能性的差異等,這些都是井然有序的國內政策的重要特質,但是對整個國際社會而言,這些特質還是不算成熟。原則上來說,這些特質在國際間仍可說是屬於結構性的,因爲它們也幾乎對所有行爲者產生影響,同時,只要有更多時間的發展,這些特質在

國際之間，也能夠產生與其在國內相同程度的影響性（1996:
169）。

這種說法，不免讓我開始思考若干相當有趣的可能發展。
然而，Snyder並不打算要追求這些發展，主要是因為他也採用
了Waltz的部分論點，也就是國際關係中其實並不存有許多功能
上的差異；同時，試圖與混雜的結構（無政府狀態形式—層級
節制）運作的結果，也會帶來相當嚴重的危險。

不論如何，在第二章中我們看到了以無政府狀態及層級節
制作為二分法的認知，其實是充滿許多問題，而受到高度質
疑。此外，是否我們應該要採用「純」模型來說明任何一個特
定個案，仍是一個值得商榷的實證性問題。Snyder決定要將規
範與制度與結構脫鉤討論，同樣也是基於實證經驗的考量，而
不是只因為嚴謹的方法論或理論上的因素考量而已。

規範和制度原則上是具有若干結構性質的，其在國際間所
散發的影響力，與其在國內的影響力其實是不相上下的。
Snyder並宣稱（1996: 169），實際上這些特質並不像無政府狀態
及能力分配等特質，對於國家之行為具有同等重要的影響力。
然而，不管規範與制度的地位究竟為何——基本上這是一個實
證問題，而不是理論上的問題——Snyder都企圖將其與無政府
狀態和能力分配等特質 併列入考量。也因此，我們就必須對
國際制度之地位等相關問題，作一深入的討論與分析。

討論問題

- Walt明白地以強權數目的改變來定義穩定的意涵。然而，實際上他卻更常談到強權之間發生之戰爭的影響範圍。這種概念論述的方式，究竟有何利弊？

- 關於兩極體系可獲致穩定或和平，我們有何實際上的證據？你能提出幾個顯著的兩極秩序範例呢？在這些範例中，兩極體系維繫的時間有多長？有多少強權曾經介入體系裡之戰爭？發生的頻率為何？其強度與影響為何（對人類與結構而言）？其間又發生了多少次沒有強權直接介入的戰爭？這些經驗上的紀錄，與例如歐洲在一六四八年至一九四五年間的多極秩序相比，有何不同？換言之，我們對這個廣泛理論問題的回答，究竟與時間範圍及選擇的個案有多大的相關性？更進一步來看，你認為Waltz提出來的結構理論觀點，是否可說就是冷戰的（尚未被證實）歸納綜合而已？

- 我們發現冷戰時期的國際情勢，比起冷戰前之半個世紀的多極體系更為穩定及和平，你認為這與結構（兩極體系）本身的關連性有多大？其它因素所扮演的角色又有多大的影響？如果美國當時是一個積極向外擴張的國家，而不是一個願意維持現狀的強權，情況是否會有所不同？

- 讓我們延伸上一個問題的討論，你認為（兩極）體系與國家的利益在任何特定國際秩序之下，會如何互動而影響戰爭發生的可能性呢？如果我們光討論發生戰爭的可能性，而不管

國家真正的目標爲何，這種討論是否有意義？而發生體系與
國家互動行爲的制度機關又有何重要性？

● 截至目前爲止，後冷戰的多極體系秩序已經維繫了十年之
久。你認爲一九九○年代的國際情勢，比起冷戰時期裡平均
十年的期間，是較爲和平或較不和平呢？（什麼是平均的十
年？我們該以什麼標準或方法來做此區分？）你認爲國際暴
力的特質是否有任何的改變呢？你認爲這種改變（如果有的
話），對於創造兩極體系的國際結構有何影響？

● Copeland批評Waltz對（兩極）體系無法對時間與結構改變之
方向的分析是完全錯誤的論點，你對此有何看法？Copeland
的論點，就如同本章內容所示，是否真的指出如果我們只分
析無政府狀態與（兩極）體系結構，我們將無法預測出任何
東西？這似乎顯示Copeland可能對結構主義者的方案有所詆
毀。難道我們不能把他的論點看成是一種修正？你認爲這種
經修正後的結構主義，與當初Waltz提出來的理論有何不同？
我們是否應該如同本章內容所說，認爲結構主義者的方案需
要被視爲是更精確的計畫，而非是一個理論？

● 讓我們從另一個角度來思考Waltz對兩極體系的觀點：那是一
種規定，而不是一種描述；換言之，他的論點是明確規定了
兩極體系下的強權國如何運用體系的優勢來降低強權之間發
生戰爭的可能性，而不是將強權國如何受到結構影響的情形
作一描述。你認爲這種看法對（結構）現實主義的特質有何
影響？我們是否能擴大此項看法，進一步認爲現實主義者錯
誤地將這種規定看成是描述或漫不經心的分析？

● 你認爲西西里遠征隊的例子，是否真的顯示出國家動機具有

實質重要性？有沒有其它不同的角度（比較現實主義取向的），能用以看待文中所突顯出之雅典人的改變？最特別的是，我們是否能夠就此認為他們是受到無政府結構的影響較大，而受到國家特質的影響較小？我們是否不能認為雅典人的個性有所改變，是因為面臨外在無政府狀態的危險所致？但是，如果我們真的如此認為，那麼我們是否仍需要一個解釋國家利益的理論呢？

- 讓我們再以另一個角度來思考：雅典人通常都具有防禦與攻擊的利益與可能，但是當戰爭持續進行時，無政府狀態是否使得他們較願意採取攻擊政策呢？這種看法對我們對結構現實主義的認知有何啟示？顯而易見地，這種說法必須將若干國內與國外政治因素結合起來。但是我們是否能夠透過結構主義的探討角度，進一步將這些因素結合起來呢？

- Waltz認為傾向採用平衡政策的原因主要來自於無政府狀態的結構。在本章的內容中，我們指出其動機應該是基於對勝利者未來行為的預測，以及擔心被它國掠奪的恐懼所致。哪一種說法對你來說較具說服力？是否有其它方法可以結合這兩種解釋？

- 你認為將權力平衡理論轉變為威脅平衡理論的建議有何理論上的優點和缺點？這種建議對於結構理論的本質又有何啟示？

- 文中指出在關於抽取國家互動的面向上，Waltz的錯誤是因為他將「第三典型」或體系理論與結構理論混為一談。你認為Waltz為什麼要如此做呢？你自己有何看法？

- Snyder提出將「過程變數」加入討論，而進一步擴大為一個較廣泛的體系理論，你認為如此有何利弊？你認為Waltz可能

會做出什麼樣的回應？你個人較偏好哪種理論？爲什麼？

● 將諸如科技與規範等「結構修飾劑」的特質加入現實主義理論中，有何利弊？哪些科技與規範具有足夠的體系性質能夠被納入理論之中，而哪些科技與規範又得排除在Snyder的理論中？

● 一般來說，在設計理論時，往往都會在強調理論的簡潔性與其解釋性之間有所取捨。你認爲這兩種特性各有何利弊？你比較傾向於哪一種理論，較簡潔，或是較具解釋力的理論？這兩項特性對於結構主義者試圖儘可能地抽取出各項特質的計畫，有何啓示？

● 就科技與規範來說，是否值得以增加變數數目，以及理論複雜性的代價，來換取這兩項特質所能提供的額外解釋力呢？你的看法是否二者皆然？這兩種解釋變數隱含的意義是否能夠相容？特別的是，只加入規範變數對現實主義理論之特質所帶來的影響，是否不會比加入科技更爲深遠？

深入閱讀

　　關於Waltz提出之權力平衡概念，讀者可從他的《國際政治理論》（*Theory of International Politics*）一書的第117至128頁中看到詳細的說明。爲了進一步分析他對無政府狀態的討論，讀者有必要先細讀此部分的內容。針對此一概念，Edward Gulick站在絕對相反的立場，他在一九六七年出版了《歐洲的傳統權力平衡》（*Europe's Classical Balance of Power*），並將權力平衡

看成是一套具有法治、歷史基礎的社會制度。同樣的觀點，也在Martin Wight的論文〈國際秩序的權力平衡〉（"The Balance of Power International Order," 1973）中看得到。此外，Wight在《國家體系》（*Systems of States,* 1977）一書中則探究了若干國家賴以爲係其對外關係的方法（他認爲權力平衡只是方法之一）。Luard（1992）也抱持著與Wight類似的觀點。

除了理論上的探討，Seabury（1965）的著作則是蒐集了一些由理論家與實踐者的論文。Wright（1975）也有類似的著作出版。Sheehan（1996）的著作則是將歷史、理論性的議題，與權力平衡論做了相當有助益的結合。Dehio（1963）則是透過傳統歷史觀點來說明現代歐洲國家制度的演變過程。

Ernst Haas在一九五三年所寫的論文〈權力平衡：規定，概念或是宣傳？〉（Balance of Power: Prescription, Conception or Propaganda?），則是檢證了多種時常被理論家及實踐者混淆的概念。此外，關於多樣化以及模糊定義的問題，Niou、Ordeshook以及Rose以賽局理論的模型，對權力平衡理論的形成做了深入的探究（1989）。

關於兩極秩序與多極秩序的相對穩定問題，讀者可參考Waltz（1964）、Karl Deutsh與J. David Singer（1964）的著作。Waltz的論點後來有所修正，讀者可參考其《國際政治理論》一書的第161至163頁，以及170至176頁。Rosecrance（1996）則是抱持著較中庸的觀點。Dale Copeland的〈新現實主義與兩極穩定的迷思〉（"Neorealism and the Myth of Bipolar Stability," 1996）一文，則是根據（國家）在不同時間點下的地位變動，對Waltz對兩極體系的偏好提出挑戰。

　　最後，我想要向讀者建議本章最後一段落中所提到的兩本
著作。第一本乃是由Barry Buzan、Charles Jones以及Richard
Little等人的論文所編纂而成的論文集《無政府狀態的邏輯》
(*The Logic of Anarchy,* **1993**)。這本書以結構途徑來說明國際
理論，並駁斥了Waltz對結構提出之狹隘概念。其中由Buzan所
寫的文章，更值得讀者精讀。此外，由Buzan、Jones與Little完
成的另外一本著作（1994），則是針對國際體系的概念作一探
討，也相當值得讀者參考。Glenn Snyder在一九九七年出版的
《同盟政治》(*Alliance Politics*)則是將結構與體系的概念進一
步擴大，而運用在討論同盟關係之上。該書的第一章曾單獨出
版為〈新現實主義理論的過程變數〉("**Process Variables in
Neorealist Theory**")一文，對新現實主義理論提出了一個較為
豐富有趣的觀點（Snyder 1997）

註釋

[1] 雖然我們才剛剛開始討論這個問題，但是值得一提的是，兩極體系不盡然就一定會產生這樣的（和平）結果。此一結論需要有更多額外的假設，例如（國家的）成長率、主要強權與次要強權之間的能力差距，以及戰爭所可能付出的代價與潛在的獲利等等。

[2] 然而，這種體系卻也有一項缺失，那就是兩極體系下之強權在整個體系的地緣關係上具有相同的利益。因為「沒有一處不重要」（1979: 171），於是強權有可能會傾向於從事小型的衝突，而放棄那些具有戰略意義的衝突。不過，Waltz也指出，這只是一個較不重要的缺失。

[3] 這種譬喻乃是引用自美語的日常會話。所謂的「連帶反應」（chain-gang），其實一開始指的是一群被鐵鍊鎖在一起作苦工的囚犯或工人。而所謂的「推諉責任」，乃是指藉由將責任推給他人，而試圖規避責任。杜魯門總統（President Harry Truman）最為人所知，以及受到後人所景仰的一件事，就是他在辦公桌上立了一個標語，上頭寫著「責任由我扛」（The buck stops here，此為杜魯門的人生座右銘，亦可解釋為「責任到你面前，無可推卸」）。

[4] 「推諉責任」通常都是發生在國家「內部」，尤其是當國家吝於付出龐大的軍事費用，同時希望其它國家能夠負擔這些花費並嚇阻外來侵略時，更容易看到這種情形。詳見Posen（1984: ch. 2）。

[5] 然而，兩極體系的另一項缺失就是會出現所謂的「代理戰爭」（proxy war）。然而，因為這類戰爭與整個體系的權力平衡相比，只是無關緊要的小事，同時也不會在兩個超強之間引發直接的武力對抗，因此體系裡的秩序相對而言，仍然比較穩定與和平（與全面性戰爭的破壞相比）。

[6] 冷戰期間各地仍發生許多小型戰爭，例如韓國、越南、安哥拉、柬埔寨、薩爾瓦多等等。儘管我們仍將當時的國際情勢看成是「和平」的，但我並不打算在本書中對此說法做一深入的探討，因為那並不在

我們的討論範圍之內。然而，比較令人驚異的是，Waltz提出「這個國際政治（結構）理論，就像是一個故事一般，乃是以當時之強權觀點為依據所發展出來的」(1979: 72)。

[7] 然而，我們必須注意到，在其對能力分配的解釋中，Waltz並沒有提到強權之間的力量差異，而只是將這所有特質簡化為僅考慮強權與非強權之間的能力差異而已。

[8] Waltz堅信核子武器的效用，同時他也指出一般人對於核子擴散感到恐懼，可說是毫無根據且不必要的。關於此論點的爭辯，可參考Sagan and Waltz（1995）。

[9] 關於這二者之間的差別，請參考Rosecrance（1966）。

[10] Copeland同時也指出，過去的歷史紀錄比起Waltz的抽象邏輯，更傾向於多極體系。他認為最多只有一個歐洲戰爭可被歸咎於「連帶反應」，同時就算是第一次世界大戰的例子也是很有問題。

[11] 詳見第63-64頁。

[12] 然而，這種關係的簡化，卻也同樣認為兩極體系下的秩序是比較和平的。我所批評的論點，主要乃是針對兩極體系下的強權是比較保守的概念而已。Waltz也有同樣的論點，他認為在體系穩定的情況下，國家將具有最大利益，同時也將有更多利益容易因為戰爭失去，也因此，這種論述將可同樣用在多極體系下的諸多強權之互動之上。

[13] 在此我所引用之Thucydides《歷史》(*History*) 一書，若沒有特別註明，則都是採用Crawley修訂過的翻譯版本（Thucydides 1982）。

[14] 讀者也可進一步參考Wet（1969）的作品，另外，關於西西里島遠征隊（Sicilian expedition）的討論，可以參考Flicss（1966: 111-113）的作品。至於Pericles的戰略，可參考Cawkwell（1977: chs. 3, 4）。

[15] 關於描述Cleon個人特質的文獻，可參考Lang（1972）與Woodhead（1960）。此外，也可參考Westlake（1968: ch. 5）以及由A. W. Gomme在一九六二年所寫的一篇論文 "Thucydides and Kleon"。至於有關皮洛斯的爭辯，請參考Flower（1992）。

[16] 不知怎的，Thucydides 的《歷史》只記載到西元前四一一年，也就是雅典最終滅亡的前七年。一般認為這是因為 Thucydides 在沒能在他死前，及時將這段歷史傳下來。不過，Thucydides 的讀者也都能夠瞭解雅典最後的結果究竟為何。關於這段「遺失」的歷史，許多作者也透過想像的方式予以重建，讀者可參考 Rawlings（1981）的作品。至於雅典在戰後的政治情勢，可參考 Strauss（1986）的著作。

[17] 此外，我們也需注意到，派遣西西里遠征隊的決定，被視為是另一場新戰役的開端，同樣與 Copeland 的邏輯論點相反。在那個時候，雅典與斯巴達這兩個強權的力量，可說幾乎是相當的。

[18] 關於絕對利益與相對利益的討論，請參見第58-60頁。

[19] 不過，這似乎也會隨著時間轉移而有重大的改變。舉例來說，Barry Strauss（1991）就認為在伯羅奔尼薩戰爭時，各國採取選邊站策略的情況遠比各國在冷戰時期選擇採用此策略情況更為少見。

[20] Waltz 對核子武器可能帶來之影響所作之解釋，低估了國家在（兩極）體系下所感覺到之恐懼的影響力。核子武器之所以帶來穩定的局面，並不是因為國際局勢是（兩極）體系的緣故，而是因為核子武器的威力使各國都活在生死關頭當中。

[21] 從本章前面索引用之 Waltz 的論述來看，他或多或少也承認這一點。因為 Waltz 指出在多極結構之下，「誰是誰的危險，而誰又能被預期來處理威脅與各項問題，都是充滿不確定性的」（1979: 170）。

[22] 此外，當我們將焦點從兩極體系上移走時，「相對利益」所具有之顯著性也會相對降低的事實，也顯示出極為類似的結果。請參考 Snidal（1991a）。

[23] Snyder 後來又將個體特質區分為下列幾種：偏好，其重要性我們在第二章中已經討論過；認知觀念，其重要性我們在本章中已透過解釋其與威脅和能力的差異，而作了概略的說明；最後則是（內部的）互動，而這就是與政體類型不同之所謂的「第二典型」的內在結構差異。

[24] 此外，Snyder也指出在同盟之間，對於相對利益的考量亦有可能得到
緩和（1997: 22）。也因此，在結盟關係之下，將很難判斷究竟國家是
因為恐懼而採取行動，或者是因為想要獲得相對利益而行動。

[25] 關於此項論點的理論與歷史性探討，請參考Glaser and Kaufmann
（1988）、Van Evera（1998），以及Quester（1977）。

[26] 在一個私下的場合，Snyder曾指出，他現在已經相信這些因素應該被
描述為結構的（比較微弱的）一部分。

第五章

制度與國際社會

　　過去十年來，就國際理論的探討而言，美國內部各界總是在現實主義與自由制度主義之間爭論不休。[1]但是，正如同我在第二章最後所提出的意見，這種認知其實根本就是被誤導了。現實主義與制度主義——或者是任何其它理論或研究途徑——並不是彼此的替代品。這兩個理論基本上乃是「相互競爭」的研究途徑，換言之，它們所探討的對象根本上是不相同的，因此對特定案例來說，它們只能提供「較好」或「較差」——至少是不同的——解釋與見解。

　　不過，現實主義者對於國際制度的批評也確實點出了兩個重要的問題。第一，國際制度的影響力原則上有多強大？第二，國際制度對於當前的國際關係又有何實際上的影響？或者，讓我們以現實主義的面向來看這些問題，亦即，結構現實主義是否能夠完全不理會（排除）國際制度的存在呢？就我個人的看法而言，我認為答案絕對是否定的。

　　我之所以選擇使用「制度」一詞，來廣泛地指涉根據正式或非正式的規則與協議所產生之各項規則性的互動模式，乃是因為這種用法常見於各界對國際關係領域的探討之中。因此，若將制度的範圍更放大一些，則應該也包括官僚組織在內（官僚組織就等同於較狹隘的制度概念）。[2]綜而言之，制度包括了各種社會性的實踐，諸如親屬關係、君主關係、財產、承諾（前途）、同盟、主權，以及國際法等。制度提供了一個複雜的關係網絡，在這個網絡之下，社會互動得以形塑及交流。

　　規範，也就是一般人所認知的所謂指導性規則或法則，乃是許多制度必然會具備的要素之一。經由規範的設立，將可進一步建立形塑、限制、賦予能力，乃至於是建構國家與其它國

際行爲者的各項法規、角色，以及內涵。[3]儘管「規範與制度」
的說法可能有些贅言，但是爲了強調國際制度的規定與規範面
向，在本章中，我仍將採用此詞句。

國際制度的影響

在他一篇廣爲人之且極富挑釁意味的論文〈國際制度的虛
無前景〉（"The False Promise of International institutions"）裡，
John Mearsheimer曾提出一項嚴正且極度失望的論點，他認爲
「制度對國家行爲的影響實在太小」（1994/95: 7）。後來，他更
進一步指出「制度無法使國家停止成爲短期的權力極大化者」
（1995: 82）。根據此一常見的現實主義論點，制度基本上根本
可以被予以忽略，因爲它們對於無政府狀態下的國家之利益或
互動，幾乎不能產生任何顯著的影響。然而，我認爲這是「毫
無效力的論點」（the no effects thesis）。

豪無效力的論點

Mearsheimer主要的研究重心在於安全關係。也因此，他所
認知的制度效力，自然指的就是「穩定」，也就是他所謂的「沒
有任何戰爭及重大危機」的局勢（1994/95: 6 n. 8）。國際制度
是否能夠減少在國家間所發生之暴力衝突的次數、發生的頻
率、危險性、強度，或者是減少可能引發戰爭的非暴力衝突
呢？這個問題的確是檢證國際制度具有多大效力的合理質疑。

現實主義者向來認為制度無法對安全關係產生一定的影響、效力，因此，如果制度真的能夠發揮效力，那麼我們自然就可以堅定地駁斥此一「毫無效力的論點」了。

儘管如此，Mearsheimer卻反而提出一個相當不合理的檢證測試。他提出「制度是否能夠促進和平」等議題（1994/95: 15）。同時他也對「和平」做出了特別的定義，而使整個測試變得相當荒謬。他認為「真正的和平，或者是一個國家不會相互競逐權力的世界，是不可能存在的」（1994/95: 9）。「和平，如果將其概念定義為一個平穩或相互和諧的狀態，將是很難發生在這個世界上的」（Mearsheimer 1994/95: 12）。

事實上，在許多層級節制的政治秩序（政治實體）下，其實也不存在著穩定與相互和諧的局勢。然而，這並非就意謂著國內政治制度完全沒有效力。同樣地，缺少一「真正和平」，與國際制度是否具有促進穩定與安全關係的效能，也是沒有任何干係。尤有甚者，就算是在一個制度對國際穩定產生重大效力的世界裡，安全競爭，甚至是戰爭，都有可能持續地發生。

所謂具有效力，也就是能夠產生某種改變，或引發某種結果：正如同《牛津英語字典》（*Oxford English Dictionary*）裡的定義一般，效力就是具有「能發揮作用的影響。」若我們用比較堅決有力的方式來說，當我們說某個行為者很有影響力時，就是代表其所能引發的結果就確實是他要的結果（或者至少是他想要的）。儘管如此，要達到「真正的和平」，不僅僅需要國際制度能夠發揮效力，同時也需要這些制度能夠完全改善整個國際關係的特質。顯而易見的，這根本就是一種相當荒謬可笑的說法──而且根本與事實不符，若我們以這個標準作為衡量

基礎，那麼就連權力平衡政治理論也沒辦法對國際和平或穩定產生任何效力了。

混淆因果

除了上述不合理的看法外，Mewarshiemer還提出了另外一項虛假的議題。他認為制度其實「就是以強權國的利益計算為基礎」（1994/ 95: 7）。他似乎是假設如果制度是以（強權）力量或自我利益為依據，也就代表著制度毫無效力可言。但是，這種看法卻是混淆了立論的因果關係。

先讓我們假設在純粹基於利己因素下，我同意簽署某項契約。如果在我必須依照契約完成自己的責任，但是我卻依舊我行我素，就好像我根本沒有簽署此項契約一樣，那麼，我們或許就可以合理地說，這份契約對我的行為根本沒有任何拘束效力。[4] 但是，如果在沒有簽署該份契約的情況下，我仍然願意完成若干相同的責任，那麼毫無疑問地該契約是具有效力的。換言之，制度的效力不能只從其根源來判斷。

儘管如此，Mearsheimer卻對自由制度主義持有不同看法，他認為該理論是基於欺騙是國際合作的主要約束力的信仰，而制度只是提供了解決此一問題的方法。換言之，制度的目的就是要制定限制國家的法規，而不是要去挑戰現實主義認為國家是自利之行為者的基本論點（Mearsheimer 1994/95: 14）。

然而，就算他的看法是正確的，但，這與「毫無效力的論

點」也沒有任何關係。Mearsheimer的立場已經從現實主義對無
政府狀態、衝突以及為了生存而鬥爭的前提,轉變至理性的前
提,在此,他即是指國家追求其自我利益的論點。然而,正如
我們在第二章中所討論到的內容,理性乃是一個被許多非現實
主義者所共同分享的理論前提。

　　現實主義者與自由制度主義者的確都假設國家追求其自我
利益;換句話說,他們都承認國家是自利理性的。然而,他們
對於理性自利卻抱持著相當不同的重大見解。Mearsheimer認為
國家是「短期的權力極大化者。」而自由主義者則認為「理性
的」國家是那些追求長期利益的國家。他們也因此引申出對國
際制度的解釋,認為其與「毫無效力的論點」是相互矛盾的。
藉由提供消除欺騙的保證,制度或能以合作的方式改變國家的
行為,而這也是其它方法所不可能做得到的。簡而言之,制度
的確「挑戰了現實主義認為國家是自利之行為者的基本論述」,
也就是對Mearsheimer的論點(國家是短期的權力極大化者)提
出了有力的駁斥。

　　讓我們再思考Mearsheimer的另一論點。他認為「實際上同
盟確實是會導致和平,但卻是透過嚇阻的方式獲致和平,而這
根本就是現實主義所做出之行為」(1995: 83)。然而,就算我
們同意現實主義者確實擁有對嚇阻的「專利」,但是這也並非就
代表同盟一點效力都沒有。此外,就算最後產生的結果十分類
似,也有可能是透過截然不同的行動所獲致,此說法或許也能
夠作為同盟的確具有若干效力的解釋理由。舉例來說,如果透
過制度化的合作能夠增加嚇阻敵人的成功率,那麼我們或許就
可說制度確實具有導致「相同」結果的效力。只要過程有所改

變，制度就可以被看成是具有效力的。

「北大西洋公約組織（North Atlantic Treaty Organization，簡稱NATO）乃是冷戰時期歐洲兩極權力分配下的一種表徵，而眞正提供維持歐洲大陸穩定的關鍵，乃是權力平衡的局勢，而非是北約本身」（Mearsheimer 1994/95: 14）。這個看法或許是對的。然而，單靠兩極體系本身，並無法導致歐洲的穩定局面。在確保維持穩定的事實上，北約的確發揮了它的效力。

我們再以西元一九九一年，美國率領盟軍對抗伊拉克（Iraq）爲例。就算我們承認美國出兵的原因是爲了滿足國家利益——石油、區域安全，以及國際穩定——制度與規範性因素卻也是美國願意付出本身力量來實踐這些目標的主要考量。此外，沒有聯合國此一國際組織的授權，許多美國人以及許多歐洲與中東地區的「盟國」，也不太願意加入聯合軍隊的陣容。甚而，如果不是基於區域整合的原則，單憑狹隘的經濟與安全利益考量，將不足以獲致如此廣泛的國家與國際支持。

不過，由於在主要盟國之間或多或少有非志願性的支持，因此美國在發動戰爭的時候或許就會遇到更多的困難，同時也需要付出更多的代價。但是，戰爭一旦發動，在缺乏廣泛國際性支持（或至少服從）的情況下，美國或許就會有不同應變方式。換言之，就算戰爭最後的結局可能沒有多大的不同，但是其意義與結果肯定有所不同。因此，如果說國際規範與制度不具有任何效力，可說是既不正確也不具合理的論點。

此外，在Mearsheimer的論述裡，我們也可看到他提出的另外一個類似的藉口。Mearsheimer認爲「協議（或一致性行動）基本上就反映了權力平衡，因此與現實主義並無二致」

（1994/95: 35）。但是這並不表示協議就對國家的行為沒有任何的影響力。如果國家能夠夠過制度化的合作而達到那些透過非制度化的平衡政策所達到的結果，那麼協議（一致性行動）就必定具有一定程度上的效力。

即便我們同意「權力平衡是自變數…制度只是一個中介變數而已」（Mearsheimer 1994/95: 13），但，「中介變數」也能具有相當重要的影響力。此外，制度也不是依變數。它們的效力與「自變數」完全無關；換言之，儘管沒有明白將其界定為「自變數」，但它們本身就是獨立的變數。尤有甚者，如果某個制度能夠完成與原先創立時不同的功能或達到額外的功能，就如同北約的情況一般，那麼這種「獨立的」效力就更為可觀了。[5]

Mearsheimer提出之許多反對國際制度的論點都是以國際制度的起因、組成動機，或者是制度所追求的目標為其抨擊的目標，而不是以國際制度的效力為其標的。同時，他也從未對「毫無效力的論點」之說法，提出任何現實主義的反駁：如果國際制度真的毫無用處效力可言，為什麼理性、自利的國家會願意浪費金錢與心力而組成、加入國際制度？

安全制度與無政府狀態的危險

「國家之間的合作有其限度，主要是因為受到極具支配性的安全競爭之邏輯所侷限，而這樣的邏輯是無法透過合作所消除的」（1994/95: 9）。然而，表面上來看，此一論點實在與前面所說的「毫無效力的論點」沒有任何關連：當制度具有其獨立發

生之效力時，合作仍有可能受到限制。但是，如果達到合作的困難度阻絕了制度的形成，那麼在沒有任何制度的情況下，自然也就沒有任何效力可言。當Mearsheimer認為自由制度主義「是不切實際的論點，因為只要當國家的利益根本上是相互衝突的，而且沒有任何一造認為它可從合作中獲得足夠之利益時，合作自然不可能出現」(1994/95: 15)，此一說法，也就代表了Mearsheimer個人對「毫無效力的論點」所提出之狹隘的看法。

套一句現在流行的話來說，「才怪！」(duhhhhh！) 如果國家根本不想合作，當然它們就不可能組成任何合作性的制度機構。此一說法的任何重要性，都是因為以下這個模糊的主張而來：亦即，處在安全領域中的國家往往不會想要互相合作，因為它們都擔心無政府狀態的危險。事實上，如果因為無政府狀態下可能出現的危險，使得從未出現任何的安全性制度，那麼制度本身自然就不可能產出任何確保安全性的效力。

然而，究竟整個環境要多麼危險才稱得上是無政府狀態呢？根據Mearshiemer的看法，他引用了「軍事領域中的『背叛的特別危險』」，來回答這個問題，因為軍事裝備的本質能夠使整個結構的權力平衡快速地被改變」(1994/95: 13)。不過，事實上卻非如此。當防禦政策具有特別強大的利基時，防禦者將能夠相當輕易地抵擋一個潛在的侵略性軍事對手。甚而，即便採用防禦政策是居於劣勢的決定，透過監督的方式，或許也能夠提供防禦者（國家）及時、足夠的警告，以便使他們能夠阻止背叛者顛覆整個權力平衡的結構。

Mearsheimer另外也主張在安全關係裡，「總是存在著背叛可能導致嚴重的軍事潰敗此一不變的威脅」(1994/95: 19)。但

是，一直與美國保持緊密軍事合作的加拿大卻從未感受到此種恐懼。因為合作與相互信任的模式已然制度化，所以任何一方都毋須害怕會被其他人背叛。我們甚至能夠進一步指出所謂的「安全社群」（security communities）的說法，此乃是指在那種範圍裡，國家可以相當自信地認為，所有的爭論將不會透過相互威脅或使用武力的方式來獲致解決（Adler and Barnet 1998）。舉例來說，北歐國家不但願意採取軍事合作，而且就從未擔心會有背叛的可能發生。此外，即使對德國的鄰國對其普遍存有「恐懼」，但是卻也從來沒有認真考慮過德國會有發動攻擊的可能。

而Mearsheimer又是如何看待這些明顯的證據呢？我認為我們必須再次思考他對於「效力」與「和平」的混淆看法。「現實主義的」安全競爭持續在安全社群之外上演，同時甚至在許多盟國之間發生。就消弭衝突的面向來看，合作並不能導致和平。不過，當他不厭其煩地（或者是不太過分地）要求我們要面對衝突的現實本質時，Mearsheimer卻誤解了合作的現實性與其效力。Mearsheimer犯了與Waltz同樣的錯誤，他被國際無政府狀態的事實所矇騙，因而無法正確的評斷，甚至是注意到在那種環境下，仍有可能存有若干層級節制與制度化合作的特質。

將討論之焦點從制度的效力，轉移到例如和平與合作的議題，也同時反映出我們所認為現實主義往往以過度概括之方式，甚至是極為誇大的觀點作為其解釋策略的一項重要見解。不可諱言，無政府狀態的確存有若干影響合作發生的重大問題。此外，這也的確點出了國際關係的許多重要面向。但，正

如Gilpin所言：「現實主義者的認知，乃是合作是很難達到的，尤其是在可能影響國家安全的場域、議題裡更是如此，而這種困難性更是遠遠超出自由主義者所能接受、相信的程度」（1996: 4 n. 4）。然而，我們卻可發現現實主義者全然否定制度的效力，並不是基於合作難以達到，或是因為競爭會持續發生的緣故，而是有其它的原因。

現實主義者不願嚴肅思考合作之可能性是相當危險的，因為有效的安全性合作並不僅侷限於盟國之間。舉例來說，美國與蘇聯／蘇俄的戰略武器管制建制就改變了兩個國家的行為，同時也使美、蘇兩國能夠從防禦性觀點來看，基於各自長期的利益而暫時化解彼此追求短期權力極大化的衝突。從其運作的情況來看，此建制所界定的背叛行為，以及協助兩國服從管制規定的各項相關監督機制，在實際運作上都顯現這是一個有發揮效力的制度。

儘管如此，當Mearsheimer提到這個例子時，他又一次混淆了該建制的因果關係。他認為「敵人與盟國合作。畢竟，仍然可以透過反映權力分配的情形以及滿足各國對背叛的擔心考量而達成協議。超強在冷戰期間所簽署的各項武器管制協定正顯示出此一論點」（1994/95: 13）。現實主義者用以解釋特定制度組成之原因的理由——制度反映了權力分配的情況——實際上無法解釋所謂的「毫無效力的論點」，不管從狹隘或概括的面向來看皆是如此。[6]

讓我們再以國際禁止核子擴散建制為例。由「國際原子能源總署」（International Atomic Energy Agency，簡稱IAEA）所主導的各項監督行動、核子武器裝備供應國所達成之正式與非

正式合作協議，以及國際核子不擴散規範所展現的勸誘能力，都相當程度地改變了核子國家與非核子國家的安全政策。此建制不但鼓勵，同時也促使部分國家願意放棄以獲得核子武器的方式，在短期內極大化本身權力的戰略。此外，此國際建制也對若干國家的行動有所限制，例如巴西，如果沒有此建制，將很有可能會想辦法取得核子武器。即使是已經擁有核子武器的巴基斯坦等國，也被迫要修正它們繼續強化本身核子力量的計畫，同時也因為他們的計畫而付出更多代價。[7]

權力平衡——在此不是指Waltz的抽象簡化解釋，而是一種具有制度化，且有法制互動的複雜模式——也同樣是一種社會制度。如同Edwark Gulick（1967: ch. 1）所言，歐洲之所以能在十九世紀出現「古典」的權力平衡局面，乃是因為文化秩序發揮了某種程度上的效力所致。為了要發揮權力平衡的作用，該區域就需要有一定程度的文化同質性（我們稍後將再討論這個問題）、一個高度發展的國家間外交往來關係，以及行為者之間需要對維繫此體系關係有一普遍的規範性承諾。除此之外，平衡的局面也得以特定的法治方式才能呈現。舉例來說，互惠補償制度的設立就是在某個國家獲得收益時，另外一個利益攸關的國家能夠得到合理的補償。因此，當蘇聯在一八七八年擊敗土耳其，而且迫使土耳其承認塞爾維亞與羅馬尼亞的獨立後（因而使蘇聯在巴爾幹半島的勢力得到擴張），英國與奧地利就（成功地）堅持它們也必須各自得到賽浦勒斯，以及對波士尼亞與赫塞哥維納的行政控制權。如此要求，並不是因為英國與奧地利在戰爭中扮演主要的角色——事實上並沒有——而是為了要恢復巴爾幹半島與地中海以東的權力平衡局面。如果沒有此

一互惠補償的完善制度，相信結果必然會大不相同，而且也絕對不會有平衡局面的產生。[8]

　　此外，我們也可將戰爭本身視為是規範並限制暴力程度的一種制度（可與Bull 1997: ch. 8的論點相比較）。從當代所有發生過的戰爭暴力來看，國際關係必然不是Hobbes所看到的人人相互對抗的戰爭關係。而且，有一種制度化的團體行為者──國家──更宣稱自己具有不使用武力排除性權力（對國內外皆然）。[9]尤有甚者，國家大多已經同意戰爭法之下所規範之對其它國家使用武力的法則。這也相當程度解釋了目前國際間廣為重視的國際恐怖分子問題，因為這些恐怖主義者往往都是以出人意料的方式，對小部分的人民進行攻擊。他們對這個已然在使用武力之面向達到制度化的體系形成雙重的威脅：他們不但不是國家行為者，而且他們總是將其暴力行為施加在一般的平民百姓身上。

　　以安全事務的面向來看，就像國際生活裡的其它領域一般，制度化的合作是否能夠確實達到，或者是否能夠改變國家的行為，仍然是屬於經驗上的實證問題，而不是理論上的問題。此外，由此也可輕易看出前述若干安全制度的範例確實能夠發揮重要的效力。

主權、民族自決、侵略、生存

　　儘管我們已經知道國際制度可能具有若干效力，然而，這樣仍無法得到進一步的討論與資訊。其中，比較重要的議題，

乃在於究竟制度實際上具有多大的效力。在這一節的內容裡，我們將對處理「主權」、「民族自決」、「侵略」，以及這些因素對「生存」此一現實主義主要變數之影響的規範與實踐之核心要旨做進一步的探討。

主權與社會認同

正如我們在前面幾章所提到的，主權（國家）以及國家並不是國際政治中永恆存在的特質。在十六世紀時期，Machiavelli被公認為是第一個對運用國家概念（lo stato）的主要政治理論家。他認為國家基本上是一種可以分割為統治者與政治社群的制度。[10]Jean Bodin在西元一五七六年所完成之《共和六篇》（*Six Books of Commonwealth*），是第一本賦予主權概念重要地位的學術著作。不過，Bodin本人將此書從法文翻譯成拉丁文的時候，卻也將原著標題以法文寫成之「主權」（souverainete）一詞，代換成拉丁文的「最高主權自尊」（majestas）一詞，雖然兩個字有些許關連，但基本上還是具有不相同概念（Onuf 1998: 132）。

主權傳統上被界定為是最高的司法權威。[11]擁有主權，也就是意謂著不屈從於任何更高（世俗）的權威。除了上帝的介入外，沒有任何高於主權的法律可供上訴。

直到今日，我們已經認為主權是一個國家所必備之理所當然的條件。就像Jens Bartelson的看法一般，主權乃是「沒有爭議的，也就是現代政治談話中的基礎」（1995: 14）。然而，若從此一整體社群中之最高位階之法律意涵而論，就我們所知，

在這個世界的大部分地區，有許多的社會，從古至今都尚未真正實踐過主權的概念。即便是在西方世界，主權也可說是一個近代才出現的概念。

中古世紀的歐洲並不是由主權所架構起來的，而是以一個具有錯綜複雜的責任關係所組合起來的複雜網絡所組織而成。當時的權威被劃分為世俗的與宗教的領域，各領域擁有其至高的君主，而且在不同時期裡互為隸屬。某個特定的統治者往往同時具有另外一個統治者的部分權力，同時也需負擔該位統治者的部分責任。各種習俗上的規定與依律而生的權力進一步侷限了君主、主教以及地方行政官所擁有的權威。在中古世紀的世界裡，絕大多數政治社群都沒有存在任何最高的權威（在世俗間）。事實上，就連可分割的政治社群的概念都尚未清楚得到確立，基督徒與其所在之依憲法成立之社群之間的關係，在某些國家內部甚至成為重大的理論與實踐上的矛盾問題。

主權乃是一種同時具有內在（國內）與外在（國際）面向的複雜且偶發的制度。對內，主權是最高的權威。但是當某個最高權威與其它最高權威發生互動時，彼此之間卻是相互平等的。就國內面向來看，主權是以層級節制的面貌出現。若從國際面向來看，則主權是以無政府狀態的方式呈現。然而，具有最高統治權的無政府狀態，卻進一步透過相互認同，將國家鑲嵌在整個體系之內。

當代國際社會並不認為主權平等就是Hobbes所說的每個人都具備擁有每一事物的權力。相對地，主權得到相互認同後，便提出了一套嚴格之司法權的權威性全球配置。也因此，主權在運作上就更類似於經濟市場裡的財產權體系──一種我們十

分熟悉，卻總是忘記的社會制度。

　　相互主權承認的重要性可以用一七九三年George Macartney
到中國傳教的著名事蹟加以說明。[12]中國當時是一個強大且獨
立的文化與政治實體，而且認為自己是擔任世俗與上天之間的
文化與政治之接觸點的「中土之國」（The Middle Kingdom）。
同時，在清朝的皇帝更認為自己是從天上所降臨來管理世界的
代理者。而「天朝的皇帝」（Emperor of Heaven）與「西方蠻邦」
（歐州）國王的代表之間的關係，從中國的觀點來看，就是建立
在朝貢的關係之上，而代表則需在皇帝面前以屈膝伏地的方式
進行跪拜（也就是「磕頭」，kowtow）。

　　然而，在Macartney的眼裡，弘曆（Hongli），也就是乾隆
皇帝（Qianlong），不過只是另一個擁有主權的君主，其地位並
沒有比英王喬治三世（King George III）更高尚或更為卑微。也
因此，他認為屈膝伏地的儀式是服從、隸屬的象徵，而這是他
所不能接受的。對Macartney來說，認同必須是相互，且平等
的。但是，對皇帝來說，認同就是不平等的。[13]

　　一個世紀之後，透過一連串的武力與國際法上的整合，英
國與其它歐洲強權將其認知強行施加在堅決抗拒的中國之上。
後來，西方強權對中國提出的要求，不但只是禮儀上的改正。
同時，也脅迫中國皇帝接受它們提出之自由貿易，甚至包括毒
品貿易在內的嚴苛要求──英國因為中國禁止進口鴉片，而與
中國發生戰爭──以及皇帝原本拒絕之西方人得享有特別的法
律、商業、及宗教權利的要求。中國甚至被迫必須接受西方軍
隊駐紮在中國的領土之上。[14]一直到中國最後同意歐洲中心
論，以及由西方世界主導之國際社會的參與概念後，中國才被

接受成為在國際社會裡具有完整與平等地位的成員資格。那個
年代，也就是中國人所說的「不平等條約時期」(the Era of the
Unequal Treaties)。

主權的變化

　　中國的例子，說明了主權在形塑國際行為者（國家）之身
分時所扮演的角色，同時，也指出了特定主權國家與其它「個
體」在學習建構彼此關係時的重要性。西方國家對中國提出諸
多要求之本質，同時也指出了主權力量在本質上的可變化性。
這兩種變化性，一直到今日都還是相當重要。

　　最晚從一九七〇年代開始，分析者就開始探究主權在面對
互賴局勢時──或者用我們今日較常使用的詞句，也就是全球
化──所發生之衰退情形。基本上，現實主義者通常會以強調
主權國家持續為國際社會之中心的說法，作為回應的論點。我
認為這兩種說法雖然都是正確的，但是他們的構想卻似乎有所
偏頗。

　　實際上，許多以往由國家所壟斷操控的功能，今日已經悄
悄地從國家政府的手中溜走，而不受它們的控制。但是，這其
中有許多功能都是晚近以來才開始出現的。舉例來說，國家對
於貨幣供給的控制，就不是一個世紀以前，那種以黃金價格作
為標準之全盛時期的主權國家的特質。不過，此種控制力卻已
經因為全球貨幣市場（以及在歐洲的區域性制度組織）的系統
化影響而下降。此外，對國家邊界的控制，則是另外一項在今
日看來已經越來越珍貴的主權國家特質。然而，作為封閉邊界

之最終象徵的護照，在兩百年前卻根本還未出現。換言之，過去的人們根本從未想過，排除移民的能力竟然是與主權息息相關。

不可諱言，主權國家的「基本」特質總是不停地在變化。現今我們對國家的定義，以Max Weber的觀點來看，是指一個擁有武力的合法獨斷使用權的制度組織。但是，一直到十九世紀，傭兵制度卻還是國際關係裡經常出現的一項特質（Thomson 1994）。在十六世紀，傭兵則是歐洲國家相互為恃的主要工具。換言之，國家當時是租用了軍事力量，而不是擁有軍事力量。國家對於軍隊根本沒有壟斷性的控制力。

另一方面，就連主權國家的臣屬人民也有所改變。今日，我們會認為主權是由國家或人民所掌握，同時也具有一固定領土。但是在現代歐洲早期，國王卻擁有個人或整個王朝的主權，同時也透過血統與聯姻的方式而將權力傳遞下去。因此，在十七世紀初，當蘇格蘭的國王詹姆士六世（James VI）繼承了對英格蘭的統治權後，他就成為英格蘭的國王（也就是後來的英王詹姆士一世，James I）。到了十七世紀末，當詹姆士二世（James II）所信仰的天主教義（Catholicism）因為過於偏激而無法被接受時，他的臣民紛紛投靠詹姆士王的姻親，但卻是信仰新教的荷蘭王子。

主權的本質賦予國內與國際政治一項特殊的特質。而王朝對於領土的轉讓決定，也對國際關係的本質有深遠的影響結果。舉例來說，婚姻可是說一項高超的政治權術，而戰爭之所以會爆發，則往往都是為了因婚姻而產生之爭議性的繼承權所致，但是到了十九世紀與二十世紀時，領土爭議已經取而代之

成為戰爭爆發的主要原因，繼承權之爭，不過是個藉口而已。
例如，西班牙繼承權之戰（The War of the Spanish
Succession），暫且不管是否有其它利益牽涉其中，其本身根本
不可能成為戰爭，因為事實上完全沒有存在所謂繼承權的爭議
問題。

　　目前對於主權轉讓的相關討論，主要傾向於從行為者具
有，或不具有主權的角度來探討。然而，進入二十世紀之後，
國家社會開始認可一個大範圍的「不完美」主權的存在。實證
國際法承認以下十一種不同的國家身分：邦聯（例如1781年至
1789年的美國邦聯、1815年至1866年的德國邦聯）；封建制度
下的諸侯國（例如曾隸屬於土耳其的羅馬尼亞〔1829年至1878
年〕與埃及〔1840年至1914年〕）；受保護國（例如愛奧尼亞群
島〔Ionian Islands，1815年至1863年〕、摩洛哥〔Morocoo，
1906年至1911年〕、埃及〔1914年至1924年〕）；行政省（例如
波士尼亞與赫塞哥維納，雖然曾在1878年至1908年間，受到奧
匈帝國〔Austria-Hungary〕的控制，但卻未與之合併）；自我
統治的英屬自治領（Dominions，例如加拿大、澳大利亞、紐西
蘭、南非等到1919年都還不具有國際間合法國格的區域）；殖
民地、國際聯盟（League of Nations，簡稱國聯）的託管地、中
立國（例如1815年後的瑞士，以及1867年後的盧森堡）；自由
城市（free cities，例如維也納會議〔Congress of Vienna〕後的
克拉科夫〔Krakow，波蘭南方的一個城市〕，以及兩次大戰間
的丹齊格〔Danzig〕）；北美洲的原住民與南非「部落」（向來
都被認為具有準主權的地位）；私下聯盟（例如1714年至1837
年間的英國與漢諾威市〔Hanover〕間的關係）；以及其它許多

不同的「關係」，也就是Charles Fenwick所說的「不正常」的關係（例如美國在古巴與巴拿馬等地的大規模協議權力）。[15]

雖然西方強權在中國享有治外法權，但這只是限制了中國行使主權的權力，而不是消除中國的主權。根據學者的看法，強權在日本與暹羅也曾經享有一段較短的治外法權時期（Gong 1984: chs. 6,7）。此外，西方社會與鄂圖曼帝國的「協定條約」建制關係，也與治外法權關係有所類似。[16]同時，我們也應該注意到歐洲國家在實際外交運作上，一直到十九世紀都還沒有以正式對等的地位來看待其它主權國家，相對地，歐洲國家對其它主權國家的態度是漸進式的階段性承認（Wheaton 1936〔1866〕: sect. 152-160）。即使到了今天，從強權國家具有聯合國安理會的永久成員國地位，以及投票時的絕對性否決權的事實，我們不難看出它們在世界上仍然佔有一定的特殊地位。

在二十世紀晚期，諸如波多黎各與安道爾共和國這類擁有「準主權」之政治實體，已經是越來越少了。然而，這種實體確實曾經是在國際關係中相當常見的特質。主權平等的信念隨著時空轉移而不斷地演變，今日我們認為主權、生存，以及獨立或可比擬為同一種概念——但是在一個世紀之前，這些概念根本就完全不相同。不過，就在我完成此書的修訂工作時，關於柯索夫是否需要接受國際社會的託管保護爭論正方興未艾，這也正指出了「準主權國家」或許在當前國際關係中有可能重新取得其重要性。

眾所周知，今日的國家組成已經比十八世紀與十九世紀時期的國家具有更高的同質性。儘管Waltz可能抱持不同的看法（1979: 76, 93-97），但是這並非是無政府狀態下所必然出現的結

果。基於主權平等主義，國家在正式權責關係上的同質性，乃是形成國家社會進程中，極為複雜的規範性與制度性過程結果。當我們討論到民族自決主義的發展時，讀者將會對這項概念有更清楚的瞭解。

民族自決與不干涉

大約一百年前，絕大多數西方人都認為他們擁有控制所有非洲與大部分南亞與東南亞地區的權力，不但是人人都可接受的事實，而且也是正當合理的事實。但是，從1947年開始，印度與印尼等地開始出現去殖民地的抗爭，同時也徹底地改變了整個世界的版圖，這種情況在1957年迦納獨立之後，更加甚囂塵上。在1957年時，聯合國共有七十八個會員國。到了1967年，其成員國增加到一百二十三個，幾乎成長約百分之六十。在1981年時，聯合國會員國的數目更比1957年時增加兩倍，一共有一百五十六個成員國。1945年後，已經有超過七億五千萬的人口居住在非自治的區域裡。不過，到了1990年，儘管全球人口大幅度的成長，但是卻只有兩百萬人左右居住在約十八個非自治的區域裡。

國際政治之中，行為者數目的根本改變，與能力之分配其實並沒有任何關連性。貝里斯、波扎那、巴林以及汶萊等國並沒有積極尋求擺脫英國之控制而獨立，同時，這些國家也沒有試圖對整個國際或區域性的權力平衡造成改變，而要求另一個強權取英國之地位而代之。事實上，在過去四十年內建立的許多國家，都沒有具被自我防衛的最低能力。也因此，它們只好

依附強權而獲得生存的保障。

此外，有許多這類國家最重要的「權力」來源，就是來自於國際社會對他們的認同。這些「準國家」，借用Robert Jackson（1990）這個無謂煽動性的字眼，它們的存在其實必須歸功於民族自決主義的散播，以及整個國際社會觀念的改變。另一方面，人類、領土，以及政府間的關係，伴隨著這些因素而來的變化，也已經與能力分配造成的變動大不相同了。[17]

接著，讓我們思考「干涉」這個議題。[18] 一般來說，根據國家概念而來的主權合理化必然結果就是「不受外力之干涉」（non-intervention）。換言之，A若擁有主權，則B就必須承擔不干涉（A）的責任。這種觀點從某種方面來看是對的。但是這種不被允許的干涉介入之形式與範圍，卻已經有了極大的轉變，因此，主權（國家）所擁有的權力也受到影響。

一個世紀以前，西方公民與企業在中國、在鄂圖曼帝國，以及在其它「半文明」[19] 的國家中所享有之治外法權，不但被認為是符合主權平等的概念，同時也是強調此一概念下的自然發展結果。西方國家往往以最低限度的國際行為標準來替自己所享有的特別權力辯護。或許主權國家可以剝奪國內公民的這些特權，但是卻不能合法地拒絕給予其它國家公民這些特殊的權力，因為主權國家對外籍人士並不享有最高的司法審判權。同樣地，強權對於其它弱小國家的軍事干涉行動──例如傷害國家尊嚴、索討欠債、保護基督教徒與傳教士、確保「自由」貿易與投資、或者是改變、確保同盟關係──則是國際關係中，可被接受的部分。也因此，Edward Gulick就認為干涉乃是十九世紀歐洲全盛時期時，賴以維持權力平衡的八項主要工具

之一（1967: 62-65）。

在那段「美好的舊時光」裡——當人類是人類，而白人統治整個世界之時（when men were men and white men ruled the world）——強者為所欲為的現象時常可見，而弱者只能，也必須忍受各種不公平的對待。儘管如此，這可能有點過於誇大了。從今時的觀點來看，這也不是一個很好的基本概括說法。

今日，弱者依舊得忍受不公平對待。但是強者能夠為所欲為的範圍已經有了很大的改變。如果某個國家威脅要拖欠甚至不願意償還它的外債，我們很難想像西方國家的海軍艦隊會因此而對該國的首都進行攻擊。事實上，這種情況根本不可能發生。舉例來說，即使美國不樂見中美洲出現「香蕉共和國」（banana republic），它也不能夠再派遣海軍陸戰隊到當地執行恢復「秩序」的行動了。（譯者按：所謂「香蕉共和國」，是指只靠出口香蕉，經濟受外資控制的中美洲小國。）

這些改變，不但出現在強權國之間的軍事資源之相對平衡上，或是發生於弱國與強權之間能力上的平衡，同時也因為民族自決與主權平等概念發生改變的影響，而出現在與主權和干涉有關的規範與常規之上。因此，有許多強權國家過去能夠恣意而作的行為，在今日，它們已經不能夠再做了。

侵略與生存

這種規範性與制度性的改變，同時也已經改變了武力在國際關係中所扮演的角色。在十九世紀時，主權國家擁有發動戰爭的絕對權力。每一個國家可以自由選擇想要攻擊的目標，而

且不管原因爲何，都被認爲是合理適切的。正如一篇以Hobbes
觀點出發的重要法律文獻指出，每個國家擁有

> 使用武力的權力，因爲這乃是能夠避免其他行爲者將
> 損害強行施加於國家之上的唯一工具，同樣地，如果人類
> 不是生存在文明法治社會裡，那麼這也將是個人能夠使用
> 武力的原因之一。每一個國家也被賦予能夠判斷自己行爲
> 的權力，同時也能從損害之類型與損害之程度來判斷其決
> 定使用武力之正當性（Wheaton 1936〔1866〕：§290）。

實際上，此一主義也的確相當受到重視。因此Gulick也將
戰爭列爲是維繫權力政治平衡的另外一項主要工具（1967: 87-
91）。

讓我們看一下〈聯合國憲章〉（United Nations Charter）的
第二條第四款，其內容可代表當前國際社會對使用武力之基本
看法與規範：「各會員國在其國際關係上不得使用威脅或武
力，侵害任何國家之領土完整或政治獨立。」我們稍早已經看
到關於此項禁止使用武力以侵害其他國家的政治獨立之限制的
實際效力。而關於禁止使用武力以擴增領土的限制，則是更根
深蒂固於當代國際關係之上。

在第一次世界大戰期間，武力一直（不斷重新）塑造國際
疆界的形貌。國家也在戰爭中反覆地衰敗滅亡與獲得重生。奧
匈帝國在第一次世界大戰後瓦解凸顯了下列意涵：即使是強
權，也只有繼續不斷保持本身的強大，才能確保生存。從整個
西方歷史來看，絕大多數的國家都是不斷面臨著併吞與分割的
危險局面。

　　不過，情況已經有了很大的改變。中國在西元一九五一年
併吞西藏，可說是主權國家最後一次以強制性方式擴增領土，
因而具有重大的意義。以色列對「佔領區」的控制不但沒有得
到任何國家的承認，同時也不被認為是永久性的舉動。此外，
除了土耳其之外，也沒有任何國家承認賽浦勒斯被瓜分的事
實。[20]同樣地，印尼在一九七五年強行併吞東帝汶的舉動，也
不被國際社會所接受。最後，伊拉克入侵科威特之後，不但立
即遭到科威特盟國的強行驅逐，同時也遭到來自原先同情它們
的國家的嚴正譴責。

　　事實上，多數國家今日所享有之領土完整與政治獨立的權
利，與其擁有多少軍事資源或者是能力的國際性分配，其實並
沒有很大的關聯性。[21]相對地，這些權利反而與下列各項因素
有關：宣稱侵略性戰爭之不合法性的效力、關於主權、民族自
決、不干涉主義的國際規範的改變。的確，已經有超過一打以
上的國家仿效哥斯大黎加的行為，廢除了對於國家安全或者是
未來生存前景沒有任何影響的軍隊。

　　從過去半個世紀以來，軍事力量與對領土之控制權的重要
性，已經出現相當程度地減弱──而且不是只有在「準國家」
中是如此。即使是擁有強大軍事資源的國家，它們之所以能夠
確保主權之完整，其實與它們強大的嚇阻或防禦性力量沒有多
大關係，真正關鍵性的因素在於整個國際體系對於領土完整原
則的認可與接受。但是，武力仍然沒有被排除在國際關係之
外。舉例來說，那些因為伊拉克入侵科威特、美國強力轟炸，
以及國際社會對伊拉克實施禁運而死亡的人民；在波士尼亞與
克羅埃西亞發生的種族清洗；車臣人、俄羅斯人、亞美尼亞

人、亞賽拜然人、奧謝特人，以及其它高加索地區之人民所承受的痛苦，這都是武力在國際關係中的表現結果。不過，以武力來擴大國家領土範圍的例子，則是已經不再經常發生。此外，或許最令人感到驚訝，也是最幸運的是，過去半個世紀中，沒有任何強權國以武力之方式進一步擴大自己的疆域版圖。

因此，生存已經不再是當前國際關係裡的重大問題。儘管過去國家滅亡的事件隨時可見，但這在今日已經是不太可能發生的事情了。[22]事實上，後冷戰的國際社會已經採取了多項作為，以防止國家遭到滅亡的命運，或是至少試圖否認國家滅亡的發生。對那些逐漸衰亡，或已經衰敗的國家，例如索馬利亞、波士尼亞、賴比瑞亞，以及剛果，許多區域性與國際性強權及制度組織不但反對像過去幾個世紀一般，將這些國家予以併吞或瓜分，相對地，它們已經採取了許多必要的、花費龐大的努力來確保這些國家的繼續生存。

今時今日，多數國家已經不必透過追求權利與財富的方式來增加國家生存的機率——其實國家的生存早已得到將近百分之百的保證。真正值得國家注意的，已經不是能否繼續生存的問題，而是如何得到更好（或更糟）的生存方式。我們發現，國家就算是與強大的鄰國進行鬥爭以得到更多自治權，其真正的目標也不是在於增加生存的機會。國家追求更多自治權的確切原因，在於獲致其內在的價值，或者是以取得更具優勢的談判地位而得到更好的生存方式。

國際無政府狀態依然存在。然而，對於生存的恐懼，卻已經不是形成國家動機的重大要素。儘管許多國家——例如以色

列——的確對其生存感到恐懼與疑慮。若是一個世紀以前，此類國家可能是國際社會中的常態。但是在今日，它們可說是極為少數的例外。實際上，許多較大的強權國之所以繼續維繫其軍事力量，並不是為了確保其國家生存，而是為了保護許多「較小」的國家利益。儘管理論家與政策制定者重視的仍然是國家生存，但是不管從任何認真嚴肅的角度來看，目前真正的國家利益與生存之間，卻是維繫著一種相當稀薄、平淡，甚且是十分荒誕不實的關聯性。

當國家生存發生危險，同時任何面向都遭受威脅時，Hobbes提出之人人相互為戰的論點，就可以被視為是該種國際關係的極佳模型。但是，今日的世界局勢卻非如此——但，這也不是Waltz所說的，因為「結構」有任何改變所致。國家生存的重要性之所以會有如此極端的滑落，乃是因為國際規範與制度發生改變，同時，包括在軍事與非軍事科技、主要強權的利益與價值觀，以及許多其它「非結構」因素之面向上的改變，都是我們在思考當前國際政治為何會發生改變時所必須要一併考慮的原因。

在第二章中，我們發現就算是最講究「現實主義」考量的國家，有時也會因為某些除了國家生存以外之動機因素而採取必要之行動。在此，我們已經瞭解到規範與制度上的變化，確實會斷然地改變國家所欲平衡之「威脅」所具有的特性。事實上，國家追求生存的努力程度，可說是在國家互動之大環境下的一個制度性結構函數。因此，一個完善的國際政治理論必須說明之標的，不僅要包括國家的特質，同時也必須能夠解釋國家互動之大環境裡的規範性、制度性，以及關聯性特質。

的確，在某些特定的無政府環境下，把國家生存的重要性
提升至最高的考量，或許具有一定的意義。但是，無政府狀態
卻不是一個不可避免的結果。尤其，無政府狀態更不是當前世
界局勢裡之國際關係的重要特質。

現實主義者的反駁

當我指出規範與制度所引起之效力時，或許有人可以輕易
料想得到現實主義者會將這些效力歸功於一種「更深的」物質
力量。Mearsheimer曾指出：「現實主義者相信國家行為主要是
受到國際體系的物質結構所形塑而成」（1995: 91）。如果規範
與制度只是「這個世界上之權力分配的映象」（Mearsheimer
199495: 7），那麼現實主義者或許就可能會認為規範與制度而
生的效力，未必真的是「自動」產生的了。

然而，此一論點卻仍然還是混淆了是非因果。讓我們來看
一個相似的國內例子。即使我們承認國家所擁有之權力，為整
個體系提供了合法的法律與制度基礎，但是不可否認的，此一
法定體制可能——在許多國家的確如此——會限制了國家權力
之運作與實踐。若只是因為Ａ導致Ｂ，就認為Ｂ對整個世界是
毫無影響的看法，是大錯特錯的。因為，即使Ａ就是導致Ｂ發
生的唯一因素，Ｂ仍然可能「自發性」的效力，甚至有可能是
對Ａ產生影響。事實上，這也不是一個理論上的問題，而是經
驗實證上的問題。

現實主義者必須能夠證實，在不考慮規範或制度，而且必

須是在付出之代價可被接受的情況下，仍有可能導致相同的結果。然而，從表面上來看，這個推論是不可能為真的。的確，如果強權國家能夠自行完成同樣的目標，為什麼它們還願意採用可能會使它們掉入侷限性法律與程序的規範與制度？

　　事實上，就連理性的利己主義者也時常渴求並利用國際制度，以達到所欲之目的。舉例來說，之所以會發生「囚徒困境」的情況，正是因為缺乏一套有效的制度可以監督並強迫各造確實服從、執行協議。如果一個以合作為最終目標的協議能夠得到完善的管理與監督，那麼也就不可能會發生任何的困境了。此外，當行為者因為不能解決利弊之間如何由各造分擔的爭議，而無法對究竟該採用哪一個合作性協定做出決定時，就會出現另外一種集體行動下的問題。也因此，除非透過制度化決策過程的運作，否則是很難能夠獲致合作的可能。

　　除此之外，制度同時也能夠減少「交易成本」，也就是為了達到一個所欲之目標，而必須投資的時間與資源。如果能夠訂定法則來處理未來可能發生的特定情境，那麼行為者也就不需要針對每一個個案而進行重複的談判。正因為規範與制度對整個體系提供了秩序與可預測性，因此國家就能夠為其所欲為，換言之，這也代表著國家在各種不同的環境之下，都能夠去追求相當廣泛的利益（只要符合規範與制度）。

　　Mearsheimer所認知到的現實主義，並沒有針對制度提出一項實證性的反對論點，相對地，卻反映了另一種哲學傾向，而直接否認了規範與制度的實存現實。若此觀點為真，則此項哲學觀點的擁護者或許就不會在他們的著作中，對規範與制度的影響性與地位作進一步的考量。事實上，這些特質究竟是否真

的無關緊要，不具重要性，而可被加以忽略，乃是關於實證經驗上的問題。而那些拒絕接受這種簡化的、物質性哲學的人，則仍然可以找到許多很好的理由，可以對國際規範與制度的潛在性角色作更深入的探討與研究。

另一個現實主義者，Waltz，也提出了另外一個與Mearsheimer之論點有些微不同，但同樣不具效力的反駁說法。他認為：「規則、制度、以及合作的模式，當這些特質在一個自助體系中發展時，其發展程度將會受到限制，同時也會被體系所進一步修正，而與其原先目標大不相同」（1986: 336）。從此觀之，Waltz混淆了經驗上與理論上的論點看法。的確，有些規則或許在特定的自助體系下，會比在特定層級節制的秩序下，受到更多發展程度上的限制。然而，重要的是，其他規則卻未必會遇到同樣的限制。

就算「一般的」無政府秩序確實比層級節制秩序擁有比較少的規則與較低程度的制度化，這卻也沒有傳達在任何特定秩序裡，不管是在無政府狀態或層級節制之下，任何關於規則與制度的本質與特性的訊息。所謂現實主義的途徑只是約略點出了一個（錯誤的）趨勢：因為大多數的電影都是商業化且落於俗套的，所以就可以一概而論，認為所有電影都是一樣的。這種歸納，或許簡化了影評家的生活方式，但是卻不能當成是電影工業的一項有用正確的運作規則——對那些依賴影評家分析的觀眾來說，就更不是如此簡單了。

從Waltz提出的模型來看，他認為真正的制度、規則以及合作，只會出現在層級節制的結構裡，而這些特質在無政府的秩序下，只會顯得無效，而有缺陷。然而，Waltz的論點卻是完全

錯誤且不合理的。事實上，規則可能會，也或許不會在無政府狀態與層級節制社會下出現不同的運作方式。此外，就算是相同的規則或制度，也有可能在不同的社會裡，不論是無政府狀態或層級節制的社會，出現截然不同的運作方式或發揮不同的作用。

　　我們曾在第二章裡引用Waltz的另外一項論點，他認為在「有既定規則環境的政治與無政府環境下的政治」之間，具有特質上的差異（1979: 61）。但是，當我們以主權國家為分析對象時，我們發現當前的國際政治，儘管的確是屬於無政府的狀態，但是卻仍存在許多既定的規則，而且依循著這些規則而運作。事實上，即使是獨裁政體亦是如此，儘管這些獨裁者願意服從的既定規則少於例如歐洲聯盟之成員國的領袖，或者那些管理美國與加拿大之間關係的掌權者，但也不是完全不理會國際間的既定規則。

制度與囚徒困境

　　我們曾在第一章裡提到六種現實主義的典範。其中，從囚徒困境此一典範，我們可以發現對制度之效力的另外一種詮釋。正如我們於前文所討論的，囚徒困境塑造了一種無政府狀態的環境，環境下的行為者若採取合作行為，則他們將可以得到較高的收益；然而，因為他們擔心遭到對方背叛而心存恐懼，所以會依照理性而選擇採取競爭的對策。[23] 我們可從國際制度擁有的影響與改善，甚至在某些環境下有讓行為者決定放

棄競爭念頭的能力，看出制度所具備的結構性特質。

改良困境

西元一九八五年，Robert Axelrod 與Robert Keohane 曾為文提出若干國家在面臨囚徒困境時，該如何獲致合作的應變策略建議。其中最為重要的一項策略，就是「延長前景的陰影」（lengthen the shadow of future）。在囚徒困境中，行為者之所以會面臨背叛的極度誘惑，主要的原因就是因為這是個「只玩一次」的賽局。換言之，如果行為者發現這只是無止盡的互動關係裡的階段之一，那麼伴隨合作利益而來的價值觀，就有可能會使行為者願意承擔風險，而選擇合作策略。[24]制度，從非正式的協議到具有強大強制性力量的國際組織，都極有可能具有延長前景之陰影的功能。

此外，議題連結也能夠增加合作（因而降低背叛的動機）帶來的利益。與其讓行為者重複進行單一賽局的演練，或許可以進一步將二個或多個不同的賽局連結在一起。舉例來說，國際社會之所以能夠透過談判，完成一九八二年〈海洋公約法〉（Law of the Sea Convention）的簽署，主要就是透過議題包裹的方式，將例如通過國際海峽或開採深海海床等大大小小的議題予以結合，如果各國針對單一議題進行分開談判，此項談判絕不可能成功。當某一國家需要其它參與國在特定議題上共同合作時，即使原本想要在特定議題上抱持反對意見，也會因此打消反對的念頭。

在Axelrod與Keohane針對互惠提出的重視看法，我們也可發現類似的策略邏輯。透過比較嚴密與分析層次的探討，Axelrod的著作顯示出「一報還一報」之互惠戰略所具有之理論上與實際模擬應用上的優點（1984）。更概略而言，國家或許能夠透過長期性的互惠而得到更廣泛的利益。國家之所以願意合作，並不是因為它們可以預期得到任何極大的利益回報（或者是讓它們的損失能夠降到最低），相對地，國家是著眼於能夠在未來繼續保持合作互惠的關係（Keohane 1986a）。舉例來說，在Snyder提出的友好關係中，國家在互動時就可能比較願意採用長期的互惠策略。此外，國際建制與國際組織裡的參與者，也同樣因為彼此長期的關係，以及公開表達願意合作的承諾，而更能夠採取互惠的策略。

簡而言之，這些策略都是透過增加利益的方式作為誘因，使國家更能夠願意採取合作策略。不過，另一方面，或許也能夠透夠降低遭到背叛的風險，而達到互惠合作的契機。在從這個角度來看，制度同樣也能夠扮演關鍵性的角色。

制度最大的貢獻，或許就是能夠以強制性的機制，來確實執行國際性協定的各項內容。雖然國家很少願意接受國際制度對爭論所做出的權威性判決，不過，越來越常見的情況是，國家願意接受爭論解決機制，甚至是準司法調處程序，例如「世界貿易組織」（World Trade Organization，簡稱WTO）下的各項設計。儘管如此，「自助」卻仍然是國際關係中的一項最主要的規範。對於強制性、司法性，或者是準司法性的強制性執行的強調與重視，正意謂著國際制度所扮演的相對審慎、適度性角色。

　　然而，我們都知道囚徒困境有許多難解的局面都是因為不確定性而發生。（另一方面，安全困境可說更是因為不確定性而發生的難解困局。）不過，制度卻能夠以提供各國透明化資訊的方式，而相對降低彼此間的不確定性。許多國際性協定都要求，並協助簽署國提供各項可靠的資訊。有些甚至包括國際監督的規定，例如「國際原子能源總署」就透過監督的方式，以確保核子物質不會被轉而用以軍事用途。[25]除此之外，制度也能夠透過預先示警的方式，讓那些潛在性的犧牲者能夠提早採行應變措施，因此，透過制度化的透明化資訊，國際制度也就更能夠誘使國家去接受採用合作的決定。同樣地，當賽局進行的次數沒有限制，或者是不同賽局間彼此相互連結，或者當賽局中的行為者偏好長期互惠時，完善資訊的重要性也會因之而得到進一步的強化。

制度與變化的利益

　　到目前為止，我們所討論的焦點，都是集中在行為者所處之外在環境的改變，以及改變行為者對進行互動之對手之企圖的認知。然而，制度卻能夠改變行為者本身的偏好，因而也改變了整個賽局的基本架構。

　　讓我們思考一個簡單的範例。如果行為者比較偏好「獎賞」（相互合作），而不是「引誘」（在對手採取合作態度下回以背叛行為），那麼囚徒困境就會轉變為「獵鹿」（Stag Hunt）的賽局模型。於是，此一賽局後來就會如同第一章所提到的一般：R＞T＞P＞S或者等同於ＣＣ＞ＤＣ＞ＤＤ＞ＣＤ。而結果就

是有一群獵人會合作共同追逐他們的獵物──野鹿。不過，當某個獵人看到一隻野兔而受到誘惑，寧願冒著使整個獵捕陣容出現漏洞，野鹿也極有可能從漏洞中逃走的危險，而離開崗位去獵捕兔子。若真是如此，如此一來，在獵鹿的過程裡，就有可能出現其他的困局──獵捕比較小，但是比較容易捉到的兔子，或者是冒著什麼都抓不到的風險，寧願集體行動以增加抓到野鹿的機會，得到較高的報酬──不過，實際上的情況卻未必如此嚴重，因為每一個行為者（獵人）都偏好得到更多的獎賞（相互合作），而不會被野兔所引誘。[26]

　　Snyder對於結盟所做的討論，僅僅指出了所謂利益的轉換。國家最初決定結盟的原因，主要是因為它們願意承擔合作所可能帶來的風險（或許因為不合作的結果將無法對付第三者）。然而，隨著時間演進，因為已經習慣於合作性的模式，結盟者將偏好繼續保持合作，而不選擇背叛。舉例來說，雖然北大西洋公約組織最初是Waltz所提之為了平衡另一個主要強權所產生的組織，然而，今時今日，我們可以以它作為一個十分明顯的例子，那就是由於過去長時間的制度性合作，北約的成員國都已經偏好採用合作策略，而不可能背叛其它的盟國（Waever 1998）。

　　前文所提出來的主權國家例子，也同樣點出了規範與制度可以誘使國家重新界定其利益。不容否認，去殖民化的確反映出經濟、科技，以及政治上的改變，而這些改變也降低了殖民強權對殖民地進行直接統治所能帶來的利益（或者是減少了承認殖民地之獨立地位所需付出的代價）。然而，除了物質利益改變的影響外，民族自決、平等，以及不平等待遇等規範上的變

化，也使得國家重新建構其對殖民地統治的利益（Jackson 1993）。

現實主義者往往都認為利益是「外生的」：換言之，利益與互動無關，利益乃是在互動形成前就被給予的，或是取得的，因此，並不在理論探討的範圍之內。更進一步來說，結構現實主義者認為利益乃是無政府狀態所塑造出來的。再以另一個更具代表性的說法來看，他們認為即使國家仍有可能會追求道德層面的利益，而不以權利觀點來看待國家的利益，但卻因為受到無政府狀態的「脅迫」，而至少必須從物質利益的角度來重新界定其國家利益。此外，當國家內部整合性偏好與無政府狀態下的威脅相抵觸時，也會導致國家重新界定其國家利益。

實際上，我一直在強調國際規範與制度能夠有效地「塑造並填補」國家。但是其效力幾乎不可能是以整個體系為基礎的（儘管從在主權國家的討論中，我們不斷重申「幾乎」不代表「沒有」）。不過，就區域性角度來看，其效力在歐洲卻是相當普遍的。同時，在許多盟國的雙邊關係之上，利益確實有可能被轉換。舉例來說，我們只要看看美國與英國、加拿大，以及墨西哥等國之間的關係即可瞭解。此外，利益也會因為特定議題的緣故，而得到改變或轉換，這種情況就發生在前文所提之禁止核子擴散的議題之上。

當國家真的陷入十分膠著的囚徒困境中，合作也就真的面臨著相當嚴重的結構性困難。然而，並非所有的國際關係都是以囚徒困境的面貌出現。同時，即使真的陷入囚徒困境之中，國際規範與制度也有可能改善這個困境，甚且是改變整個賽局模型的面貌。在這些情況裡，結構理論無法對國際制度提出完

善說明的失敗結果，的確會導致相當錯誤的解釋與危險的期
盼。

　　現實主義對無政府狀態的觀點，對高估合作的易成性也提
出了嚴正的告誡。同時，因徒困境也提醒我們共同利益為必然
就會引導出集體行動。然而，這些論點卻沒有一個足以有效地
否定國際制度的確是當前國際關係研究之重要核心。因為，這
是一個經驗實證上的問題，而其答案則是會隨著時間、空間、
議題，以及分析利益之不同，而有所改變。

國際制度與國際社會

　　我們之前對於主權國家與因徒困境所做的討論，指出了制
度影響若干基本「現實主義」變數的方法與面向。在此最後一
個部分裡，我將進一步對國際規範與制度的功能，提出一個概
括性的論述[27]，並以討論國家組成之國際社會的概念，為本章
作一總結。

國際制度的功能

　　從我們對因徒困境的討論裡，我們可以發現制度與規範不
但遏止了國家做出不受歡迎的行為，同時提供了更多的合作性
誘因，使國家瞭解除非合作，否則將不可能獲得任何利益的現
實。換句話說，規範與制度能夠透過「負面消極」與「正面積
極」的方式，有效地發揮其影響力。

　　若以稍微不同的方式來看，我們可以說規範與制度具有
「禁止」與「授權」的效力。當擔心被欺騙的恐懼甚囂塵上之
時，「禁止」（國家為所欲為）就可能成為我們所關注的焦點。
但是即使是解決欺騙行為的制度化設計（禁止），往往也牽涉到
授權預防性或懲罰性行動的執行。此外，如果達成協議的過程
必須有一機制從旁協助，那麼制度所具備之授與權利的功能就
必定是該機制的中心特質。

　　無政府狀態下之國際社會內部的權威，明顯是以水平方式
呈現，而不是以垂直方式出現。但是，這種水平方式並不會使
權威喪失其真實性。此外，權威的真正來源與表達方式，乃是
以國際規範與制度為依據，而不是以國內政治規範與制度為基
礎。

　　舉例來說，晚近數十年來，國際人權規範的散播就相當程
度地改變了國內與國際社會對於政治合法正當性的看法與認
知。讓我們以南非為例。儘管反對種族隔離政策鬥爭可以算是
國內性質的運動，但是國際社會根據規範性因素所施加在南非
政府上的壓力，以及對反對團體的援助，不可謂不大。由白人
統治的南非政府逐漸遭受質疑，其種族優越的正當性與合法性
也因為國際規範性之壓力而受到挑戰。[28] 除了南非之外，中歐
與東歐的共產國家陸續地瓦解[29]，以及拉丁美洲獨裁政權在一
九八〇年代相繼垮台[30]，都也反映了此一國際現實。

　　我們反覆運用權威與合法性作為解釋的依據，也點出了社
會角色的重要性。的確，制度通常牽涉到許多特定的角色。舉
例來說，契約除了明白界定交易的角色，也就是律師所說的
「報酬」之外，也創造了權利擁有者以及責任肩負者等角色，它

們都是屬於特殊的社會性角色。此外，禁止核子擴散建制不但建立關於取得武器與擁有核子物質的規定，更界定出核武國與非核武國等角色，同時也賦予「國際原子能源總署」特殊的監督角色。

從「國際原子能源總署」本身，以及其監督者的角色，我們能夠瞭解國際規範所具備之更深一層的功能：除了規範性功能，它們更具有指定行為者、工作內容，以及賦予相關意義等功能。禁止核子武器擴散並不僅是要求各國不能或拒絕取得核子武器。確實執行禁止核子擴散代表的意義絕對不只是不擁有核子武器而已，這乃是一套關於社會責任實踐與意義的複雜建制。

> 制度不但描繪出行為的角色與限制之活動，他們同時也界定了行為者的身分，並且賦予他們有根據其制度現實地位而行動的各項權力。因此，制度的創建不僅僅是一種理性的選擇。同時這也是根據規範性與知識的協議所為之建構社會現實的舉動。尤有甚者，制度也是常規的依據與媒介，同時也賦予社會選擇與行動充分的意義與方向（Adler 1998: 150）。

此外，主權的概念不但更清楚地建構出當代國際制度裡的主要行為者——主權國家，而不是毫無特質的「個體」——同時也界定出不同國家基本的（國內與國際）權利與義務。同理可知，國際法的規範成為建構條約的依據，也就是以制定國際責任的方式來回應、解決Hobbes所認知到之無政府狀態的大多數缺點。即使是在一個自助秩序中，關於執行條約規定與強加

個人偏好之間，也一定會存在著很大的歧異與差別。因此，國際規範與制度的地位，就更爲重要了。

　　基本的國際規範與制度形塑了「個體」的眞實特質，其建構行爲者之間之互動模式的重要性，並不亞於行爲者在無政府狀態下傾向於採用平衡政策之決定。只要有國際規範與制度的授權，國家就可以去作以往不能作的事情。此外，在不同類型的規範性制度之下，就連強權之間的互動情形，也能夠被加以改變。由此可見，規範與制度的影響力是多麼的強大。

由國家組成的國際社會

　　當國際關係被高度制度化後，我們或許就能夠更自然地討論關於國際社會的議題。然而，並不是每一個國際政治體系都可以被推斷爲一個政治社會。舉例歷來說，波斯（Persia，伊朗古名）或許是西元五世紀之古希臘政治體系的一部分，但是，即便是從普遍的角度來看，波斯都不是屬於希臘國際社會的一部分。[31]此外，十八世紀的鄂圖曼帝國也只能被看成是歐洲國際社會的邊緣國家角色，而不是組成國際社會的一分子。同樣地，十九世紀時的中國，雖然被迫加入國際政治體系，但是卻仍然不是由歐洲主導之國際社會的成員之一。然而，若我們以當前的世界局勢來看，用較嚴格的角度來分析關於國際社會的組成與相關議題，或許是比較有幫助的。[32]

　　在此，我們並不打算提出究竟是否已存在著，或是正逐漸形成所謂的全球公民社會[33]，或者是一個國際性世界社群的問

題。然而，就算我們拒絕接受「國際社群」目前確實存在的事實，不可否認的，現在的確已經存在著一個由國家所組成的國際社會。儘管外在環境是無政府的狀態，但是國家進行互動的環境卻不是一個毫無特色的空虛世界。相對地，國家是在一個具有限制性、權利賦予，以及時時轉換規範與制度的複雜網絡下進行互動。此外，前文對主權國家所做的延伸討論，更詳細闡釋了國家社會的事實，以及國際關係的重要差異，並指出國際社會的基本規範與制度的特質是有可能發生變化的。[34]

至於結構現實主義者對無政府狀態的強調與重視，特別是他們對國際制度所做之過於誇張的攻擊，在在都混淆了無政府狀態也可能是一種社會秩序的事實。更精確地來說，有許多種不同的社會秩序類型，都是以無政府狀態的樣貌呈現在國際關係之上。瞭解國際社會並不是層級節制的體系，確實是具有一定程度的重要性。然而，Waltz對結構的觀念認知卻反對我們對這類確實存在的無政府秩序作更進一步的探知與討論。他的論點，或許具有某種偏頗的錯誤。

如果從最嚴格的角度來看，國際社會都真的存在，那麼其無疑地一定是存在於目前的世界裡，而一旦我們對這個國際社會的整體規範與制度、相關的國際與區域建制和組織，以及特定行為者之間的關係與互動（以Snyder的觀點為主）沒有足夠的瞭解與認知，那麼我們將無法瞭解國家之間的許多安全關係。幸運的是，結構並不允許我們忽略國家的所有特質面向，也因此我們就不能忽略國家之間的互動特質，因為這些特質主要都是受到國際規範與制度影響所形塑而成的。

討論問題

- 「制度」一詞，通常有幾種解釋？而各種解釋又有何利弊？此外，把制度看成是一種組織，和將制度看成是規範，究竟有何不同意涵與特質？

- 制度是否僅是功能性差異的另一種說法而已？功能性差異是否也會出現在制度之中？是否所有的制度就是功能性差異的映象呢？

- 你對文中提到之制度的起因與結果之間的差異有何看法？其間的分野是否真如本文中所形容得那樣明顯？在哪種情況下，我們會認為制度的影響效力將與其起因緊密連結？

- 你認為以利己原則為基礎的制度（或者其它形式的合作）真的有名符其實具有一定的價值嗎？哪一種利己原則是構成最多制度的基礎？這與Mearsheimer所強調之狹隘、短期的權力極大化原則有什麼不同呢？

- 先讓我們暫時同意下列說法：如制度這類的「中介變數」乃是一種比較不重要的「自變數」。你認為這種分別是否不重要？這種區別是否不能進一步使現實主義者對制度的詆毀得到辯護與合理正當化？

- 讓我們想想下列現實主義者的反駁論點。Mearsheimer以現實主義者之立場做出最極端的邏輯推論——如果沒有逾越界線的話。當然，制度有其效力存在。只是它們的效力並不十分重要。Mearsheimer的論點是否真的無足輕重，不論究竟提出此論點的人有多麼權威與受人尊重？你認為制度主義者會如

何回應此一比較適度，但同樣是對制度猛烈抨擊的論點呢？

● Mearsheimer或許過度誇張了無政府狀態下的危險情勢。然而，作者是否也有可能低估了無政府狀態以及追求生存之渴望，有可能對制度帶來更多的限制與侷促？不可否認，國際間的確存在著某些十分有效的（安全）制度。但是，現實主義者所提出的侷限性觀點，是否有可能比作者對制度所抱持的樂觀態度更加具有啟發性？另外，現實主義者的論點是否不是最重要的呢？也就是說，即使安全制度可以在某些散雜（甚而是重要的）的領域中發揮作用，但是國際關係裡最重要的事實仍是無政府狀態的普遍存在以及恐懼心態呢？

● 權力平衡確實可被看成是一種社會制度。但是，若從Waltz的結構觀點來看，制度是否就不具有這麼多的助益呢？我們是否把權力平衡用來代表兩個截然不同的概念、理論，或者是常規呢？若真是如此，為什麼我們應該接受文中所提出之制度化的認知是比較好的選擇的論點？

● 如果戰爭是一種秩序制度，你認為戰爭與暴力之間隱含著什麼意義呢？不論如何，暴力難道不是戰爭的另一種偏頗反常的說法？

● 你認為文中提到之Mearsheimer把經驗性問題與理論性問題混為一談的說法是正確的嗎？

● 主權是否真的是權威的一項基本要素（而規範與制度也是如此）？我們可否以「現實主義」的觀點來看，這只是無政府狀態下所出現的獨立情況而已？這些不同的說法究竟有何利弊？

● 主權的內在與外在面向存有何種關聯性呢？你的答案，對於

國際理論的本質有何隱含意義？

● 讓我們先同意下列說法：制度乃是一套可以規範國家間之互動的複雜制度化規則。然後再同意主權國家乃是當代國際關係理的制度化特質的說法（但並非適用於所有無政府關係之體制）。接著，你認為從結構主義者的角度來看，這些論點需要作什麼樣的修正呢？在無政府狀態下，結構現實主義者推給「個體」的所有事物，有多少是與主權國家，也就是與在特定規範與規則下進行互動的「個體」有關的呢？

● 根據文中所提到若干理論多元化主義的主張來看，為什麼我們不能把那些主權國家的不同認知看成具有不同的用途？如果我們這樣做，對我們瞭解現實主義本質將有何啟示？你認為Waltz或Mearsheimer是否會樂於見到，甚至是比較希望見到這種結果？

● 不干涉很明顯的是當前國際社會理的一個規範，而不是在所有無政府體制下都會出現的情況。你認為是否具有不干涉規範，對無政府狀態之秩序將有何影響？而此不干涉之規範對現實主義者在解釋「無政府」政治時，又有何重要性？

● 你認為第一世界（First World）與第三世界（Third World）間關係之改變，是否真的與權力平衡情況的改變沒有關係？相對地，我們是否可以認為真正發生改變的，就是權力的形式或本質呢？然而，如果權力的確會隨著時空背景之轉移，以及針對不同個案，而發生質化的改變，你認為這會對現實主義理論有何影響？

● 如果國家真的可能因為國際衝突而消失殆盡，那麼此一事實是否就真的足以支持國家生存是迫在眉睫的訴求呢？除了文

中提到之制度化的解釋，還有什麼原因可以用來說明過去半個世紀以來，出現國家滅亡的低發生率呢？你認為最重要的原因議題是否就是風險發生的頻率呢？就算滅亡率很低，難道國家就真的是過度緊張了嗎？

● 你如何看待作者提出之現實主義者對制度的貶抑乃是哲學定位上的問題，而不是實證分析上的問題之論點？這與我們在前幾章提到之利益及重要性的議題有何關聯？

● 就算制度的確「形塑並填補」國家，在制度與結構（從Waltz的觀點來看）個別之此項能力上之差異，是否就不重要了呢？現實主義者是否往往不強調這些制度主義者傾向於盡量縮小的差異呢？

● 你認為國際社會之重要程度為何？不可否認，國際社會當然存在──就像國家之間也存在著質化性差異一般。但是我們是否能夠忽略國際社會的影響呢？換言之，國際社會是否不該像制度一般，被當成是一個中介變數？

● 制度能否改變利益呢？如果他們原則上有此能力，那麼他們實際上在國際關係裡是否真具有此項轉換性的能力？這些問題暗暗指出了關於基本與規定的規範性議題。你認為基本規範對於結構現實主義所造成的挑戰有多嚴重呢？理論上的程度為何？對於當前國際實踐情況之影響程度又為何？

● 本章中有許多論點都能被總結為儘管國際規範與制度事實上也扮演著相當原則性的角色，不過現實主義者僅認同他們的調整規定性角色。就算是在這些規定性規範與制度之間，現實主義者仍是過度強調了限制性法規，而認為他們與授權性法規並無二致。你認為現實主義者可能會對此總結有何回

應？你個人對這些論點又有何看法？

● 規定性規範與基本性規範間，以及限制性制度與授權性制度間之差異能提供多大幫助？你認爲是否還有其他種類之制度與規範是我們必須加以說明的呢？

● 我們是否應該把現實主義與制度主義看成是處理不同對象的完全不同的途徑，而不是在國際關係領域中競爭成爲理論霸主的競爭者呢？此一認知有何利弊？

深入閱讀

John Mearsheimer曾經撰寫一篇題爲〈國際制度的虛無前景〉("The False Promise of International Institution," 1994/95)的專文，從現實主義的觀點對國際制度提出最嚴苛的批判。至於二次世界大戰後，現實主義對於國際制度的批評著作，可以George Schwarzenberger所寫的《權利政治》(*Power Politics,* 1951) 一書的第二十五章至第三十二章之內容作爲代表，該書最後是以〈結果：僞裝的權力政治〉("The Result: Power Politics in Disguise") 爲題之結論作爲總結。然而，在該書的第十五章中，Schwarzenberger卻明白指出，即使事實上介於學術與實踐上的不對等是最讓人訝異的，但是原則上，並沒有任何理由可以說明爲什麼國際制度無法發揮其效力，

不過，並不是所有現實主義者都贊同此一嚴苛的批評。Randall Schweller與David Priess所合寫的〈擴大制度辯論〉("Expending Institution Debate," 1997) 一文，就主張現實主義

的核心假設也能夠被用以發展關於國際制度的形成與功能的現實主義理論。此外，正如他們二人所言，儘管早期現實主義學者的批判都是集中在國際制度偽裝呈政府組織的假面貌之上，但是他們卻的確投注了許多心力在研究與分析制度之上。舉例來說，在Morgenthau的《國際政治》（*Politics Among Nations*）一書中，對國際組織所提出的討論就是很好的範例。

　　如同前文所述，制度主義的觀點乃是對抗現實主義的主流思想，至少在美國的情形是如此。關於新現實主義者對新自由主義者的辯論情勢，可參考Baldwin（1993）的著作。Robert Keohane在一九八九年所出版的〈新自由制度主義：對世界政治的看法〉（"Neoliberal Institutionalism: A Perspective on World Politics," 1989: ch.1）就是以擁護此研究途徑的觀點當作為文之主軸。此外，Oran Young所寫的《全球治理》（*Global Governance,* 1994）一書，則是以理論化的陳述方式作為開頭，並將制度確實運用在國際環保議題的分析之上。另一本相當優秀，且同樣也是以分析環境議題為主軸的著作，則是由Haas、Keohane，以及Levy三人共同編纂的《地球制度》（*Institution for the Earth,* 1993）。

　　此外，主權則是國際社會裡的一項重要制度，近年來也吸引了許多學者對此議題進行分析與研究，尤其是具有「社會建構」取向的學者，尤其熱衷。Hinsley（1986）就以標準的歷史觀點來看待此一議題。James（1986）則是以主流觀點，對主要的概念與分析議題提出看法。Robert Jackson在一九九〇年出版

的《準國家》(*Quasi-States*),則是對當代主權國家的外在承認問題上,提出相當有創意的研究。Thomson（1994）與Spruyt（1994）則是對主權（國家）概念的歷史演變作了完善的分析,其焦點集中在近代早期的分析。Cynthia Weber所寫的《虛擬主權》(*Simulating Sovereignty,* 1995）一書,則是對後結構與後現代途徑作了相當精闢的介紹。Bartelson（1995）的著作則是相當優異;雖然其內容有點艱澀,但是卻滿是創新與深入的見解。另外一本由Bierstecker與Weber於一九九六年所完成的《國家主權就是社會概念》(*State Sovereignty as Social Construct*),則是集合了許多強調主權實踐之一慣性與變異性的論文。Stephen Krasner則是以捍衛現實主義為標的,在《主權國家:組織化的虛偽》(Sovereignty: Organized Hypocrisy, 1999）一書中提出了嚴正的反駁。該書的次標題清楚地指出了Krasner的研究途徑,也不免讓人聯想到Schwarzenberger的著作。

　　國際社會的概念——或者更精確地說,是由國家社會——乃是與Martin Wight、Hedley Bull,以及「英國學派」對於國際關係的研究有密不可分的關係。Bull所寫的《無政府社會》(*The Anarchical Society,* 1977）一書,乃是此一觀點的代表著作。Dunne（1998）則是對此學派的發展作了詳盡的歷史紀錄。還有一些值得參考的著作包括Butterfield and Wight（1966）、Wight（1977）、Wight（1992）、Bull and Watson（1984）、Mayall（1982）,以及Donelen（1978）等人的著作。另外,Barry Buzan所寫的〈從國際體系到國際社會:當結構現實主義與建制理論碰上英國學派〉("From International System to International Society: Structural Realism and Regime Theory

Meet English School," 1993）一文，則是對這些理論概念的相異之處作了深入的探討與分析。

　　然而，有越來越多的學者逐漸不從國家中心論的角度來使用國際社會一詞。有些學者——例如Lipschutz（1996）與Turner（1998）——則是主張全球公民社會的概念，並且指出國際世界社會正逐漸形成。其他的學者也重新思考並擴大了在一九七〇年代流行的跨國行為者的角色（例如Keohane and Nye 1972; 1977）。《把跨國關係帶回來》(*Bringing Transnational Relations Back In,* Risse-Kappen 1995）一書，對此途徑就提出了相當有力的介紹與分析。Margaret Keck and Kathryn Sikkink 所合寫的《跨越國界的行動主義者》(*Activists Across Borders,* 1998）則是另一本值得讀者參考細讀的著作。

註釋

[1] 關於學界對此問題的爭論，讀者可參考Baldwin（1993）與Powell（1994）等人的著作。目前支持以制度途徑來研究國際關係的學者，以Robert Keohane（1989: ch. 1; 1984）與Oran Young（1994）二人最為人所知。Burley則是對制度主義者提出的各項議題做了完善的簡短概論（1993: 220-226）。Steven Weber（1997）則是提供了若干關於為此體論應用在解釋國際變化情況時的重要特質。至於對新制度主義的詳盡探討，請參見Robertson（1993）。

[2] 有關制度與官僚組織之間的差異，以及界定這兩個名詞在分析上之重要性的詳盡討論，請參見Young（1989: ch. 2）。

[3] 讀者可從Goertz and Diehl（1994）的著作中看到結合規範與現實主義的論述。然而，規範通常與自由與社會建構主義的觀點結合在一起。有關此一快速發展領域的探討作品，請參考Katzenstein（1996）、Klotz（1995）、Checkel（1997）、Kratochwil（1989），以及Finnemore（1996）等人的著作。另外，有關國際規範中的若干議題的論述，請參考Raymond（1997）。

[4] 即便如此，其實也不代表該份契約全然無效，舉例來說，根據契約所產生之責任或許就可能改變了我對自利的看法。

[5] 此觀點相當常見於有關霸權穩定（hegemonic stability）與新功能主義（neo-functionalism）的文獻。讀者可參考Keohane（1984）與Nye（1971）的著作。

[6] 此外，我認為Mearsheimer不經意在其文章中提到「非現實主義的制度」，以及「現實主義的制度」，正代表了他也非正式地承認了某些制度——特別是「現實主義的」制度——的確是有效力的。

[7] 維和行動（peacekeeping）——包括在敵國之間與邊界上部署中立的部隊這種傳統的「細藍線」(thin blue line) 形式，以及從較廣泛的角度來看，後冷戰時期，具有「營造和平」(peace making) 與「建構和平」

（peace building）特質的多面向國際行動——則是另外一個發揮效力的
制度化安全合作範例。關於一九八〇年代早期，聯合國與其它區域性
組織所曾經執行的維和行動的分析性討論，請參考Haas（1983;
1986）。Thakur與Thayer（1995）的著作則是涵蓋了此類行動在後冷戰
時期之概念上的改變，並提供了相當詳盡的個案分析。讀者也可同時
參考Robert（1996）、Lorenz（1999）以及Rupesinghe（1999）等人的
著作。

[8]Wendt（1992）也曾提出類似的觀點。他認為「自助」乃是解決部分因
為無政府狀態所引發之問題的特殊制度，而不是無政府秩序下所必然
出現的結果。

[9]然而，這並非是無政府秩序下的自然或不可避免的特質。舉例來說，
如同Machiavelli所哀慟的（P12, DI43〔2〕, DII.20），他認為傭兵就是
在義大利文藝復興時代早期戰爭中的作戰標準工具。同時，就像《海
鷹與血腥船長》（*The Sea Hawk and Captain Blood*）這部電影一般，武
裝船與海盜往往就是早期國際關係的常見特質。讀者可同時參考
Thomson（1984）的著作。

[10]請參考Mansfield（1996: ch. 12）。另外可以Rubinstein的論點作一比較
（1971）。

[11]Hinsley曾以歷史觀點對此概念作了標準化的檢證（1986）。James的著
作雖然相對比較枯燥，但是卻提供了相當優異的分析論述（1986）。在
晚近以來的著作中，主權概念則被以敏銳的社會建構主義之詮釋方法
加以解釋。舉例來說，讀者可參考Bierstecker and Weber（1996）、
Weber（1995）、Walker（1991）以及Ashley and Walker（1990）等人
的著作。

[12]關於Macartney的傳教過程，可參考Peyrefitte（1992）的相關分析與討
論。

[13]Hevia曾對Macartney傳教時所遇到的儀式問題作了詳盡的討論
（1995），並強調當時不同體系在衝突之中所代表的不同意涵。我們從

分析中所得到的各項啓示，就像我們所理解的一樣，那就在中國清朝
(Qing China) 早期並沒有所謂的外交行爲。關於外交的「創構」，請
參考Mattingly (1955)，而Der Derian (1987) 則以不同的觀點來說明
之。此外，Reus-Smit (1997) 也比較了古希臘和現代國際關係的行
爲，並提出相似的議題。

[14] 標準化的歷史觀點見解可在Keeton (1928) 與Willoughby (1927) 等
人的著作中看到。Teng與Fairbank (1963) 的著作則提供了大量的文
獻證據。而Hertslet在一九〇八年出版的著作則是集各項條約之大成。

[15] 從十九世紀與二十世紀初期的法律文件中，以極大篇幅對這些不同的
區別作詳盡的說明，可以發現這些區別所具有的重要性。讀者可參考
下列學者的著作：Wheaton (1936〔1866〕：sect. 33-59)、Fenwick
(1924: 87-102)、Hyde (1992: sect. 14-29)，以及Hall (1924: 23-35)。

[16] Thayer對此提供了相當簡潔有用的介紹 (1923)。關於更詳盡的討論，
請參考Pélissié du Rausas (1910) 與Susa (1933) 的著作。至於荷屬西
印度群島與非洲的比較性討論，請參考Alexandrowicz (1967; 1973)
的著作。而英國與印度次大陸的諸多領袖間的關係，不管是在英屬東
印度公司成立之前或之後，都同樣無法符合「主權」及「非主權」的
互動模式。

[17] 我並不認爲去殖民化運動的出現，會與美國或蘇聯，或是其它主要殖
民強權國的利益發生抵觸的情形。但是，在這些國家的眼裡，去殖民
化對其所認知之利益所造成的改變，其實與科技或其它有形的改變一
樣劇烈。此外，這些改變後的利益，其實與強權國和殖民政治實體間
的權力分配並沒有緊密的關連性。

[18] 關於此議題的討論，Bull在一九八四年完成的著作是最好的導讀作
品。

[19] 在此可以在「原始未開化的人」以及「半開化」或「野蠻人」之間作
一個概略的區別：前者是直接移民在特定地區的正當居民；後二者則
似乎是具有部分或合法、受限的主權體。請參考Gong (1984: 55-

58）。

[20] 不過，我們必須注意的是，厄立垂亞（Eritrea）與提格雷（Tigre）卻在經過相當長時間的嚴重暴力爭鬥後，已經脫離衣索比亞（Ethiopia）而獨立，並且獲得國際社會的承認。

[21] 對於部分國家而言，軍事能力與整個體系間的能力分配正是解釋他們何以繼續生存的主要原因。但是，正如我們在第四章所提到的，從大國的觀點來看，核子武器的特質即使是在結構現實主義理論中，仍是相當重要的解釋原因。同時，國際規範的影響性，也不容被完全的忽視。這些規範必然在前南斯拉夫以及前蘇聯的小加盟國的歷史上扮演著重要的角色。

[22] 今日我們所看到之前蘇聯或前南斯拉夫出現之國家滅亡的例子，其發生原因主要是內部因素所致。即便如此，國際社會還是付出相當大的心力，試圖從既定疆域、國家來分割領土，同時也拒絕接受各造使用武力以改變國界的行為。

[23] 關於此部分的詳細討論，請參考第19-23頁。

[24] 就技術上來說，行為者互動的次數應該是無止盡的。舉例來說，如果其中有一個行為者知道第一百次的互動是這個賽局的最末局，那麼他就有可能採取背叛策略。不過得注意的是，行為者應該會在第九十九局運用背叛策略，而後則又回到單一賽局的情況。

[25] 關於這些機制，以及他們在確保各國服從國際協定上的重要地位的討論，可以參考Chayes and Chayes（1995: ch. 6-8）。

[26] 關於探討囚徒困境與獵鹿賽局下的合作之著作，請參考Jervis（1978: 170-186）。

[27] Kratochwil曾以類似的觀點為基礎，針對此論述作了更進一步的理論性討論（1989）。

[28] 更詳細的討論，請參考Klotz（1995）。

[29] 讀者可參考Gubin（1995）的討論內容。關於蘇聯順從與否的議題，很明顯地一直是現實主義者與結構主義者競逐解釋的主要問題。更進

一步的討論，請參考Thomas的著作（即將出版）。

[30] 關於阿根廷（Argentina）的討論，請參考Brysk（1994）。

[31] 關於這種城市國家（city-states）社會之存在的證據，可以透過他們分享共同的宗教性節日，例如奧林匹克運動會（Olympic games），以及用不同的法規來對待希臘人與其他野蠻人（包括波斯人）等面向上看得到。關於此一範例的深入討論，請參考Wight（1977: ch. 3）。

[32] Bull於一九七七年發表的著作，對此一論點提出了相當經典深入的看法。至於「英國學派」（English School）晚近以來針對此一議題所做的討論，其焦點則是集中在國際社會的概念之上，讀者可參考Dunne（1998），或者可參考Dunne的另一篇比較簡短的論述（1995）。關於如何從狹隘之歐洲國際社會出現一個（新）社會之過程的概略性分析，請參考Bull and Watson（1984）。同時也可與Wight（1977）的觀點作一比較。此外，另外有一種分析國際社會秩序之議題的不同觀點，是將焦點集中在因為命令現象所引發的衝突，請參考Skidmore（1997）。

[33] 提到公民社會，我們往往是指家庭與市場之外的關係與聯盟領域，但是亦與國家有所區隔。此一概念對於堅持抗拒壓抑以及在對立志於改變的社會運動討論上，具有特殊的重要性。儘管公民社會在傳統上都被認為就是國內的，社會運動的合作——例如人權、女性運動與環保運動等——因為跨越國界就往往意謂著跨國性的公民社會。有若干分析家認為我們能夠，也應該以更廣泛的角度來談討真實的全球公民社會之議題。例如，Lipschutz（1996）以及Turner（1998）等人的著作。而另外認為這類活動乃是跨國支持網絡之一部分的較不具野心的概念看法，可參考Knight（1999），以比較批判性的觀點出發之著作，則可參考Clark, Friedman, and Hochstetler（1998）的著作。

[34] 就算是Waltz也在某個觀點上承認此一說法，因為他曾指出「認為國家是具有主權的，也就是指他們是一個多元社會下的一部分」（1979: 95 n.）。然而，就像我們前面所提到的，Waltz一直都認為主權不是一種社會關係。

第六章

道德與外交政策

雖然動機、無政府狀態、結構，以及國際制度等特質，已經成爲近來學術界研究現實主義的主要方向，但是向來被排除在外交政策考量之外的道德，不管是在一般大眾的認知上，或者是許多早期現實主義者的著作中，都可以算是時常與現實主義連結在一起的另一項重要特質。Morgenthau就曾說「普世的道德原則不能運用在國家的（實際）行動之上」（1954: 9）。Kennan則指出：「政府的（決策）過程乃是實際運作的演練，而不是道德的練習」（1954: 48）。此外，Spykman也認爲：「對權力的探求並不是爲了獲致道德價值；相對地，道德價值是爲了促使權力之獲得而有」（1942: 18）。當我們在前面幾章的內容中討論到規範的時候，以及後來討論到國家動機與國家利益的時候，我們不免也有碰觸到關於國際關係裡的道德問題。在此，我們將對道德議題作更深入的探討與分析。

人性與國際無政府狀態

當我們提及人性議題時，現實主義者通常會指出「人性的低賤與自私面向在影響外交行爲上的限制」（Thompson 1985: 20）。Niebuhr也指出：「社會衝突與不公義的眞正源由，可以在人類的自私與無知本性中找到」（1932: 23）。「人類不能獲致（公義）的原因就存在於人性之中。主要的原因有三個：人類太無知；人類太自私；人類太貧乏不幸」（Morgenthau 1970: 63）。在普遍的人性邪惡之下，現實主義者認爲，按照道德考量行事將是愚蠢的，甚至是毀滅性的。

但是，人性並非只是自私與邪惡的。大多數現實主義者承認「除了對權力的渴望外，人類還受到其他慾望的驅使，而且權力也並非是國際關係中的唯一面向」（Spykman 1942: 7）。現實主義者尋求「對人性有一適當的看法，此看法能夠為人類生活的深度與廣度都帶來公義」（Niebuhr 1934: 113）。「求得公義與接受公義，乃是人類基本渴望」（Morgenthau 1970: 61）。此外，Kenneth Thompson甚至堅決主張「人類本質上就是道德的生物」，而且他也強調「人類對於公正有永不滿足的需求」（1966: 4, 75）。

人性中此一比較吸引人的一面，必然會使國際關係中出現更多的道德性行動——尤其是因為即便相同的人性，也會允許追求道德考量，有時候甚至會在個人人際關係，或者國內政治方面獲致重大的成功。如果外交政策真的無法容忍道德的存在，或者道德性考量真的是十分危險，那麼這肯定是因為無政府狀態導致，或允許人性的（發展）潛能，可以在國際社會中有比在國家社會裡更多不同的表達方式所引發的結果。「個人與國際道德之間的裂縫就相當於是社群中之社會關係與近似於無政府之社會間的差異」（Schwarzenberger 1951: 231）。由於缺少一國際政府，因此「叢林法則依然是普遍流行的行事標準」（Schuman 1941: 9）

然而，即使我們認同「國際社會之本質使得理論原則與經驗實踐之間出現一種不對等的關係，而這是不可避免的現象」（Tucker 1968: 61），但這並不表示我們就需要接受這種不對等的情況，更違論透過追求道德的外交政策，將這種不對等予以擴大了。讓我們看看Nicholas Spykman曾說的兩段話。

　　　　國際社會乃是一個沒有核心權威可以確保法律與秩序
的社會，同時也沒有一個官方機構能夠確保其成員能夠享
受應有之權利。後來的結果就是每個國家都必須把維持權
力與增加權力當成是其外交政策的主要目標（1942: 7）。

　　　　在國際社會裡，所有型式的強制行為都是被允許的，
包括毀滅性的戰爭也是如此。此即意謂著對權力的爭鬥，
也就等同於是對生存的爭鬥，而且極力追求相對權力地位
的改善，也就成為國家內部與外部政策的主要目標。除了
這個目標，其它目標可說都是次要的（1942: 18）。

　　Spykman所認為之對權力的追求必然是任何國家的一項主
要目標的看法，使得道德在外交政策中的地位擁有更大的發展
空間。然而，在第二段中，我們卻無法找到任何有力的證據，
能夠證明權力與安全必然是任何國家之內在與外在政策的主要
目標此一令人驚訝的論點是正確的。

　　　　同理，Ranke主張「國家在世界中的地位，需視其擁有多
少獨立程度而論。因此，國家不得不被迫組織整合其所有的內
部資源，以達到自保的目標」（1973: 117-118）。即使我們先不
去討論獨立與自保的混淆，不幸的是，在第二段文字裡也的確
將確保生存與組織整合所有內部資源以達到（自保）該目標混
為一談。

　　　　這種對基本概念的誇大延伸探討，在現實主義對道德的探
討裡時常可見。舉例來說Robert Art與Kenneth Waltz就認為「無
政府狀態下的國家無法負擔其具有道德性的結果。產生道德行
為的可能性高低，端賴是否存在一個能實際發揮效力之政府，

可以負責嚇阻並懲罰那些不合法正當的行為」（1983: 6）。這種
說法很明顯是錯誤的──不僅是因為他們二人混淆了法律與道
德論點。因為即使是缺乏政府對道德規範的強制推行，個人仍
有可能會依循道德規範而行事，所以道德行為在國際關係中是
有可能存在的。不過，在無政府體系之下，由於國家需要尋求
自保，因此做出這種（道德）行為可能得付出更多的代價。儘
管如此，國家總是能夠，同時也的確至少會因為道德考量或道
德利益因素而採取必要之行動。[1]

　　或許在特定個案上，國家可以提出很好的政策原因，來解
釋他們為什麼要追求一個與道德無關，甚至是不道德的政策目
標。然而，不管是人性或者是國際無政府狀態，都不見得會將
與道德無關的外交政策看成是（固定的）規範，遑論看成是一
個普世的定則了。此外，就算「所有的政治都是權力的鬥爭」
（Scheman 1941: 261），（國際）政治也不見得，且也不應該只
是，或者甚至說大部分就是權力的鬥爭。

政治的自治與國家理性（利益）

　　除了以無政府狀態與利己主義作為解釋之外，許多現實主
義者認為道德是不適用於外交政策之上的，因為國際政治是一
個有自己的標準與法則的事界，與人類社會是完全不一樣的範
疇。

政治的自治

在現實主義者中，Morgenthau往往透過提出「對政治領域之自治之現實主義的辯護，以反對其他觀點對政治之定義」（1954: 12），他「尤其強調將政治重新看成一個具有思想與行動的自治領域」（1962a: 3）。George Kennan也提出類似的觀點。他認為任何政府的「主要責任」，「就是要滿足該政府所代表之國家社會的利益」（1985/86: 206）。也因為這個極重要的責任，「相同的道德概念也就不再與之具有同等的地位了」（Kennan 1954: 48）。

然而，為什麼只有國際政治才符合、涵蓋此項論點呢？Morgenthau談到「政治的自治」時，是概括而論的，而不是指針對國際政治而言。然而，這種觀點卻明顯是站不住腳的。就國內政治而言——以及個人人際關係——我們可以原諒任何不道德的行為，所有其他事物，但是我們卻不能接受關於道德概念與國家政治毫不相干的論點。因為背景環境的因素，在無政府狀態下或許會出現更多競爭考量取代道德評量之地位的情況。不過，儘管如此，這也並非代表道德就不適用於解釋國際關係。

讓我們同時看看Kennan的論點。他認為對生存與國家利益的優先考量，乃是「無可避免的必然」，也因此「任何其他被歸類為次要的目標，並非就是『好』或『壞』」（1985/86: 206）。然而，如果國家利益不是比較重要，為什麼我們必須要認同這是國際政治行為的判斷標準之一呢？Kennan提出之「必然」，

並不是自然法則的強制行為，或者是不可能辦到的事。（就此而言，有一句標準的道德格言或許能有所解釋「應該代表能夠」：我們沒有捨棄國家利益而去追求價值的責任，如果這樣做本來就是不可能的話。）相對地，此「必然」，乃是一種政治選擇——因此原則上就等同於一種倫理上的評量，所以可被適當地判斷出好或壞。

道德與國家利益

在Kennan提出表面上看似相當明確的「不可避免之必然」的論點之下，其實隱含著對國家利益的倫理性看法——但是許多其他的現實主義者或許可以不必拐彎抹角，直接提出倫理性的見解。舉例來說，Robert Tucker就認為「政治家向來把委託給他們處理的國家生存事務，看成是他們最高的道德責任」（Osgood and Tucker 1967: 304 n. 71）。Morgenthau甚至還提出「國家利益的道德尊嚴」論點（1951: 33-39）。[2]

這些觀點常常與「國家理性」（raison d'état，亦即國家利益）的傳統看法相結合（Meinecke 1957〔1924〕；d'Entreves 1967: ch. 5），換言之，就是指「國家本身就是一個倫理力量，而且具有高度的道德美善」（Treitschke 1916: 106）。「道德家必須承認國家並不能以判斷個人之標準來加以判斷，而是要以其本質與終極目標來為之判斷」（Treitschke 1916: 99）。從更深入的角度來看，國家被認為是「許多個體（並具有）神聖理智的物質（Ranke 1973: 119；可與Meinecke 1957〔1924〕: 1的論點相比較）。若我們推至極致來看，國家被視為是所有其它價值實現的

來源與必要條件。

前述觀點乃是針對「與道德無關」之外交政策，所提出之倫理上的論點。他們以實質化的道德立場出發，認爲「我們的」利益應該比其他人的利益更爲重要（而「一般的」道德觀則指示我們需要對其他人之利益一視同仁）。這些論點則是表現出一種激進的共產主義型式的政治倫理。

然而，我們並不打算在此處爭論共產主義與普世主義／個人主義式之道德理論間的相對利弊。不過，進一步強調共產主義引用道德教條式的國家利益本質，仍是相當重要的。即使我們接受這種（共產主義）倫理觀，我們也可以探究爲什麼當整個群體以國家形式出現時，「我們的」利益應該被看成是一種終極性的法律，而若以較小（或較大）的形式出現時，就不必如此看待的原因。此外，就算我們同意「權力政治可被定義爲一個組成團體皆認爲自己是最終目標的國際關係體系」（Schwarzenberger 1951: 13），那麼，爲什麼社會上的不同階級、貿易聯盟、多國公司、宗教社群，或是保齡球聯盟其本身不等同於（或反而是）一種法律呢？

一種比較強勢的論點指出，國家反映了當代世界中強勢道德社群的限制。[3]正如Tucker所言：「絕大多數人堅持在共同分享集團之福利，以及人類之福利之間，畫出一道鮮明的界線」（1977: 139-140）。事實上，民族或國家乃是當前國際社會下之道德（或至少是政治）社群的終極個體，同時，現實主義者主張政治領導者應該要將系統化之倫理偏好，加諸在其人民與其利益之上的論點，也應該是合理正確的。

這種對於「我群」與「他群」之間的絕對性倫理分野，必

然是充滿道德性爭議的。然而，這種界線卻是根源於由主權國家所組成之國際政治體系之結構所有。現實主義者因此能夠提出一項合理的解釋，亦即，國家利益乃是判斷在充滿主權國家之世界裡的國際政治行動（對錯）的一項重要的根據——儘管不必然是絕對的。然而，此一觀點卻與現實主義者過去所主張之國際政治應該是起源於國家對利益之追求的論點有極大的出入。

讓我們思考Herbert Butterfield所指出之政治家的特別地位看法。

> 如果一個個體同意做到自我犧牲——即使是在外來入侵者面強殉難——這也並不代表他就擁有社會認同的權力可以代表他的所有人民做出這種犧牲舉動，或者是可以將這種自我犧牲的行為加諸在社會之上（1953: 11）。

我們可以同意，如果政治家爲了追求某些道德性的目標，而願意犧牲國家的主權與獨立地位，或許會因爲此一嚴重的政治錯誤而有犯下大罪，更遑論是犧牲自己人民的性命以達到此道德目標所可能帶來的罪過了。此外，不但是道德性目標，即使是追求同盟或經濟性目標也可能有相同的結果。然而，現實主義者卻從來不會想到要將同盟或物質利益的考量排除在外交政策之外，因爲這些考量是受到極爲強烈的熱誠所驅使。一個反對道德家的過分行爲的可貴告誡，或許會再一次擴大爲治國方術下的一項不健全的普遍規範。許多道德性的目標可以不必付出像國家生存這麼嚴重的代價就能達到，有時候甚至不需要犧牲任何從權力觀點來定義的國家利益，就能獲致道德性目

標。

尤有甚者，就算我們接受國家「一旦發現其利益所在時，就會為其所應為」（Morgenthau 1962a: 278），但卻也沒有理由指出國家為什麼不能，如果它們願意的話，從道德觀點來界定其國家利益。如果某一國家的人民會認為解決其它國家的苦痛是很有價值的，那麼他們就能夠將其國家利益定義為，舉例來說，提供其它國家乾淨的飲水，或者是防止其它國家出現酷刑的罰則。事實上，反對道德的典型現實主義觀點，並不是起源於國家利益之不可避免的必然。相對地，道德引發了外交政策裡，究竟什麼才是值得各國應該多加重視之特質的爭論。

現實主義的道德概念

持平而論，現實主義者對於他們一直以來都排斥的倫理道德之本質，其實並沒有一個共同一致的概念。有些人認為道德價值是相對性的。舉例來說，E. H. Car 就提出「大抵絕對的與普世的原則都不是原則，但是在特定時間內，對那些以國家利益的特定詮釋為依據的國家政策，則會有無意識的反映」（1946: 87）。然而，如果倫理原則只是國家利益的無意識的反射，那麼是否就沒有將它們排拒在外交政策之外的理由了。換言之，將價值侷限在利益之上，也就消除了排除倫理原有之概念基礎。

基於某種哲學上的考量，Kennan 也告誡我們不要「假定我們的道德價值必然能夠對各地的人類發揮同等的效力。」「我們自己的國家利益，只有我們才有最深刻的體認與瞭解」

（Kennan 1954: 47, 103）。但是，這種倫理上的相對論，並不必然就是指涉外交政策不應該追求道德價值。此外，既然那是我們的價值，它們就可以要求我們依循著合於價值的規範而行事。事實上，這種相對論的看法，與最無情的帝國主義以及對他人的忽視冷漠，其實根本上是相容的觀點。如果Kennan的觀點是正確的，那麼「與其把我們自己看成是他人道德程度的評判，我們不如去尋求一種更穩固的權力平衡」（1984: 159），主要的原因就在於這兩種策略的特質與結果。換言之，這並不是起源於價值的相對性。[4]

　　相對於持反對意見的學者，其他現實主義者則相信的確存在著一套客觀的普世道德標準。舉例來說，Morgenthau主張「有一項道德準則是客觀存在，而等待被發現的」（1979: 10）。[5]他接著補充說，主要的問題在於國家不能夠（不應該）在國際關係中，依循著這些準則行事。

　　「無私的（也就是美善的）行動，不管是預期的或者是已實踐的行動，都不可能是完全美善的（也就是完全無私的）；因為其絕對無法完全超越其本質上的自私特性」（Morgenthau 1946: 192）。但是，就連Kant也承認完全依照道德法律作為依歸，而絲毫沒有混合其他動機的行動，是極為罕見的（1981: 20）。此外，承認道德無法被確實完美地執行，並不必然意謂著達到某種程度的道德標準是不可能的，遑論我們不應該放棄做出正確的選擇。自私天性的腐敗，乃是個人生活中相當常見的一個問題，但是卻沒有任何現實主義者會把這個問題當成是將道德排除在個人關係之外的一個理由。

　　現實主義者對於「道德主義」的矛盾看法——也就是他們

一致認爲道德價值雖然適用於個人關係，但是卻不能被用以解釋國家之活動——賦予對道德與外交政策的不同現實主義觀點一種草率膚淺的連貫性。然而，特定現實主義者反對在國際關係中追求倫理道德的論點，充其量也是太過誇張了。總而言之，現實主義者的觀點其實根本就是前後不一，呈現出一種混亂的狀態。此外，透過更縝密的檢證，我們發現就連許多代表性的現實主義者也反對這種「非道德主義」的看法。

Thucydides對公義與外交政策的看法

關於現實主義的「非道德主義」，或許〈梅里安對話錄〉的內容[6] 就是最有名，同時也是提出最確實之論據的著作了。然而，我卻認爲除了Thucydides之外，Machiavelli也對此觀點抱持否定的態度。因此，所謂非道德外交政策之「標準的」現實主義論點，其實一點也稱不上「標準」。

在Thucydides的《歷史》一書中，我們可發現訴諸於公義原則的，包括了弱者與強者（例如II. 72.1, 74.3; III. 39.6, 40.4, 63.1, 67.3）[7]，同時，對於公義的論點也在許多政治演說中可以看得到。[8]儘管公義通常只是一個對權力此一「具體且有效力之因素的令人滿意的介紹」（Calder 1955: 179），不過公義有時候也扮演著具有相當重要且獨立性的角色。

基於利益與恐懼的因素，而遭到雅典犧牲的梅洛斯的命運，與數十年前，普拉塔亞（Plataea）要求公義之地位，卻遭斯巴達人拒絕後之命運相仿（III. 53-68）。在斯巴達消滅普拉塔

亞之後，雅典人為了避免米提蘭（Mytilene）發生一樣的結果，亦採取應變行動，而Thucydides則立即將此事件記述下來。

最初，雅典的會議原本投票通過要殺盡米提蘭的所有成年男子。但是「在普拉塔亞事件後，米提蘭人對殘酷的暴行感到恐懼，於是對其所作所為表示感到悔恨，因此雅典（人民）大會只通過譴責米提蘭的命令，認為因為他們的罪行，所以被譴責是理所當然的」（III. 36.4）。當雅典人決定更改其政策時（III. 49-50），Thucydides就指出，沒有任何事情會讓我們否認最初的決定是殘酷野蠻的事實，而雅典人民也同樣瞭解這點。

在《安蒂格妮》（Antigone, lines 450-459）這齣悲劇中，有一個段落也點出了相同的看法：Pericles認為雅典人尊敬「這些法律…雖然並不是成文的法律，提到了違法者會帶來恥辱，而者是所有人類都認同的」（II. 37.3〔Smith〕）。雅典人最初之所以會決定殺盡所有米提蘭成年男子，是因為他們認為這代表了國家行為的最低標準。而當時採取此殘暴政策的動力十分強烈──因為那時候正當梅洛斯遭到圍困。然而，雅典人最後還是尊重公義的請求。若我們將米提蘭與普拉塔亞的例子對照來看，就突顯出斯巴達人的不正義與不人性。對無辜人民展開屠殺，即使是從權力與利益的觀點來看，也無法被認為是合理正當的行為。

就在斯巴達人消滅普拉塔亞之後，Thucydides接著談到了克奇拉（Corcyra）的「變革」（stasis，亦即指革命、派系暴力、內戰）。他提到，獲勝的民主主義者下定決心要「屠殺那些他們認為是敵人的百姓停止暴力殺戮的時間尚未可知：父親殺了自

己的兒子，哀求者從聖壇上被拖下來殺死，或者直接就在聖壇上將之殺害」（III. 81.4-5）。後來，革命者也在其它城市「進行更嚴重的殺戮同時以殘酷行為展開報復」（III. 82.3）。Thucydides接著說，「因此，各種形式的不公正，都發生在」希臘的各個時代之中（III. 83.1）。

> 詞彙必須要改變其原本的意涵，並接受現在賦予他們的新意義。不顧後果的魯莽現在是代表一個忠誠盟友的勇氣；猶豫不決被認為是膽小怯弱；溫和節制的個性被說成是膽小怕事的藉口；能夠看到問題的所有面向，被認為是裹足不前。肆無忌憚的暴力行為變成男子氣概的一種表現；先發制人以阻止尚未發生的犯罪，或者是隨意指控尚未發生的罪行，都被認為是值得嘉許的（III. 82.4-6）。

在此，我們看到Thucydides從道德觀點來看到這些詞彙時，所表現出來的憤慨。這些詞彙實際上仍保有其原本的意涵，但是其指涉的對象確實有所改變（Wilson 1982）。現在，（真正的）美善會被認為是「不好的」，反之亦然。「所有這些邪惡的源由，都是因為貪婪與野心而引起之對權力的貪求」（III. 82.8）。將此與公義結合之後，就是一般希臘人對公義的定義，換言之，公義也就是拒絕貪心，並且不去奪取屬於別人的東西。[9]

米提蘭人、普拉塔亞人，以及克奇拉人都受到「現實主義」所指涉的野蠻與利己暴力行為所害，這也就是Thucydides明確從道德觀點所作的批評。不管是普拉塔亞的外部爭鬥，或者是克奇拉的內鬥，這種激昂且令人憎恨的政治暴力，就是因為捨

棄了公義所致。梅洛斯的情況也是如此,Thucydides認爲這都是應受譴責的道德挫敗。

事實上,Thucydides對這種使人厭惡的變革暴力結果所作之分類,與標準的現實主義的政策敘述十分相似。變革將政治侷限至以權力觀點來定義的自利。各派系的領袖,「因爲沒有任何工具可用以競逐優勢的鬥爭而退縮並且訴諸強權的權威」(III. 82.7),就像雅典人在梅洛斯的情況一般。「對敵人公平的提案就是符合強者小心翼翼的防備」(III. 82.7),就像普拉塔亞與克奇拉人一般。「和解的誓約只有在手上沒有任何武器時才會發生效用」(III. 82.7),或者,正如雅典人在梅洛斯所說的,只有當兩造權力相當時,才有可能獲致公平正義。在梅洛斯當地,這些詞彙的意義也有了不同的改變:雅典人認爲他們與斯巴達人「都曾考慮過什麼是光榮的,以及什麼是有利的公義」(V. 105.3 〔Smith〕)。

不道德的權力政治,與Thucydides的理想狀態相差甚遠,將人類降格至野蠻未開化境界。在Thucydides引用的三次「未開化」(omos,也就是不成熟的、處於自然狀態的、以及血腥的意思,通常被隱喻爲「殘暴成性的人」)中,有二次是關於雅典人最初決定要殺盡米提蘭人 (III. 36.3),以及克奇拉的革命者 (III. 82.1)。而第三次則是指尤里坦尼人(Eurytanian),據說他們是嗜吃生肉的種族 (III. 94.5)。

「梅里安人試圖去做的事,是不可能在Thucycides的世界中出現。儘管他們在彼此互動的範圍裡投入許多價值與理想,但他們卻不屬於這個範圍」(Saxonhouse 1978: 479-480)。從前文來看,這種說法可說是絕對不正確的。〈梅里安對話錄〉對後

人所造成的影響，不但可從梅里安人引介公義論點之可能性與
其適切性來看，其影響也表現在雅典人驅逐梅里安人的政策，
以及此政策的結果知識。從《歷史》一書裡可以發現，
Thucydides並沒有對公義多所嘉許。但是，公義仍然出現在實
際的歷史之上，並具有重大的意義，甚可說是相當重要的。

有效的事實、政治結果，以及公共利益

由於Machiavelli並沒有直接點出倫理的觀念考量，甚至是
將倫理鑲嵌入所謂「馬基維利式」的教條中，因此，或許一般
讀者在此（倫理）議題上，較難進一步解釋Machiavelli的論點
與立場。

有效的事實

> 對我來說，直接探討這有效力的事實，會比憑空想像
> 更適當…一個以善良為其應對進退之根本的人，在那些不
> 懂得為善的人群中，必然會走向毀敗的後果。因此，對一
> 個君王來說，如果他想要維持自己的地位與權力，就必須
> 要學著如何為不善，並且要依據不同之情形需求，來決定
> 是否要為之不善。 (P15〔1〕)。[10]

儘管許多文獻都將焦點集中在為惡之必要上，但是這一節
的內容卻是更為複雜與微妙的。所謂學著如何為惡的必須，也

清楚地指出君王本來應該是善的。他（君王）必須要能夠運用邪惡的工具，而不是去變成一個邪惡的人。對此，在Machiavelli的著作裡，他完全接受並同意傳統上對道德的體認。

美善與邪惡的分野，並不是依循著言說者的興趣或慾望來判斷，而恣意貼上的標籤。舉例來說，Machiavelli就曾把善惡作比較，亦即對國家、宗教建立者、凱旋歸來的統帥、在任何一種藝術上有卓越成就的人提出讚美；對那些褻瀆神明、崇尚暴力者、無知者、毫無共顯者、智能低下者、膽怯的懦夫等等予以咒罵。然而，如果硬要把人分成這兩類而從中擇一，卻不去「是所當是，非所當非」，那麼，就永遠不會有人是眞正的愚蠢、聰明、或是善良了。（DI. 10〔1〕，可與P19〔6-14〕相比較）。

尤有甚者，Machiavelli認爲不應太過依賴邪惡。一個君王必須「不能背棄美善，盡其可能」（P18〔5〕）。「在任何行動中運用詭計，都是可憎的」，不過當情勢所需時，這或許是「值得讚揚且光榮的」（DIII. 40〔1〕）。若從政治面向來考量，道德的標準將不再重要。

任何一個新君王都絕不可能比Marcus Aurelius更爲善良（P17〔1〕，P19〔6〕）。「當他成爲新的君王時，他就必須侵犯那些在他之下的人」（P3〔1〕）。但是Machiavelli也譴責Severus所作之毫無限制的殘暴行爲。「君王在創建自己的王國時，應該要學習Severus的若干舉措；而後，當他的王國已經穩固，他就應該學習Marcus所採用之適切與榮耀的政策，以維繫其王國的存在」（P19〔4〕）。換言之，惡毒的工具手段只有在眞正必

要時才能使用，而不能只為了方便，就任意使用，至於獨斷專
橫而恣意濫用，或者是因為一時興起，或因為自己的習慣，或
者為了消遣，這都更是萬萬不可的了。

後果主義

　　道德理論的真正意涵，往往必須透過區別「義務主義理論」
（deontological theory）以及「後果主義理論」（consequentialist
theory）才能得到適切答案。前者乃是指以固定的、客觀的權
利標準為依據（例如Kant的義務所作之分類）；後者是以最正
確的行動模式，以獲致最大的利益，例如功利主義。[11]對義務
主義理論來說，道德行動並不需擔負任何的責任，而且是以道
德方法（工具），來達到道德性的目標。相對地，後果主義理
論，因為其所關注的焦點在於結果，而不是過程中的工具方法
與意圖，因此其主張也就不牽涉到道德的論述。然而，這些理
論卻都以一種較高層次的標準來評斷個人利益與其慾望。這種
超越行為者利益的訴求，將義務主義理論者與後果主義理論者
結合在一起──包括Machiavelli。
　　讓我們考量另一種「馬基維利式」學說。「為了確保個人
的安全而使用若干殘暴的手段，但獲致安全後，就不再繼續使
用這些手段，反而是盡其所能採行對其人民下屬有利的政策，
那麼，這（殘酷）也能被稱為是『適當』（如果用『適當』一詞
來形容為惡是可接受的話）」（P8〔4〕）。我們必須要再一次強
調，Machiavelli不但接受，甚至還暗自贊同邪惡的傳統概念。
他（附帶一提）將我們的注意力引導至使用邪惡工具之必要所

引起之問題性本質。同時，替人類帶來最大的利益的論點，使
Sheldon Wolin認爲Machiavelli贊同「暴力的經濟」（economy of
violence）的說法，多添加了一個明顯的倫理面向（1960: ch.
7）。

「所謂審慎，就在於知道如何辨認出不便利的特質，並且能
把比較不壞的挑出而成爲好的」（P21〔6〕，可與DI. 6〔6〕做
一比較）。因爲「人們總會發現，不管與美善結合的東西爲何，
總是存在著部分的邪惡」（DIII. 37〔1〕），因此人們應該要盡力
傚效羅馬人，因爲他們「總是把較不邪惡的政策變成較好的替
代方案」（DI. 38〔2〕）。也因此，以美善與邪惡爲之衡量標準
的結果，必定要成爲政治家的焦點才是。

更進一步來看，我們可以區分出三種不同的理想的後果主
義：利己主義者、世界主義者，以及國家主義者。對利己主義
者而言，他們關心的對象是可能對他們的利益或幸福有所影響
的人。相對地，世界主義者則會去計算所有可能波及到的人所
受的影響程度。原則上來說，這應該是指整個世界而論。國家
主義者就比較狹隘，他們只關心其自身國家或社會裡的人民所
可能面對的後果。

在Machiavelli的著作中，有許多部分所指涉的應該是自利
主義形的後果主義，認爲身爲君王的利己主義者，應該要積極
尋求自身權力之獲得或維繫。「政府裡應該都是懂得自制的個
體，所以他們不能夠也不會讓你受傷」（DII. 23〔2〕）；可與
P17〔5〕、P15〔2〕做一比較）。但是，我卻認爲Machiavelli的
後果主義，正如同前文所述，應該是「國家主義者」的類型，
並以實踐「共善」（common good）爲其目標。

共善

根據Machiavelli的說法，在羅馬帝國的歷史上，正好出現
過公義、共善，以及君王的利益等三項特質（階段）。

> 當國家由好的君王所統治時（我們可以發現）一個君
> 王可以穩固地在安全的個體，與充滿和平與公義的世界上
> 進行統治其君王是榮耀的，且是代表所有人的，人們喜歡
> 他，同時在他的統治之下安全度日在另一個（邪惡的）帝
> 王統治下（我們可以發現羅馬人）因為戰爭而瘋狂，受到
> 叛亂暴動的折磨，在和平時期與戰爭時期一樣面對殘酷的
> 局勢，君王總是被刺客暗殺，內戰與外患時常發生無止盡
> 的殘暴行為一直發生（DI. 10〔7-8〕）。

好君王之所以會得到護衛，「在於他們的習慣，人民的善
意，以及立法院的影響性。」但是就算有強大的軍隊，也無法
拯救一個壞君王，使他「免於因其壞習慣與邪惡本性而遭到敵
人迫害」（DI. 10〔6〕，可與DI. 2〔9〕、DIII. 5〔1〕做一比
較）。

君王可以夠過武力奪取、詭計詐騙，以及因為幸運之神的
眷顧而得到一國之統治權。若要穩固地維繫其統治權，「就必
須要讓人民對其友善」（P9〔4〕，可與P6〔6〕、P19〔2〕做一
比較）。但是，這是相當容易做到的，因為人們總是希望不要受
到壓抑，所以一個「亟欲控制與壓制」其人民的菁英，則恰好
相反，不可能做到此點（P9〔1〕，可與DI. 4〔5〕做一比較）。

若要維繫其國家生存，君王只要時時照料其人民的利益即可。
「因為當人們接受良好的治理時，他們就不會想要尋求更多的自
由」（DIII. 5〔3〕）。

　　也因此，Machiavelli對堡壘感到十分不滿，因為，除了他
們的軍事缺點外，他們（堡壘）所提供之表面上看起來相當安
全的局面，「讓你（君王）有更多的勇氣去虐待你的子民」
（DII. 24〔2〕）。斯福爾札（Sforzas）家族，就因為他們有堅固
的堡壘駐防，「就認為他們是安全的，而且可以壓抑他們的子
民。」然而，事實上，這種想法使他們喪失了人民的支持，同
時讓米蘭（Milan）成為敵人覬覦且容易入侵的目標（DII. 24
〔4〕）。「要維繫國家生存最好的方法，就是不要讓人民憎恨你」
（P20〔9〕）。同樣地，Machiavelli認為與其解除人民的武裝，不
如想辦法確保人民的善意，因為前者乃是一種「不正當的行
為」，有可能會導致「不能挽救的毀敗」（DII. 30〔4〕）。

　　義務主義的道德家或許會鄙視這所有一切，認為這些都是
基於錯誤理由的（好的）作為，他們認為，為了滿足君王的個
人利益，公共利益被用來當成一種（控制的）工具。然而，這
種君王的「個人」利益，不但與公共利益無法相容，同時也無
益於實踐共善。[12]此外，並非所有Machiavelli對公義所提出的
論點主張都是極富工具性意味的。

良好的政府

　　在談到羅馬歷史學家Polybius提出之「政體循環論」時──
其循環模式為君主政體→暴政→菁英統治→寡頭政體→民主政

體→無政府狀態，然後又回到君主政體，開始另一循環──
Machiavelli分辨哪種一人統治、少數人統治、多數人統治究竟
哪一種形式較好的方法，就是看他們追求的是公共利益或個人
的私利（DI. 2〔7-8, 11-12〕）。尤有甚者，他清楚地指出尋求公
共利益的政府，「本質上就是善的」（儘管這種類型的純形總是
較短命），而與那些追求個人與階級利益的「本質上屬惡」的政
府，形成強烈的對比（DI. 2〔4, 14〕）。

在羅馬共和時期的「美好時光」裡，「一個百姓可能會為
了替國家帶來財富而雀躍不已，即使自己可能仍是個窮人」
（DIII. 25〔4〕）。教皇Julius就因為「他總是為增加教會的利益
而盡心盡力，而不是為了某些個人的利益而努力」，而受到眾人
的讚頌（P11〔3〕）。此外，Manlius Torquatus的嚴峻手段，也
因為是「為了公共利益，而且不會受到個人野心所影響」的緣
故，被認為是正當合理而可接受的（DIII. 22〔8〕）。

當Machaivelli藉由提出「有效的事實」勾勒出之後果主義
輪廓廣為人知後，「外表上」雖然牽涉到少數人的立即利益，
但是「實際上」，卻與許多人的長期利益有關。舉例來說，鮑吉
亞公爵雖然採用「殘暴的」壓抑手段，但卻平息爭鬥並統一了
羅曼迦那（P7〔4〕，P17〔1〕）。然而，相對地，佛羅倫斯對鎮
壓皮斯托亞（Pistoia）當地的派系之行動予以「慈悲的」拒
絕，最後卻摧毀了皮斯托亞，甚至還使佛羅倫斯內部的派系鬥
爭更加劇烈（P17〔1〕，P20〔4〕，DIII. 27）。因此，我們或許
可以推論出一個結果：如果必要的話，為了獲致多數人的利
益，少數人（的利益）可以被犧牲。

「因此，君王為了使他們子民團結一致並對國家忠誠，就不

應該擔心因為採用暴政而被人民非難；因為有少數幾個例子可以證明，施行暴政者比那些因為過度善良寬厚，以致國內暴動脫序現象隨時發生的君王來得更為仁慈」（P17〔1〕）。同樣地，看起來慷慨的君王必須向多數人需索更多金錢，以供給其他少數人使用，如此，將會導致惡性循環。而看起來很吝嗇的君王，因為不必對少數人提供揮霍無度的利益，將不會使「人民承受極大的（賦稅）負擔」（P16〔1〕）。換言之，如此才是真正的慷慨。

　　從他對權力與秩序之需求的正面評論來看，Machiavelli 與Thucydides 一樣，都堅持公義、寬容之行為準則，以及共善（公共利益）等考量的重要性。

光榮、榮耀，與美善

> 　　如果國家的安危操控在他人的手上，那麼國家就不該將其心力投注在公義或非公義的問題、仁慈或殘暴、或者投注在值得讚揚或可恥之上。相反地，其它所有的考量都必須要暫時放在一旁，唯一值得國家傾全力完成的，就是能夠確保國家生存與自由，以及人民性命的替代方案（DI. 10〔7-8〕）。

　　從這段關於公義與仁慈文字中，我們可以看到熟悉的現實主義觀點，亦即在國家利益遭到危害時，傳統的道德價值與個人道德觀點，也必須被犧牲。此外，這段文字中提到關於讚揚

與恥辱的部分，也就是指對光榮與榮耀的犧牲。對Machiavelli來說，這些都是很重要的倫理考量。

正如我們在第二章裡所看到的[13]，當二十世紀時期的作家總是談論關於安全、獲益或公義的問題時，Machiavelli卻經常提及光榮、羞恥、榮耀、不名譽或名譽。讓我們再引用一段文字來說明。當談到摧毀反叛的城邦時，Machiavelli以特殊的口吻說道：「在此所謂的光榮，也就是指有能力，而且知道如何去懲罰」這些犯錯的行為，而無法做到這些的人，則就「注定是可恥的，或根本就是一個懦夫」（DII. 23〔3〕）。在第二章裡，我們從現實主義對個人利益與國家動機的解釋，檢證了他們榮耀之重視的啟示。在此，我們要進一步考量追求榮耀的倫理面向意涵。

英雄式美善與基督教之美德

光榮與榮耀對Machiavelli來說就幾乎等同於「美德」（virtù，也就是virtue）。拉丁文中的「美德」（virtus），也就是後來被引用在義大利文中的同一字，其字源乃是「人」（vir，所以圓滿的美德，意謂每個人若能照著道德義務生活，正義就會完全實現）。「美德」所指涉的範圍很廣，但其尤其指人的個性，也就是指我們之所以為人的特質。簡單的來說，Machiavelli使用「美德」一詞，來指涉「基督教」道德上的美德，亦即內化在聖經之「金科玉律」（Golden Rule，源出基督教聖經《新約》馬太福音7:12及路加福音6:31：「你們願意人怎樣待你們，你們也要怎樣待人」）的傳統普世化的價值，以及

以光榮爲主軸的特殊神寵的「古典」美德。這些美德整合在一起之後，就成爲Machiavelli眼中人類的最尊貴與特殊的優點、成就與志向。[14]

　　從「基督教」的觀點來看，「我們不能將殺害自己的公民、背叛自己的朋友、沒有信仰而活、沒有慈悲而活、沒有宗教而活等，稱之爲美德」（P8〔2〕）。然而，這種行爲卻的確顯示了「傳統的」美德。舉例來說，Hannibal之所以能夠率領一支由多國人民組成的軍隊在外地作戰，主要都是因爲「他的無人性的殘酷使士兵對他感到崇敬與畏懼；如果沒有殘酷的性格，只憑藉他的其他美德肯定無法獲得這樣的效果（P17〔5〕）。Severus，「一個邪惡的人」（DI. 10〔6〕），乃是「非常殘酷且十分貪婪，卻因爲有許多美德，於是儘管人民受到他的過度壓迫，但是他仍然能夠順利地統治國家」（P19〔8〕）。

　　Hannibal與Severus的部分「美德」，主要是在於他們優異的技能或能力。雖然目前已經鮮少使用這個字眼（唯一的例外是「藝術愛好者，virtuoso」這個字，是從義大利文中引用而來的），不過《牛津英語字典》（*Oxford English Dictionary*）仍然將其定義爲「超凡優越或優秀卓越；罕見的能力、優點，或特性。」Machiavelli就經常以這些定義來界定其「美德」。舉例來說，Agathocles雖然出生卑賤，但是他卻具有「智勇兼備的美德，且有強健體魄」，因此他能夠成爲雪城的君王，並且在大敵環伺之下，仍能保有其權力、地位（P8〔2〕，可與DIII. 6〔17〕做一比較）。然而，若要將這些（引用文字）段落中的「美德」解釋爲「技能」或「能力」[15]，將會模糊了Machiavelli論述中的倫理性之言外之意。綜而言之，「美德」（virtù）所指涉的意

涵，只有那些會贏得讚揚以及值得傚效的能力。

Hannibal、Severus以及Agathocles三人擁有之「美德」，還包括了男子氣概、力量，以及勇氣。這些觀點雖然也是相當罕見的，然而卻可在英語中找到類似的用法：「肉體力量、魄力，或能量」，「男性特質的擁有或展現；男性的優越；男子氣概、勇氣。」[16] 另外，若根據Machiavelli的說法，Romulus有部分的美德在於他是「一個殘酷且好戰的君王」（DI. 19〔1〕）。同時，Machiavelli對基督教教義也有若干微詞，因為由於拒絕「從美德觀點」來詮釋宗教，其教義已經「使得這個世界變得虛弱」（DII. 2〔7〕）。

> 這個古老的宗教並沒有使人類獲致最大的幸福，除非他們擁有所有世間的榮耀我們的宗教已經指定了人類最高尚的謙讓，亦即對世俗事物的絕棄與輕蔑此外如果我們的宗教要求你本身具有力量，其真正的意涵是指你有承擔（痛苦）的力量，而不是指有做英勇行為的力量（DII. 2〔6〕）。

Agathocles，罪行與暴政

儘管總是將美德與政治（即軍事）成功緊密結合在一起——「（國家）建立者的美德是以他們建立出什麼來加以分辨」（DI. 1〔6〕）——Machiavelli卻將倫理限制明確加諸在美德與成功的對等之上。讓我們先看看他對Agathocles這位在Julius Caesar之前，最成功的遠古暴君所作的評論。

不管是誰都會認為這個人能夠如此的行為與美德，都是因為幸運的緣故如果我們仔細看看Agathocles在面對危險且能克服這些危險的勇氣，以及他能忍受並征服敵人的偉大精神，或許就會認為他並不會比其他優秀的首領更差更弱。然而，他卻因為本身野蠻的殘酷、無人性，以及他曾做過無數的惡行，而無法與其他著名優秀人物並列（P8〔2〕）。[17]

Machiavelli認為Agathocles雖然能夠「得到掌管帝國之權位，但是卻不能得到榮耀」（P8〔2〕；可與DIII. 40〔1〕做一比較）。這種觀察，也有可能會出現在一個二十世紀的評論者的口中，卻沒有多大的效力。對Machiavelli來說，這是一個相當重大的譴責。

不可否認，Agathocles是Machiavelli提出關於「適當」使用殘酷的唯一一個明確的例子。所謂適當，就必然是指他的成功能夠帶給他的人民福利[18]，換言之，這也會給他「某些補償以及來自上天與人間的協助」（P8〔6〕）。然而，Machiavelli卻特地對Agathocles提出質疑。他認為「我們不能將他的成功歸之餘幸運或美德，因為他不是靠這些特質而成功的」（P8〔2〕）。Agathocles有強大的力量、技能，以及成功，所以他獲得的權勢並不能僅歸功於幸運的因素。然而，他的「無窮盡的罪惡行為」卻連最基本的人類行為標準都沒辦法符合，也因此他不能擠身於那些最優秀成功者的行列。

與Romulus（他是透過殺害他的兄弟及君王的方式而獲得權力）不同，Agathocles「一輩子都使用罪惡手段」（P8

〔2〕），即使在他的權位得到鞏固之後亦然。他所學習的是Severus的殘酷與狡詐，而不是Marcus的謙讓與哲學智慧。因此，他跨越應該遵守的疆界，而進一步損害了他偉大的德行。此外，Agathocles的行爲也與Romulus形成強烈的對比；後者「應該得到原諒」，因爲他的所作所爲都是「爲了獲致共善，而不是一己之私力」（DI. 9〔4〕），相對地，前者的邪惡行爲則不是以完成公共目的爲出發點。

Machiavelli對Agathocles此類人物的矛盾情節，導致《君王論》一書的結構出現前後不一致的鋪陳。他開宗明義就指出一個新的君主國建立的來由，「不外是因爲幸運或美德」（P1）。然而，在討論到君主國的章節中，卻可看到Agathocles是透過邪惡的罪行而取得權位。此外，雖然Machiavelli指出所有國家形式不外乎共和國與或君主國兩類（P1, DI. 2〔1〕），但是在《論述集》裡，他卻明確將暴政從這兩類國家形式中區隔出來（DI. 10, DI. 25〔5〕）。

儘管Machiavelli認爲暴政往往會帶來毀滅與衰敗。然而，就算「命運注定一個有能力的暴君會崛起，而且會在戰爭中運用積極熟練的手段而擴大他的統治權，但是，對於全體國民卻不會帶來任何利益，而是將所有好處納爲以用」（DIII. 2〔3〕）。Agathocles似乎就屬於這一類的暴君。一旦實施暴政，也就意謂著排除了採用政策、法律，及制度來建立持續性的城市力量，或者是培養其人民的公民美德。「他是唯一在其勝利中獲益的人，而不是他的國家」（DIII. 2〔3〕）。

因此，公義、美德、權力，以及公共利益雖然都是極爲複雜的概念，但卻也互有關連。從前文的分析可以看出，

Machiavelli其實並沒有特別偏好或推薦領導者採用權力及利益的非道德政治。

美善、光榮，與榮耀

「美德」所含括的意涵，對一個二十世紀的讀者來說，似乎有兩種不同的倫理綜合體。但是，在Thucydides的著作中所使用之類似的名詞：「美德」，其意義就比較明確，與我先前所指出的傳統意涵相接近，亦即強調美德的起源。這種美德的概念可以代表光榮與榮耀的倫理道德[19]，或者，更能精確地突顯出其源由，抑或是指出Homer所認知的英雄式的倫理標準。普世性的互惠倫理標準，亦即我們在前面幾章討論到Machiavelli時，我所指涉的「基督教」美德，在Thucydides的著作裡卻是與公正（dike）、平等（epieikeia）、公義、公平，以及對等這些詞彙有緊密的相關性與類似的意義。[20]

榮耀的英雄式倫理

或許我們可以成功地宣稱「美德」應該等同，甚至是具有光榮（time）、讚揚（epainos）、名譽（doxa，其本意是榮耀）。一旦無法實踐美德的要求，就會帶來恥辱，也就是社會認知價值的滑落。此外，正如我們在第二章中所見，光榮、榮耀，以及恥辱，都是Thucydides所提出之最具重要性的價值。[21]再從另一個例子來看，當雪城人與其盟友能夠確保其安全時，他們

所關注的就不是物質上的收益，而是榮耀的價值了（VII. 56.2-3, 59.2, 86.2-3）。

正如我們在第二章中所見，光榮與榮耀是經由競爭而得到的，也就是取決於卓越、優越，以及足以宣稱優勢的行為。大抵而言，若不是得到完全的光榮或榮耀，就是完全失去他們，換言之，這可說是一種零合的遊戲。偉大的事件因而顯得特別有價值，因為這些事件能夠顯現出榮耀的特質。「在這些偉大的困境中，群體與個人能夠獲致最大的榮耀」（I. 144.3）。因此，如同前文所述，Thucydides認為雅典軍隊在西西里島的挫敗，亦可說是「在此場戰役裡，最偉大的希臘成就，或者，以我的觀點來看，是希臘史上最偉大的成就；這對勝利者來說是最光榮的一刻，而對戰敗者來說是最悲慘的一刻」（VII. 87.5）。從這個例子中，或許我們就可瞭解優越與卓越在英雄式倫理標準上的極致表現了。

然而，在克奇拉卻發生倫理倒退的現象，而我們也在第二章中提及此點：勝利的民主黨人決意「屠殺那些他們認為是敵人的百姓」（III. 84），同時連平常的對話詞句都已經改變了原有的意涵（III. 82.4）。儘管革命者的行為舉止根本就是不公正且不道義的，但是Thucydides卻把焦點放在他們英雄式的美德之上，認為這些革命者具有勇氣、忠誠、男子氣概，以及血氣方剛的性格，而這些特質都與其所為之不道德的行為相符合。Thucydides進一步指出，「變革」能夠導致各種型式的邪惡行為（III. 83.1）；換句話說，革命的舉動會使人們養成邪惡、卑鄙、低賤、惡劣的習慣（而與有價值之物、善良的、有教養的事物人的美德正好形成對比）。而且，他最後也對普遍具有卑劣

特質、平凡智能，以及不具卓越美德的人類表示哀慟（III.
83.3）。儘管革命人士應該是犯了極為嚴重的不公正之罪，但是
Thucydides卻依照美德與光榮的標準，判定他們的所作所為是
正當的。

　　我們先前引用之Pericles之最後演說結論的部分內容，在此
也應該要重新提出來作進一步的思考。

　　　　我們知道雅典在所有人類歷史上，是最有強大聲譽
　　的，因為它從未向厄運低頭，而且比其它在戰爭裡耗損無
　　辜生命及勞力的國家，更為坦率自由，此外，雅典所擁有
　　的力量也是史上唯一，前所未見的。對於這種偉大成就的
　　記憶將會遺留給後代子孫，而他們也將永遠所緬懷我們的
　　偉大、我們希臘人如何能夠統治有史以來最多的子民、不
　　管是團結作戰或孤身奮鬥，都能在戰爭中堅決地對抗我們
　　的敵人，而且能夠管理擁有最多財富與資產的城市。然
　　而，因為如此成就，而遭到他人怨恨與憎惡，當是這些渴
　　求治理他人的人們所必須承受的命運；然而這些尋求最高
　　目標的人們，卻寧願甘之如飴。因為憎恨並不會持續很
　　久，但是偉大成就當下的光彩顯赫，以及而後的榮耀，卻
　　是能夠永遠存在的（II. 64.3-5〔Smith〕）。

　　對一個活在二十世紀末期的讀者來說，這種榮耀與紀念，
其實與倫理觀念並沒有任何關聯性。相反地，一味尋求建立帝
國以及發動戰爭，對許多現代讀者來說，這些成就卻都是具備
道德上的缺陷。不過，對Thucydides而言，戰爭與帝國卻是達
到「最高目標」的必經路徑，同時也是獲致美善、美德，以及

功績價值的過程。不論這些倫理觀點對我們來說有多麼突兀，在當時，這些都是符合個人與社會之優越性的廣泛公共標準的行為。

梅里安對話錄的光榮與恥辱

當我們仔細檢視〈梅里安對話錄〉的內容，我們會發現光榮與羞恥，其實與公義都在裡頭受到同等的重視。梅里安人堅決認為，如果不抵抗本身受到的奴役待遇，那就是邪惡的、卑賤的、可恥的、可鄙的，以及膽小的（V. 100）。儘管雅典人認為羞辱是過份誇大的說法（V. 111.3），但是他們卻也不會拒絕理會，就像他們依舊允許梅里安人在當時提出要求公正的請求（V. 89）。即使世界上的現實主義者會認為這種請求完全是基於利益的考量（V. 111.5），不過雅典人卻認為屈服在具有壓倒性力量的強權之下，並不是一件不名譽的事，或者，至少比完全戰敗要來得不可恥（V. 111.3-4，可與V. 101相比較）。不過，最後梅里安人還是選擇奮戰到底，後來，自然是遭到潰敗。

儘管如此，所謂光榮，就是要求人類要奮戰到死，而不能投降屈從於他人之下。舉例來說，Thucydides就認為斯巴達在司發克緹利亞（Sphacteria）投降的舉動，乃是那場戰役中「最大的驚訝」（IV. 40.1），因為從來沒有人會想到擁有偉大美德（此處應作英勇解）名聲的斯巴達人，竟然會選擇投降。相對地，雅典人為了避免損傷，向梅里安人提出對他們較為有利的投降協定。但是，梅里安人最後還是寧願戰死，也不願意苟且偷生，活在投降的屈辱之下。

　　然而，這種羞辱，只能說是帝國榮耀下之領導光榮的另外
一面。帝國（雖然不包括雅典人在梅洛斯島的所作所為）內含
了英雄式倫理標準的最高價值。但是，梅洛斯島上的居民堅決
抗爭的行為，也同樣顯現出此項價值。總的來說，雅典人與梅
里安人之間的衝突，乃是一場「追求最高自由或帝國名望之利
害關係的競賽」（III. 456）。對兩方面來說，其利害關係其實就
是關於光榮與利益的考量。

　　梅里安人一開始原本有機會可以訴諸公義。然而，他們也
瞭解他們的利益所在，並且決定勉力克服其恐懼。也因此，最
後梅里安人選擇光榮地死去。

現實政治與雅典的衰敗

　　儘管Thucydides在〈梅里安對話錄〉中捨棄現實主義不
提，但是他仍認為這是造成雅典滅亡的主要原因。Thucydides
主張透過結合了強大軍隊、優異能力、精確判斷，以及人員的
整合與激昂的愛國心（II. 60.5, 65.8），Pericles使雅典的國勢達
到巔峰的狀態（II. 65.5），同時，他也運用必定會成功的防禦性
戰略，率領雅典人投入戰局（II. 65.7）。然而，在Pericles不幸
去世之後，雅典的戰略開始有了「巨大的轉變」（II. 65.7，可與
II. 6510-11相比較）。儘管Pericles並不是一個理想主義者，但是
雅典國勢的衰敗與戰爭中的挫敗，其實與他之後的雅典領袖，
及所採取之政策呈現「現實主義化」，有極大的關聯性。

Cleon、憤怒，與深謀遠慮

讓我們重新思考米提蘭人的辯論，這正發生在Pericles去世兩年之後，也就是當Cleon這位「雅典最殘暴的人」（III. 366）提議殺盡所有的米提蘭人時，所引起之內部爭辯。Pericles很早就開始反對雅典人以憤怒情感爲行事依據的表現（例如，I. 140.1, II. 22.1, 59.3, 6012, 64.1, 65.9）。但是Cleon卻讓雅典人如此恣意而爲。他對深思熟慮提出嚴正的批評，因爲那會減弱了人們的憤怒（III. 381），他因此要求雅典人要回想起「自己遭受凌虐時的感受，同時也要讓這些人感到同樣的痛苦」（III. 40.7〔Smith〕）。

無可否認地，理性計算之對立面的確得到如Morgenthau和Waltz等現實主義者的支持。但是憤怒卻是造成殺盡所有米提蘭人這種決定所不可或缺的因素。甚而，這種報復的慾望，或者其他情感上的滿足，其實與現實主義者所追求的物質性利益並無二致。事實上，慾望或許可以被看成是所有利益的根源。因此，米提蘭辯論也讓我們對赤裸裸的利益政治之情感根源與其最終目標有更進一步的瞭解。

如前所述，我們可進一步分析當斯巴達人提出和平協定（IV. 2-20），而雅典人在皮洛斯一地獲得令人震驚之勝利後的行爲。儘管雅典人獲得勝利，卻「貪求得到更多東西。而最初鼓勵雅典人採用此項政策的人，正是Cleon」（IV. 21.2-3）。在Cleon的身上，我們看到了凶猛殘忍、貪得無厭之慾望的結合，同時他個人對梅洛斯島的的私利。雅典人的確獲勝；其帝國完

整無缺，而斯巴達人則是太沮喪而無法繼續抵抗作戰。然而，這種不受抑制，對權力與收益的「現實主義」的追求——「究其極致，則是尋求全世界的統治地位」（Waltz 1978: 118）——卻使得Cleon與雅典人輸掉其所擁有的所有東西。

另一方面，放棄外交事務上的倫理限制，不管眞正的意圖爲何，也就等於讓激昂的情緒不受控制，得到解放。一旦沒有倫理標準的限制，對於利益的追求也就無法清楚地闡述並找出最終目標，而正如同現實主義者的看法一般，相對地，失去倫理限制，極可能會使行爲者陷入一種無法控制、貪得無厭的慾望境界，到了最後，甚至可能會摧毀慾望本身。若從最基本的原則來看，一廂情願地期待以理性長期的自利態度來控制慾望，根本就不符合現實主義的論點。

> 期待大多數人擁有在全然理性的基礎上察覺或依循開明的利己命令的智慧或意願，根本就是一種烏托邦的理想主義想法。從理想原則中脫離而出的理性自利，其實與不受理性管束的理想主義一般，都是外交政策的一種微弱與無規律的指引（Osgood 1953: 446）。

「眞正審愼的自利」，就像Niebuhr所主張的一般，其實「幾乎與無私一樣罕見」（1932: 45）。正如同在米提蘭辯論中反對Cleon的Diodotus所言，希望、慾望及幸運，都「極力要求人類，在所擁有之資源不足的情況下，仍要以身犯險」（III. 45.6）。

Nicias、Alcibiads、理性，與限制

在雅典人辯論如何處理梅洛斯島的過程中，我們似乎可以看到沈著且強有力的現實主義邏輯。但是，如果我們仔細地查看此一邏輯是如何做作地限制住我們所關注的狹隘範圍，我們將會發現雅典這個城市早已陷入瘋狂的境地。梅洛斯是一個中立的島國，而且也不是背叛帝國的成員之一（但米提蘭卻是）。此外，梅里安人根本就無法對雅典構成任何威脅。事實上，雅典人大舉入侵梅洛斯而得到的收益，甚至無法負擔其所付出的圍攻花費。儘管如此，就因為梅洛斯不願意屈從在雅典人的慾望之下，他們便得受到野蠻地對待。而後，就在梅洛斯被摧毀之後，Thucydides就接著敘述雅典人決議攻擊雪城中的富裕且強大之西西里的毀滅性決定。[22]

另一方面，Nicias也對雅典人提出警告，他認為雅典近來的好運，已經使他們無理地對仍然具有強大實力的斯巴達感到輕蔑（V. 11.5-7）。他告誡雅典人必須忍住他們「對不可能完成之任務的可怕渴望（duseros）」（VI. 13.1）。但是，雅典人又再一次貪得無厭，為了取得更多的利益而大舉進攻梅洛斯——因而也必須承擔更多的風險。正如Cornford所言：「雅典，受到命運的引誘，被希望所迷惑，而且也被貪婪的傲慢所蒙蔽」（1965〔1907〕：201）而展開一個瘋狂且太過雄心勃勃的戰役，最後則證明其終將沒落。

Pericles早已對雅典人身上所具有之此一黑暗面的特質提出質疑（II. 59-65）。現在，此一黑暗特質已經完全呈現出來了。

雖然此場戰役的結果有一定程度的影響，但是雅典人卻不尋求新的激情，反而依照其既有之憤怒與慾望的習慣而行事。這種致命的習慣可以歸咎於雅典人的領袖，因其實踐了包括無窮盡之貪欲及狹隘自利觀點的剛愎自用的「現實主義」念頭。

Thucydides接著指出，他認爲雅典人在西西里戰役中所犯下最嚴重的錯誤，就在於因爲恐懼、憤怒、人民的嫉妒，以及少數幾位領袖的派系陰謀，而革除了Alcibiades的領導職務（II. 65.11, VI. 15.3, 2729, 53, 60-61）。然而，實際上Alcibiades的所作所爲，也是以自我利益爲依歸，而較少顧及大眾利益，他之所以支持發動戰役，也是爲了要從中贏得個人光榮，並且搜刮更多戰利品以擔負其奢侈浮華的生活模式。

就在Alcibiades受到莫須有罪名之指控時，他立即逃到斯巴達（VI. 53, 61, 741, 88），並且在該地對此指控他爲叛國者的罪名提出嚴正的抗辯。

> 一旦我不再是一個熱愛國家的人時，我希望沒有任何人會對我有更糟糕的想法。我現在要積極地加入對其（雅典）最不利的敵人的陣容，並對其展開攻擊，當我被冤枉時，我就感受不到對國家的熱愛了，相對地，當我可以用一個公民的身分安身立命時，我就感受得到這種對國家之愛（VI. 92.2-4）。[23]

此種愛國心減退成爲追求個人收益的工具手段（可與VI. 16.1-5作一比較），僅僅將雅典派駐梅洛斯之使者所鋪陳的邏輯擴大至國內政治的範疇——而具有相同的結果。

就在Alcibiades於斯巴達發表前述演說之前，雅典派駐卡瑪

利納（Camarina）的使者Euphemus提出個人主張，他認爲「對於暴君與專橫城市而言，凡是出於私利的，沒有任何事情是不合理的，但是友誼或敵意卻永遠都是會隨著時空背景而改變的事物」（VI. 85.1，可與. 105.3作一比較）。因此，詞彙的本意又再度被改變了[24]——而這也是因爲派系爭鬥所致，同時，就在雅典人爲西西里遠征隊積極準備時，Thucydides提出之爭議第一次受到雅典人的注意（II. 65.11）。這是相當重要的，因爲就連在雪城戰敗，雅典人也沒有投降，而只有因爲內部派系傾軋衝突時，他們才會屈服（II. 65-12）。

然而，直到雅典以「現實主義」觀點直接展開對利益的追求時，撤銷了對國內政治的一切束縛，雅典才眞正開始衰敗，而這也是其在外交政策上之相同作爲，甚至產生了相同的（衰敗）結果。事實上，國內政治衰敗的發生，有部分原因就與外交政策上的非道德腐蝕性效力有所關聯。一旦傾向於對外擴張的激烈情感得到解放，其對國內政治的影響力，也將更難以受到控制。換言之，對外行爲一旦缺乏了公義、道德，以及政治限制，亦將逐漸摧毀國家內部之判斷力、限制與穩健。

正如Cleon所主張的，一個民主國家不可避免將走向帝國的道路（III. 37.1）——或者至少會形成他所提倡之帝國類型。[25]然而，眞正的問題並不在於Cleon所惋惜之民主決策過程上的不一致。民主所仰賴的乃是所有公民間的政治平等，以及對民法與司法的尊重，一旦喪失這些民主之礎石，人民將不具有平等的地位。[26]一旦沒有法律（除了權力之外）以及限制（除了慾望之外），將沒有任何外交政策能夠得到確切的實踐。實際上，邪惡——尤其是梅里安對話錄中的那種羞赧的、無恥的邪惡—

一無法被阻絕於外交政策之外。一旦雅典國內政治的局勢逐漸走向類似克奇拉的路線，而與〈葬禮演說〉的方向越來越遠，那麼所有東西都將喪失。

　　一個帝國總是具有暴政的特質（I. 124.3, II. 63.2）。然而，現在雅典正已經充滿了暴政，其它則一無所有。在過去的年代裡，「只要有暴君的存在，他們提供私人所需的習慣，以及以一味自我為中心，並尋求本身舒適與家族強大的習慣…會阻擋任何可能超越他們的人、事、物」（I. 17）。[27]同樣地，當雅典真正成為一個專制的城市（國家），也就不再追求任何真正具有價值的東西了。事實上，雅典人失去的不僅僅是他們的帝國，而且也一併喪失其真正的自由。[28]

　　就如同Plato在《共和國》（*The Republic*, 573c-589e）裡提到的暴君一般，雅典人已經成為他們激烈情感之奴隸。他們已經完全放棄政治責任，而投向人性中最惡質的一面。因此，政治成為實踐慾望的一種手段。而恐懼、光榮，以極力易，同樣也開始腐敗。[29]

　　恐懼——在波斯人入侵時具有清楚的見解與共同的目的——變成瘋狂的絕望，進而導致整個國家出現混亂與不團結的局面。雅典政治也開始劇烈地擺動，從根本的民主政治，擺盪至寡頭政治，而後又回到民主政治。當雅典人進入梅洛斯時，光榮已經名存實亡（V. 105.3）。至此，當初Pericles所訴諸之具有啟蒙、甚至是尊貴見解概念的利益，在Alcibiades的手中，已經成為卑劣、且是嫉妒自我毀滅的概念了。於是，利益最後甚至摧毀了自己。

　　然而，這與Thucydides的觀點卻呈現出諷刺的價值，因為

從許多方面來看，現實主義都是一種由慾望所驅使的理論，並且想要擺脫理想道德主義所欲的結果。Thucydides自然的確對道德主義提出警告。然而，在《歷史》一書中，更重要的主題在於極端現實主義之病態的非計畫中的結果。

一旦失去倫理的限制，強者不但可以為所可為，而且更會企圖去為所不可為。另一方面，除了必須提醒對手在追求其利益時可能付出之代價，以限制其行動的外在問題，國家尚且必須面對自身利益之限制與用以追求利益之手段的侷限性的內部問題。由此觀之，現實主義者提出之不道德主義並無法適切地回應內部自我限制的問題。

政治家，非但不能依賴慾望而行事，反而必須透過站在大眾目的之觀點，以及對司法與光榮予以尊重的立場，盡量克服本身的恐懼，並調和自己的利益。[30] Thucydides支持一種高貴且適當的國家利益之大眾認知，並且強調必須在公正之判斷、司法、光榮，以及對利益的公共認知下，才能行使權力。[31]不可諱言，Thucydides在《歷史》一書中，也明確指出了實踐這種治國才能的困難之處。儘管實踐上有其困難存在，但是，若是捨棄這些穩健溫和的責任，以及所有對美德與司法公義的關注，無異會招致與梅洛斯事件相同的惡名，同時，各種災難也會接踵而至。

現實主義的非道德主義？

若我們更仔細的檢證——尤其是隨時思考Thucydides的論

點——許多二十世紀之現實主義學者對道德影響外交政策裡的
看法，我們將會發現實際的情形，其實遠比一般普遍對此問題
的認知更爲複雜。

現實主義的道德考量

　　舉例來說，Niebuhr認爲「道德的犬儒主義與失敗主義，亦
即起因於一種對國際政治之現實極富洞察力的觀察，其實比對
「純粹道德主義者」的「過度簡化理想主義」更具傷害性」
（1994: 126，可與1932: 233; 1934: 123做一比較）。他指出在
「黑暗之子」與「光明之子」中間，存有一反覆出現的緊張關
係。前者就是「道德的諷世者，亦即主張沒有任何法律高於其
意志與利益」，以及「邪惡但聰明」的人；後者則是「相信自利
必須受制於較高法律的規範」，以及「具有美德」，但卻「往往
愚笨」的人（1944: 14-15）。儘管如此，Niebuhr的著作仍企圖
調節這些可能相互矛盾的觀點，並嘗試同時引導出一種兼具聰
明才智與美德要素的政治。

　　然而，此項工程卻沒有想像中那麼簡單。其牽涉的範圍不
僅僅在於運用「正義、公平，以及容忍的價值，就像使用道德
來替追求權力辯護一般有用」（Spykman 1942: 18）。甚而，這
比Henry Kissinger對美國價值在美國外交政策上所扮演之歷史
性角色，所作之間接性的讚許更爲深遠，因爲它們「促成我們
的團結，替我們找出政策的優先順序，同時也讓我們能夠保持
自信」。同時，Kissinger也一直堅定地支持這些價值，因爲若不
然，則「這個國家將失去在世界上的方向」，同時其國家利益也

將因此而受到傷害（1977: 200, 204）。對Niebuhr與Thucydides來說，道德價值並不僅是「當它們的運用結果帶來缺點時，就必須丟棄」的奢侈品而已（Spykman 1942: 18）。

Georg Schwarzenberger同樣也主張「以自利、懷疑、恐懼，以及對權力之渴望等觀點出發的權力政治動機的呈現，將會受到公開的評判，如果此一分析的必要條件限制沒有受到相等的重視」（1951: 158）。同時，Schwarzenberger也承認，儘管國際社會裡很少會出現，但是在此範疇內，仍然有一定的空間，能夠讓以公義與尊重法律等動機為依據之行動盡情揮灑」（1951: 158）。

不過，John Herz則堅持他的理論並「不是要對實際上常見到之政治現實主義的極端性做辯護，或者是屈服於此極端性之下。」「在國際關係裡，有關權力的緩和、導引、平衡或控制，或許比讓一般人相信的權力政治之不可避免性更為普遍與常見」（1976: 11, 97）。事實上，首創「安全困境」的Herz，是支持「現實主義者的自由主義」的──這是一種嘗試，亦即從對「現實主義者」的事實之認同開始（如安全困境等），直到改善並緩和其結果」（1976: 11）。換言之，在此，現實主義者變成一個形容詞，而非是名詞。

同樣的，在戰後英國學界對現實主義之討論執牛耳的E. H. Carr，就認為「我們最終還是不能在純粹現實主義中找到一棲身之所。」「政治行動必須以道德及權力的合作協力為依歸。」「只有當（現實與烏托邦，權力與道德）兼具時，我們才能擁有一個真正健全的政治理論思想與健全的政治生命」（1946: 10）。因此，在《二十年危機》（*The Twenty Years' Crisis*）的最

後一章中，Carr就提醒我們：「若我們忽略任何形式之世界秩
序中的道德要素，那麼我們所看到的都將不是眞正的現實主義」
（1946: 235）。

倫理對政治自治

除此之外，就連Morgenthau也提出「關於倫理與政治的難
以理解的辯證法，使得後者能夠免於受到前者的判斷與規範性
指導」（1946: 177）。同時，其看法也與他對政治自治有所抵
觸。Morgenthau主張「爲了要與我們持續的支持贊同相符合，
國家必須以賦予其外交政策實踐意義之卓越目標爲方向，來追
求其自身之利益」（1960: 8）。「國家體認到不能在特定情況下
將死傷或痛苦施加在他人身上的道德責任，儘管此種行爲有可
能會因爲國家利益之因素而被認爲是正當的」（Morgenthau
1948: 177）。此外，令人難以置信的是，Morgenthau甚且指出
「我一直都主張國家的行爲必須受到普世道德原則的管制」
（1962a: 106）。然而，矛盾的是，事實上，《國際政治》一書的
中心命題之一，就是「普世的道德原則不能運用在國家行爲之
上」（1954: 9）。

由此觀之，有些論點似乎產生了嚴重的錯誤。Morgenthau
正確地指出「人類若僅是一種『政治動物』，那麼將會變成野
獸，因爲他將完全無須受到道德的限制」（1954: 12）。然而，
就在前一頁裡，Morgenthau就提到政治家「將其他的標準都放
在政治標準之後」（1954: 11），此一要求正需要有一種野蠻的外
交政策。他認爲「當法律與道德都被視爲無物時，（國際政治

理論）就必須另外幫他們找到正確的定位」（1962a: 47）。不幸的是，根據Morgenthau的看法，此定位是完全位在政治範圍之外的：「沒有任何道德主張可以用以反對以國際利益爲考量之外交政策」（1952b: 6）。「藉由將權力界定爲其中心概念，政治理論假定只有權力關係能夠控制行動」（1962a: 47）。然而，要堅持政治家的確僅依循著「從權力觀點來界定之利益」爲基礎（1954: 5），就意謂著必須要先證實這些權力的確能夠控制政治行動，而後這些政治家才能有所作爲。

再一次，我們可看到在針對道德主義之危險的例子上，因爲將有用的警告過度膨脹爲類似法律的忠告，因而貿然窄化了政治選擇的範圍，引發了很大的問題。從他們對現實主義論點之影響力的欣賞程度來看，包括Thucydides、Machiavelli，以及Carr、Niebuhr與Herz等人，都認爲要以一種更偏「現實主義」，且更貼近其普遍意涵的途徑來研究國際政治，因爲此種途徑拒絕被限制在狹隘且無人性的領域中，亦即所謂現實主義法則的領域。

不可否認，國家可以自行選擇要不要追求道德目標，或者要不要尊重倫理規範的各項限制。然而，自由選擇的程度，卻受到利己行爲的普遍性、缺少一國際政府，以及許多目標相互競逐的因素而有所限制。不過，一味地否定道德選擇的現實與重要性，將會耗盡我們對於國際關係的瞭解與其實踐。

Thucydides與Machiavelli（還有Carr和Herz）都將人性裡的邪惡、無政府狀態之國際關係的危險，以及權力與利益的必要性，視爲同時具有問題與挑戰的性質。他們拒絕接受趨向權力政治的演變，並堅持這種抗爭有其重要性存在，即使這種抗爭

終將難以完全成功。從「現實面」來看,權力政治或許不可能被全然消除抹滅。但是其許多毀滅性結果的嚴重性,卻是能夠,且必須要被加以緩和與減輕的。

相對地,Morgenthau認為邪惡、無政府狀態,以及權力政治,都是自然的事實,同時也是最具理論意涵的詞彙。「Morgenthau,這個理論家選擇他的立場,基本上是站在社會劇本裡之邪惡的一邊,同時也讓其他人明顯地站在天使的一邊」(Liska 1977: 105)。然而,這種對道德選擇與責任的捐棄,對於道德與國家利益來說,不但是沒有必要的,而且也是相當危險的決定。

簡而言之,Morgenthau的問題在於他將現實主義看成是國際政治的一種通則化理論,並且認為該理論是尋求「外交政策的永恆真相」(1952b: 3),「以及人類在社會世界中行動的永恆法則。換言之,這些真相、法則與數學法則無關,在這些法則之外,再也沒有其他永恆法則存在了」(1946: 220)。然而,我們可以發現,在這些現實主義的見解中,沒有任何一項是稍微貼近永恆法則,或與之有絲毫相似之處的。

更明白地來說,現實主義的主要缺點,在於過度高估其無庸置疑之重要見解的特質與重要性的傾向,進而把有用的告誡和危險的傾向,與國際政治的敘述性法則予以混淆。事實上,我想要鄭重的指出,Carr的論點就十分近似於將現實主義看成是一種根本負面的取向,而此看法必須被保留在烏托邦主義與辯證時的緊張裡,以便進一步引導出一種更為適切的國際理論。

討論問題

● 道德規範在特質上是否與其他種類的規範有所不同？你的答案對於道德在外交政策中所可能引發之問題的本質有何暗示？這是否僅是規範之角色的廣泛議題下的一種次群而已？

● 將（國際）政治看成是自治的，有何利弊得失？為什麼許多現實主義學者會認為國際政治是自治的，而國內政治則不然？國際關係中究竟有何現象，或缺少哪些現象，因而引發這些差異？你認為這些差異是否足以正當化此一現實主義的觀點？

● 為什麼現實主義者要認為道德在國際關係中應該要屈從在國家利益之下？本文的內容指出了幾個不同的「現實主義」答案。這些現實主義的不道德主義之解釋彼此間有何關連？

● 現實主義者的看法或許有可能過度誇大，但是國家利益與人類利益之間是否不存在一種真正的差別？此外，如果我們的確期待政治家能夠追求國家利益，而道德主義者也談論人類利益，這是否真的沒有任何一點重要的意涵呢？這是否不代表著至少需要有某種（國際）政治自治程度呢？

● 同樣地，現實主義者的看法或許稍微誇張了些，但是國際政治是否不需要具有比國內政治更強大的力量呢？而事實上，國內政治體系是否比國際體系擁有更多不同的選項呢？

● 你覺得像作者所主張的，認為現實主義者對外交政策中的道德因素之批評，只是因為依循道德而行動較困難，而不是抗拒道德的論點，是否公平？不可諱言，在人際關係與地方與

國內政治上，依循著道德而行動一樣會產生相當重大的問題。為什麼我們不應該在這些層次上為道德做更努力的抗爭呢？或者，我們以另一種說法來看待此問題。在國際關係中，是否真的有作者言之足夠的空間，能夠抗拒那些不中意的「現實主義」的傾向呢？

● 假設我們同意「標準的」現實主義論點已經嚴重地誇張化一個重要的見解。那麼我們該如何進一步瞭解現實主義之貢獻的真正本質呢？我們該如何繼續抱持此一中心見解，而不是將他取走？

● 就道德與外交政策的例子來說，我們是否再次認為現實主義的問題在於過度普遍通則化呢？現實主義者是否採取了一種類似法律的規範，並且將此規範與國際政治的法則予以混淆了呢？

● 讓我們先同意Thucydides暗自承認之國際行為裡具有最低道德標準之論點。這是否清楚地顯示他指出了避免殘酷屠殺敵人的最低標準？在不需要過多道德以防止野蠻行為的情況下，我們是否無法將他的觀點看成是含有若干現實主義的意涵？

● 讓我們先同意克奇拉的變革僅是將現實主義的不道德主義應用在國內政治之上的行為。我們該如何防止這種（不道德主義）滲透到此眾人都同意其本就不隸屬的範圍之中呢？如果要將國際的不道德主義排除在國內政治上是不可能預防的，或者很難防止，那麼一個現實主義外交政策的非計畫中的結果可能有何重大的影響性？更麻煩的是，如果一個現實主義的外交政策真的必須，而且無法禁止其滲透到國內政治之中，那麼，將會發生什麼樣的後果呢？

- 讓我們思考Machiavelli提出之在必要時得使用邪惡手段的建議。我們該如何判斷什麼時候才勢必要的時刻，而不是為了方便就使用這種手段呢？此外，一旦我們在必要時刻使用這種手段，我們該如何在不必要的時候，抗拒使用這種手段的誘惑呢？

- 你對Machiavelli認為公義只是工具性的手段之論點有何看法？作者對其論點的詮釋，使否有太過的可能呢（或者是因為引用太多Thucydides的說法來解釋Machiavelli的論點）？

- 讓我們先同意文中所指，Machiavelli是國家主義的後果論者。你認為是否真的存在著一種合理的倫理教條？如果我們同意此看法，我們是否能夠不被迫將任何不屬於自利自私的教條為「倫理」呢？

- 當討論到Machiavelli的時候，作者暗指意圖確實不是關鍵，而那些阻止暴君以利己為行動出發點的人，並不比那些因為那是不好的行為而阻止的人，更值得讚許。你認為意圖的倫理重要性是否真的如此薄弱？你認為義務論提出之任何行動都是有其道德重要性的論點，有無一定程度的效力與影響力？我們在此討論的話題是道德或者是政治，對你的答案會不會造成影響？你的答案是否會有所改變？

- 在文中，作者並沒有對倫理與道德的差異有太多的著墨。但是，這二者實際上的差異，是否有可能比作者所提出之論點更為複雜不同？讓我們進一步思考職業倫理的概念。當我們在尋求這二者間的分野時，我們是否能夠重新建構現實主義的論點（根據存在理由的觀點），將其視為政治家在外交政策上尋求不道德的要求是合乎一種職業倫理的論點呢？

● 作者把美德與美善看成是倫理的價值。你覺得這兩種特質是否真的與公義，以及「基督教」的美德意涵相去不遠？或者，這些特質的意涵可以被視為是更接近於利益？

● 我們提到雅典的衰敗時，認為主要可以歸咎於其越來越常採用外交政策以達到對利益的追求，你個人對此論點的看法為何？一旦沒有倫理上的限制，強者不但可以為其所能為，甚至能夠嘗試為其所不可為。這是否就是Thucydides想要告訴我們的教訓？

● 你認為激烈情感與利益之間的連結性，是否就像文中所提那樣直接且清楚？那麼理性與利益之間的連結情況又如何？基於哪些理由，可以從利益之中找到若干理性？現實主義者是否能夠合理正當地運用這些理由呢？現實主義者是否能夠（一直）以理性的方式來分析利益，而不允許訴諸道德的因素呢？

● 如果許多現實主義者實際上都同意在外交政策上，仍有許多空間可以允許對道德的追求，那麼為何還會時常出現諷刺的現象呢？那又為何能夠持續下去呢？

● 如果現實主義者確實接受道德的存在，我們是否應該將不道德之特質從現實主義之教條中刪除呢？而這是否就是當代結構現實主義者所嘗試去作的呢？

● 同樣地，在文中提到現實主義錯誤的根源，在於其將一重要見解的本質予以過度誇大，並將其轉變為一種靠不住的國際政治的法律。你是否同意這種看法呢？為什麼同意？為什麼不同意？

深入閱讀

正如我在第一章中所提，George Kennan所寫的兩篇簡短的論文——〈道德與外交政策〉（"Morality and Foreign Policy," 1985/86），以及〈美國原則〉（"On American Principles," 1995）——為現實主義拒絕於許多環境下在外交政策裡追求道德目標，提出了相當堅定但複雜的簡短論述。至於現實主義者最根本的定位，正如我們多次提到的，應該就是Thucydides記載之雅典派駐梅洛斯的使者了，亦即《歷史》一書的第五冊內容。如果我的論點是正確的，此種在外交政策中絕對排除道德的做法，是絕對無法持久的。因此，針對倫理的一般性討論提出一些值得推薦的文獻，也是相當適當的。

讀者最先可把Michael Walzer的《公平與不公平的戰爭》（*Just and Unjust War,* 1977）當成入門書籍。Walzer首先對現實主義提出一嚴正的評判，其批判的不僅僅是梅里安對話錄，同時也包括Sherman將軍提出之「戰爭即地獄」（war is hell）之惡名昭彰的自我辯護。[32] 相對地，Walzer認為戰爭乃是一種有組織的社會實踐，因此就必須受到社會的、政治的，以及道德的評估。他接著透過一連串詳盡之不同議題的個案分析，範圍從人道介入，到核子嚇阻等，內容不但簡潔易懂，而且生動鞭辟，透過深入的探討，也能夠引起讀者的腦力激盪，讓讀者作更深入的思考。以我的觀點來看，此書不但是有關國際倫理的極佳著作，同時也是過去二十五年來，在整個國際關係領域中，所出版最好的著作之一。

另一方面，Stanley Hoffmann在一九八一年出版的《超越國界的責任：倫理國際政治的限制與機遇》(*Duties Beyond Borders: On the Limits and Possibilities of Ethical International Politics*)，則是一位主要的國際關係理論學家從同情現實主義論點，但卻又強烈反對該論點的立場，所做之經典的論述著作。Beitz（1979）的著作同樣也是相當經典。他直接指出眞正合乎道德的國際關係的可能性爲何。其中，有三個篇幅是在批評Hobbes對於國際自然狀態的看法，並且提出關於國家自治（主權國家、介入，以及民族自決）的議題，同時也探討了全球分配性公義的問題。此外，Frances Harbour的《思考國際道德》(*Thinking About International Ethics,* 1999) 一書，則對現實主義所遭逢的挑戰，提出了相當扼要的介紹，同時並對與美國外交政策有關的八個個案做出詳細的分析。Mary Maxwell所著之《國家間的道德》(*Morality Among Nations,* 1990)，雖然內容饒富變化，但卻是從社會生物學的角度來探討此一議題的有趣著作。

另外，還有許多探討道德與國際事務的相當有用的讀物。對那些具有理論傾向的讀者來說，其中一本最好的著作則是由Beitz編纂的論文集（1985）。該書的各篇論文，都是從《哲學與公共事務》(*Philosophy and Public Affairs*) 中選錄出來的。其所探討的議題，指出了道德懷疑論在國際關係、嚇阻、戰爭規則、國家的倫理定位，以及國際公義分配中，所呈現出來的主要問題。Joel Rosenthal在一九九五年出版的《道德與國際事務》(*Ethics and International Affairs: A Reader*) 一書，則是從「卡內基道德與國際事務委員會」(Carnegie Council on Ethics and International Affairs）每年出版一次的同名刊物中，挑選若干優秀文章而集結成的著作。那些對國際關係之次領域有研究興趣的讀者來說，此書是必讀的作品。

除了美國本土，在英國近來也有兩本著作值得推薦給讀者。由Dunne與Wheeler共同完成的《國際政治中的人權》（*Human Rights in Global Politics,* 1999）一書，收羅了與此議題相關的許多論文。過去二十年來，道德考量在外交政策上的重要性若有一定程度的增加，此書的貢獻不可謂不大。另外，由Wright所出版的《倫理與國際關係：概念及議題》（Morality and International Relations: Concepts and Issues, 1996），則是討論了許多項不同的議題，雖然內容簡潔，但卻相當周到。

至於其它值得推薦的文獻，在此，我則再挑出三本供讀者參考。David Lumsdaine的《國際政治中的倫理映象》（*Moral Vision in International Politics,* 1993），則因為其強調經驗實證的焦點，而特別吸引讀者的注意。透過仔細檢證第二次世界大戰後的外交援助政策，Lumsdaine指出了國家行為，至少是在此一領域中，的確是因為受到人道考量的影響所形塑而成——即使不是完全被影響，但程度亦相當高。Ken Booth所寫的〈人類的不道德行為與國際關係〉（"Human Wrongs and International Relations," 1995）一文，則是指出人類痛苦乃是國際關係研究中的主要部分，並對此重要之論點提出了一個極具說服力、啓發性的，且熱烈激昂的論述。Smith（1992）則是針對道德考量在國際關係研究中再度受到重視的現象，作了詳盡的檢視。

我在文中提到的光榮與榮耀之倫理道德，其實更常被以「有罪的文化」（基督教教義）與「羞恥的文化」（希臘的文化）

之間的差異，作爲討論的觀點。在諸多經典文獻中，關於此項差異的討論，可參考Dodds（1951: ch. 2）。另外，尚有從較廣泛的人類學觀點來爲之探討，請參考Peristiany（1966）。Adkins（1972）則亦是從此觀點出發，針對希臘的道德與政治價值作了相當容易瞭解的介紹。另外，Gagarin（1974）、Havelock（1969）、Creed（1973）、Pearson（1957），以及Dover（1974）等人，則是針對古希臘世界中的公義與其它普遍流行的各項價值，作了相當大範圍的檢證。

　　關於Thucydide對道德價值的解釋，較廣泛的討論可參考Edmunds（1975）的作品。同時，讀者也可參考Heath（1990）、Hooker（1974），以及Shorey（1893）等人的著作。Clifford Orwin的《索西迪斯的人性》（*The Humanity of Thucydides,* 1994）一書，則是近來相當不錯的一本著作。而Stephen Forde（1992; 1995）的兩篇論文，則是對Thucydides與Machiavelli二人的觀點作了詳盡的比較，並進一步質疑我對Machiavelli的論點所提出之看法。最後，Johnson（1993）、Slomp（1990），以及Schlatter（1945）等人的著作，則是進一步比較了Thucydides與Hobbes二人的論點。讀者可一併參考之。

註釋

[1] 關於此結論的探討，以及美國外交援助上的確實（道德性）作為，請參考Lumsdaine（1993）。另外，我們也可由美國所領導之國際聯合部隊介入索馬利亞與前南斯拉夫（包括波士尼亞與柯索夫）內戰的例子，看到過去十年內的部分因人道因素而使用武力的個案。

[2] 然而，Tucker曾在評論Morgenthau之著作時指出，「如果國際政治只是權力之間的鬥爭，那麼該如何判斷國家利益的確有其『道德尊嚴』，可說是一個迷思」（1952: 221）。

[3] 然而，這卻是一種歷史上的事實，而不是邏輯的必然。舉例來說，中古世紀歐洲的基督教國家，在許多面向上都比勃根地（Burgundy）、諾曼第（Normandy），或是蓋斯坎尼（Gascony）等地更為強大與具有更多有意義的政治社群——更別提法國了。此外，在基督教國家中，所謂較小政治個體的「國家利益」，所指的乃是「君王」的利益，而不是人民或區域個體的利益。因此，Robert Gilpin會以較廣泛的方式來談論「衝突群體」（conflict groups）（1996: 7），因為國家僅是其中較具重視的範例之一而已。

[4] Joel Rosenthal對於Kennan的觀點有相當不同的看法，他認為「Kennan抱持的現實主義不但沒有把道德考量排除在政治之外，相對地，卻完全都是在討論如何使道德因素更有價值與意義」（1991: xvi）。儘管我不認為這種說法是具有說服力的，但是這卻似乎值得我們嚴肅地多加考量。對於Rosenthal論點的討論，可參考Kennan（1995）。

[5] 可與Morgenthau的另一篇著作相互比較（1962c: 43）。在此篇著作中，Morgenthau批評Carr的觀點，指出其否認了先驗性觀點的可能性。

[6] 請參考第23－24頁。

[7] 其他沒有特別註明的引文都是引用自Thucydides所寫的《歷史》（*History*）一書。而我所採用的譯本，主要乃是由Crawley所翻譯（Thucidides 1982）之修訂版本。此外，我也參考了部分由C. F. Smith

在Loeb版本（Thucydides 1919-23）中所翻譯的文字，這些我都會加上
"Smith" 以作為區別。

[8] 在《歷史》一書中，出現超過一百五十次的 "dikaios"、"dike"，或其他
同源的字眼（都是公平、正直、正當的意思），其中有一半以上都具有
「公平」、「公義」這類的道德意涵。（其他則多指涉仲裁或合法之訴
訟，或者具有「準道德」意謂的「適當」或「適切」意涵。）至於
"adikaios"（也就是不公正）一詞的不同形式，則出現了約一百五十
次，而通常都會具有道德意涵。此外，"epieikeia"（亦即平等、公平的
意思）、"eikotos"（公平地，合理地）等字眼也在該書中出現了約二十
四次之多，且通常具有道德意涵。詳見Essen（1964〔1887〕）。

[9] 舉例來說，作者可參考Plato的《共和國》（Republic 359c）、Aristotle的
Nichomachean Ethics的一、二卷，以及Rhetoric 1366b9-11。

[10] 文中多數關於Machiavelli的引證，都以下列方式予以表示：P＝The
Prince《君王論》，採用Mansfield的翻譯版本（Machiavelli 1985）；D
＝The Discourses [on the First Ten Books of Livy]《論述集》，引用的版
本為經過Crick修改，由Walker所翻譯的版本（Machiavelli 1970）。

[11] 關於這二種理論的討論，以及其在國際關係上的應用情形，請參考
Nardin and Mapel（1992: chs. 7, 8, and 14）。

[12] 馬基維利的（權謀政治的）相關文獻，甚而可能認為Machiavelli試圖
哄騙君王，尤其是那些以重視本身的利益與地位而惡名昭彰的君王，
要他們以共善為其行動之目標。

[13] 詳見第66, 69頁。

[14] 關於「美德」（virtù）的概念，請參考Price（1973）、Wood（1967）、
Mansfield（1996: ch. 1），以及Plamenatz（1972）。

[15] 例如，詳見Machiavelli（1988a: 31, 103-104; 1965: 36; 1908: 67）。我
之所以選擇使用Mansfield的譯本（Machiavelli 1985），主要的好處在
於他在書中一貫以virtue來取代virtù。這顯示出Mansfield想要以更廣泛
的觀點來詮釋Machiavelli真正所要表達的意涵，而不是光從一個譯者

的角度來選擇最適當的譯文，而這也是我們可能會犯的錯誤，或者我們可能會認為那種錯誤的譯文，正是「他（Machiavelli）肯定的意思」（而不是他真正的意思）。

[16] 因此，「美德」也經常被翻譯為「勇氣」、「力量」，或「活力」，但是這些用法還是弄錯了Machiavelli用法中的倫理面向。舉例來說，可參考Machiavelli（1965: 35）、Machiavelli（1954: 72）、Machiavelli（1950: 31）、machiavelli（1908: 69）。

[17] 從Machiavelli的觀點來看，究竟什麼會使一個人更為優秀，請參考Macfarland（1999）（不過我在此應該同時強調，我並不同意他的許多詮釋看法）。

[18] 請參考我在第171頁所引用之P8〔4〕的內容。

[19] 嚴格地來說，光榮與榮耀是兩個不同的概念。尤其，許多光榮的行為並不榮耀；相對地，這與每天都要實踐的社會規範應該一致。同時，至少原則上，有時候可以用不光榮的手段獲得榮耀。在此，我將把我們討論的範圍限縮至光榮與榮耀之間的重疊處，而這部分也就是我們在此要討論的關於倫理體制的焦點所在。儘管此處仍有若干細微的差距存在──舉例來說，我們或許比較可能稱讚榮耀者，但卻會尊敬光榮者──不過在我們的討論裡，這些差異是可以被忽略不顧的。

[20] 詳見第167-169頁。

[21] Adkin（1972）曾廣泛地闡釋這個價值體系，並且透過探究遠古希臘政治思想的路線以追溯之。

[22] 關於西西里遠征隊的探討，詳見Avery（1973）、Lateiner（1985），以及Green（1970）。

[23] Pusey（1940）曾對Alcibiades的論點作了詳盡的討論。至於一般對Alcidiades的看法，請參考Ellis（1989）、Forde（1989）、Cawkwell（1997: ch. ），以及Bloedow（1973）。

[24] A. E. Raubitschek認為，儘管Euphemus使用與雅典使者在雷西德蒙之國會發表為其國家辯護演說中一樣的詞彙──亦即「合理」（eikotos）

與「價值」（axioi）──但是這些詞彙的意涵卻截然不同。事實上，他認為最初的雅典演說是「在戰爭的情境史男人、人類，與政策之道德敗壞的培立克利斯式的雅典遠景」，「在培立克利斯時代的雅典帝國的真正光榮的陳述」（1973: 36, 46, 48）。

[25] 關於民主國家與帝國之間的關聯性，請參考Raaflaub（1994），他試著從歷史觀點回答此一問題，並且也引用了許多相關學術文獻的資料。

[26] A. W. Gomme則是從另一個角度來看待這種緊張關係。「尚有一件美好的事情就是雅典人完全注意到他們民主制度的弱點所在…但是他們卻不能因為瞭解到效率可能帶來的益處，而放棄這種制度，或者對其加以修正…為了保障他們向來極為重視的自由與生活與思想的多樣性，雅典人謹慎地冒著自身安危來應對」（1962: 192-193）。實際上，這也是真的，雅典人對內在的「第二印象」考量，提供了一個優先性的令人驚訝的例子，而不顧Waltz的結構上的「第三印象」的規則。

[27] 讀者可特別注意此處與Machiavelli對暴政提出之解釋的相似點（DIII. [3]），也就是我們在第177頁所引用的內容。

[28] 關於Thucydides對暴政的看法──對雅典的指控最先是由Corinthians提出，I. 122.3──可參考Connor（1997）、Hunter（1973/74）、Raaflaub（1979），以及Palmer（1982a）。對此議題之更廣泛的探討，可參考McGlew（1993）。

[29] 此點可與Cogan（1981: 139163）作一比較。他用一種觀念學的階段思考（以米提蘭至普拉塔亞，在到克奇拉的變革等階段），從Pericles的有限目標中，發現一種漸進式的衰敗，最後一個階段即是Euphemus的演說，一種過度活躍，近似歐斯底里的貪得無厭之殘酷。

[30] Immerwahr進一步認為在雅典人對權力的熱愛中，其實存在著一種無可避免的不幸的模糊性質（1973: 28-31）。

[31] 「Pericles的帝國主義…並不是緣起於對權力的渴望，而是起源於對雅典的深切熱愛，而且也是屈從於一種更高的概念，亦即權力政治會融入一種文化優越與才智之中。不管Thucydides對於Pericles與其民主制

度的看法有多理想化，在 Pericles 的政策上仍然存在著一種根本上的差異…在其繼承者身上亦然。在 Pericles 的領導下，雅典人的連續不斷的活動（polypragmosyne），轉變為對在政治上與心智上都活躍著的人類的有用且激勵人心的活動」（Ehrenberg 1947: 48）。

[32] 此一宣稱，正是以其在美國內戰時，對南方地區所做之野蠻毀壞為提出之背景，他絲毫不在乎百姓的死傷或其權利。

結　論
現實主義的本質與貢獻

　　許多現實主義學者，例如E. H. Carr與John Herz——以及，如果我在前面幾章的詮釋是正確的話，Thucydides與Machiavelli亦可包括在內——都認為現實主義僅可算是國際理論的一個面向，或者說是一個探討的起始點而已。同時，這些學者也堅決地主張以更高層次的人類渴望及保留在潛在價值，將「現實主義」的見解繼續保留在與其它理論相互辯證的緊張關係中。正如同Carr所言：「沒有人能夠永遠且完全成為一個現實主義者，這乃是政治科學中最為肯定且最難以理解的現象」（1946: 89）。在此，我將透過本章的內容，提出一簡要的結論，嘗試對現實主義的本質與其貢獻做出解釋、說明。

現實主義的消極、告誡性特質

　　眾所周知，現實主義者所界定之反覆出現的（現實）模式，並不是國際關係中的永恆法則。同時，現實主義者明確指出的各項限制，也並非牢不可破的關卡。然而，其他與國際關係研究之重要性不相上下的模式與過程，卻都不在現實主義的理解範疇之內。舉例來說，即使我們認同Machiavelli的論點：「只要有機會，人類總是會利用時機來發洩他們心中的惡毒意念」（1970: Book I, ch. 3），也並非就是同意國家能夠採用不道德的外交政策，或者是接受國內法律應該將無辜者與犯罪者一視同仁地對待。就像我反覆重申的論點一樣，告誡的需求必定不能與要求告誡的不變性與必然性混淆在一起。

　　許多戰後的現實主義學者都承認在他們的著作中，的確隱

含著若干（對現實主義）反動的、負面的特質。Georg
Schwarzenberger在《權力政治》（*Power Politics*）一書之第二版
（1951）的前言中明白指出，在一九四一年時，「提防國際政治
之天真的白日夢是有其必要的。不過，現在亟需要堤防的，乃
是另一種有害的極端：毫不受限的譏諷」（1951: xv）。Carr也指
出「《二十年危機》（*The Twenty Years' Crisis*）一書具有一審慎
的目標，亦即要對在幾乎完全忽略權力因素下所產生之引人注
目與危險的缺陷提出反動。」因此，有些內文就「以相當單面
向的強調手法，提出各自的論述」（1946: vii, viii）。George
Kennan，在其《美國外交政策》出版的三十年後，也承認「原
作中出現的過度極端守法主義與道德主義的問題，在今日看
來，有很大一部份都是過往陳煙了」（1984: vii）。而新現實主
義在一九七〇年代與一九八〇年代的復興，則明顯是對在國際
關係中強調公義與改變的研究途徑所出現的反動，例如依賴理
論與自由國際主義者對互賴的強調即是如此」（Waltz 1970;
1979: chs. 2, 7）。

　　因此，我們可以瞭解現實主義的主要目的，也就是對道德
主義、進步主義（革新論），以及其它類似的「樂觀的」取向提
出警告。其強調的是在國際關係中鮮少發生，或很難發生的特
點，而不是指出什麼是值得奮鬥追求的目標。「『現實主義』代
表傾向於將所有因素都納入一個社會與政治的情境之中，而抗
拒以建立的規範，及拒絕解釋利己與權力等因素」（Niebuhr
1953: 119）。現實主義「將國際事務描繪成一個在諸多尋求自利
之國家間的權力鬥爭，同時普遍對化解衝突與戰爭的前景感到
悲觀」（Walt 1998: 31）。無庸置疑，這的確是國際關係理很重

要的一部份——但是，卻也「只是」一部分而已。

現實主義主要的負面與告誡的貢獻，有助於解釋其循環性的興衰起落。現實主義或許是「對烏托邦主義的興盛的必要性改善論點」（Carr 1946: 10）。不過，一旦做到了此一修正，現實主義在思想理論上的優勢地位也將隨之消逝。事實上，戰後的現實主義在此負面、修正的任務上的重大成功，使其缺點反而轉化成為一個實證理論。

> 某些「現實主義者」透過運用名詞上的同義反覆定義轉變的明智的方式，而訴諸的國際政治的法則受到相當詳盡深入的檢證。經由對歷史個案所作之大量調查，指出了他們對於過去的經驗其實似乎並沒有真正被實踐的曖昧、隱晦看法…的確，即使是最完美的「現實主義」著作，也不能保證就具備高水準的理論精確性：它們頂多都是極具影響力的辯論性論文罷了（Bull 1972: 39）。[1]

另一個針對結構現實主義之「含混的預測」的薄弱性所起的類似，但較不嚴苛的反動，則是以一九九〇年代的論點為其特質。

一直以來，現實主義都被認為是一套調整性的概念見解——一種哲學上的取向或研究計畫[2]——因此不管是在學術界裡的爭議或普羅大眾的辯論中，都可見到現實主義的影子。現實主義是一個在國際政治理論裡，常見的傳統性辯論議題——不過也只是一種傳統（可與Wight 1992: 1, 7, 15-24的內容作一比較）。其學術優越性的起起落落，往往都是取決於整個社會與政治環境的廣泛改變。根據Robert Rothstein對現實主義在兩次大

戰期間的邊緣化，以及其在冷戰時期享有之優勢地位所作的觀察，則提供了一個比較概略的應用性：「根據戰後現實主義者的優越洞察力來看，現實主義在一九三○年代與一九四○年代時所引起的不同反動，只是部分且不完全的」（1972: 349，可與Ferguson and Mansback 1988: 99的論點相比較）。

　　現實主義的不同理論，與其內涵教義上及政治上的背景之互動，並沒有揭穿現實主義與其見解的假面具——除了其宣稱具有永恆的普世效力之外。然而，此互動卻對現實主義的類似法律之規範，表示其關注、憂慮，甚至是懷疑的意念。舉例來說，從Thucydides、Carr、Morgenthau，以及Waltz等人的不同意見看法中，我們可以看出某些現實主義者所一再主張的事實，其實遠比他們願意承認的更不確實。

　　針對此（誇大）的問題，Morgenthau就提出了相當引人注目的說明。我們仔細思考他提出的政治現實主義的第五項原則：「政治現實主義拒絕以統治全世界的道德法則，來界定特定國家道德渴望」（1954: 10）。儘管Thucydides與Machiavelli或許未必會反對此一論點，但是對他們二人來說，此項論點卻從未成為他們思想理論裡的基本原則。就像Morgenthau提出之外交的第一項「基本法則」——「外交必須放棄神聖的精神」（1949: 439）——這是特別針對Wilson的「理想主義」所提出之及時的反動。這對戰後美國的外交政策應該有許多寶貴的告誡。但是，它們卻絕對不是永久的政治法則。

　　現實主義乃是根深蒂固於關於人性與國際無政府狀態所導致之限制的持續性見解。當這些見解想要進一步提出同等重要的概念時，問題就會浮現出來——尤其是當現實主義被認為是

解釋國際政治的通則化理論時，更是如此。此外，就算是在諸多「現實主義者」之間，例如Thucydides、Machiavelli、Carr，以及Herz等人提出的論點中，我們也可以看到許多「非現實主義」的見解。一旦失去了平衡的概念──也就是完全沒有代表性的學者，例如Morgenthau、Waltz，與Mearsheimer──現實主義的概念見解或許更有可能會引發理論與實際應用上的問題，而不是去解答這些問題。

現實主義者的研究計畫

然而，若我們執意將現實主義看成是一個純粹的消極理論，這也是相當不公允的。不管過度通則化會帶來什麼樣的危險，典型的現實主義學者都還是強調自利主義與無政府狀態的重要性，認為這些特質確實會對試圖要發展為國際關係的局部、中型理論的研究計畫，提供相當有遠景且具發展性的基礎。Glenn Snyder近來的研究焦點集中在國家之間的關係，亦即我們在第四章裡所討論到的部分，就對此種現實主義理論（計畫）提供了很好的範例，我相信此計畫是值得繼續研究追求的。Snyder的研究並沒有打算要推論出一個解釋國際政治的通則化理論，或者是針對同盟關係提出一個概略的現實主義理論。相對地，他的研究對於同盟的形成方式與管理，提供了相當重要的理論見解。

換言之，我們發現理論的真正任務，乃是在清楚地與準確地界定出特定的理論邏輯，並且透過不同的研究方法，仔細地

闡釋那些構成現實主義「核心」之假設的可能結果。然而，這種邏輯究竟能否真正運用到世界上，就屬於經驗實證的問題了。但是，我們必須注意，沒有任何一個邏輯應該被視為能涵蓋國際關係領域中的所有現象，或者能解釋一個相當大的次領域，例如安全關係。

正因為這種理論、邏輯上的侷限性，才讓現實主義者與非現實主義者能夠有齊手合作的機會，並展開具建設性的對話。至於本書中談到的國際制度的議題，Randall Schweller與David Priess二人則是駁斥Mearsheimer全然否定其價值的論點，並且開始著手發展一套關於國際制度的現實主義理論。藉由運用極性的典型結構性變數，Schweller與Priess認為兩極結構下的制度，傾向於以非正式，且與超強利益緊密結合的型態出現；而多極結構裡的制度，則是較具有正式化，同時也特別仰賴強權來支持現狀的維持（1997: 15-23）。此外，它們也利用現狀與修正強權間的差異，進一步形塑預期制度之動態的模型。

不可否認，這些珍貴的見解乃是深根於現實主義的傳統思想裡。就其本身而論，這些見解或許比較不會被浸淫在其它學科領域之傳統思想中的學者所欣賞，例如自由制度主義。然而，這些見解無論如何都是解釋國際制度的適當論點。另一方面，現實主義的制度論者仍可從自由主義學者身上學習到許多有用的知識，而反之也亦然。

這本關於現實主義的著作，對國際關係研究學門提出了一套多元化的見解。正如我在第二章末節中所言，若要瞭解現實主義是一種哲學取向或是研究計畫，我們必須放棄傳統國際關係理論中的爭論觀點。真正需要重視的議題，不在於現實主

（或是自由制度主義，或建構主義，或其它理論）是否「錯誤」，而是在於何時、何地，特定的現實主義見解與理論能夠幫助我們瞭解並解釋那些引起我們興趣的事物。[3]

被認為是一種研究計畫的現實主義，乃是「一個『大帳篷』，擁有能夠包容可提出相異預測的各種不同理論的空間」（Elman 1996: 26）。同理，我們可以把國際關係研究看成是一個更大的帳篷，而且擁有能夠包容其它不同研究計畫的空間。不同的傳統思想或研究計畫所關注的焦點也不盡相同，而不會相互競爭要探究同樣的議題。

現實主義之所以能夠持續存在，是因為其總是對導因於無政府狀態、競爭，以及怯弱而一再出現的衝突，提供及時的論述證據與模式分析。儘管現實主義不能提供許多關於合作的見解，而且許多分析家認為此概念乃是國際關係中的另一項值得關注的部分，其重要性並不亞於衝突。然而，這並不能算是一種缺點——除非我們碰巧有興趣對合作有進一步的瞭解。此外，即便那算是一項缺點，也是因為我們有不同的研究興趣與研究目所致。

就以我自己為例，我的許多著作都是關於國際人權的探討。對於將人權實際運用在外交政策上所出現的困難，現實主義在此就提供了大部分的負面見解。因此，現實主義對我而言，其實並沒有多大的幫助。而現實主義者就可能回應說：這是因為我本人的興趣所導致的結果。然而，相對地，對他們而言，現實主義之所以具有很大的用處，也是根據他們的興趣而定，亦即根據他們在此領域中選擇深入研究的部分而定。簡而言之，任何特定理論或研究途徑能否有其效益，端看我們選擇

什麼議題來研究，或者我們希望能夠有什麼新的發現了。

　　事實上，究竟在國際關係的理論與實際中，何者才是最重要的部分，至今仍無一套客觀的判斷標準與肯定的答案存在。先讓我們同意下列假設，多數國際社會的人權倡議行動，其實都不能改變其目標國的行為，而現實主義或許可以提供我們部分答案。然而，這並不必然代表現實主義就是一種十分有用的理論。舉例來說，如果我們有興趣進一步瞭解這些倡議什麼時候會成功，以及將如何成功，現實主義就可能沒辦法給我們一個確切的答案或解釋。

　　我們曾在第二章裡看到傳統思想與典範之所以會蓬勃發展，可能的原因不外就是當它們能夠告訴我們，若干有關於這個世界的重要線索或事實——但，至多也是少數一些事實而已。現實主義，就像其它的哲學原理、傳統思想，或者是研究計畫一般，只是幫助我們瞭解外在事物的輔助工具。它或許能夠成功運用在某些方面，但是，也有可能無法解釋其它面向的問題。不可否認，一旦我們將根源於現實主義的所有見解與認知都排除在這門學問之外，那麼此一領域必然明顯地將耗竭而無創造力。但是，若現實主義者執意堅稱其問題與觀點具有一種不正當的霸權，就如同近幾十年來，許多現實主義者的論點一般，那麼這門學問也將必然失去活力。

　　現實主義的研究計畫將會繼續促成更多可貴有價值的理論出現。但是，其他的研究計畫也同樣有此功用，卻也屬實。換言之，這門學問對於非現實主義理論的需求，其實與其對現實主義理論的需求一樣強烈。我們不但不能將非現實主義理論看成是我們的對手，遑論敵人，相對地，我們應該將所有的理論

家都視為是具有不同興趣、見解，與貢獻的學者。[4]更具體地來說，與其需要國際政治的（一個）理論，我們真正需要的，乃是國際關係的（許多）理論，不管那是現實主義理論，或是非現實主義理論，都一樣重要；同時也能給我們一個機會，使我們能夠在創造世界政治的多樣化人類目標，與複雜之實踐情況與過程之間，達成和平共處的協議。

傳統理論的影響

本書從相同的觀點，分別詮釋了包括Thucydides、Machiavelli，與Hobbes等「古典」現實主義學者，以及Waltz、Mearsheimer，以及Snyder等當代現實主義學者的論點與見解。之所以兼顧古典與當代學者，有部分理由是因為Thucydides與Machiavelli的論點，亦即我們在第二章與第六章中所評析的論點，都是相當有趣，且極富啟發性的。同時，這也反映了我在第一章中將現實主義描繪成一種傳統的分析方法，並指出其具有一段悠久與重要的歷史。在此，我打算對現實主義的本質與特性做出幾點評論，並以此作為本書的總結。

儘管二十世紀的現實主義學者並不依賴經典著作的權威，但是他們卻仍堅持，他們所提出的論點確實包含若干傳統思想的概念。[5]在他一篇經常被引用的論文中，Robert Gilpin甚至還談到「回到現實主義傳統思想的根源」（1986: 308）。也因此，這些根源會透過何種方式被表達出來，將會對現實主義者的著作造成一定的影響。

　　傳統思想不但有助於塑造我們陳述我們所見到之事物的方法，同時也讓我們明白目前所關注的焦點，並指出我們認爲重要的事項，而在某些個案上，更會形塑我們所看到的事物。讓我們思考一下Art與Waltz提出的一個草率隨便的論點（在第六章中所討論的論點）[6]，亦即「無政府狀態裡的國家，絕不能夠成爲具有道德的個體」（1983: 6）。這種粗心的誇大之詞，顯露出若干深層的思想傾向，這些傾向會因爲我們看待有關傳統思想之著作的不同方式，而受到不同的形塑。

　　衆所周知，傳統思想是透過各種選擇性的應用而被加以傳遞。每一個世代的現實主義者不但參與了已經確立的傳統思想，另一方面，透過他們的參與以及回顧，這些現實主義者也同時在創造該傳統思想的新面貌。Thucydides、Machiavelli、Carr、Morgehtnau，以及Waltz都是相當典型的現實主義學者。然而，正如我們所見，他們所提出的論點之間的差異程度，與這些論點之間的相似性，一樣令人感到訝異。也因爲這些不同的論點，我們才能在這個世界上，透過不同的方式來思考與行動。

　　舉例來說，Gilpin曾哀慟地指出一個事實，亦即許多人之所以會「痛恨現實主義，乃是因爲從好的方面來看，此理論被認爲是一種不道德的主義信念；從壞的方面來看，此理論就成爲一張允許殺戮、製造戰爭，以及表現如掠奪等荒唐行動的許可證」（1986: 319）。造成這種信念的一項重要因素，顯然是與Thucydides和Machiavelli的著作有極大的關係，而他們的論點也就是我在前文中所極力反對的。事實上，如果〈梅里安對話錄〉被認爲是一種危險的誇大之詞，而非被認爲市代表現實主

義中心要旨的著作，那麼許多後來的現實主義著作的特質或許就會有所不同了。同時，現實主義者與非現實主義者之間的互動模式，或許也就大不相同了。

坦白地說，當前研究國際關係的學生之所以會有如此淺薄與狹隘的認知觀點，其中一個原因就是授課的老師往往以傳統思想的「模範性」運用，來取代「啓發性」的運用[7]，不管他是現實主義者或非現實主義者皆是如此。學生往往會仔細閱讀被挑選出來的幾篇代表性文章，而這些文章也論證了Thucydides與Machiavelli等人所認知到的現實主義——因爲這些文章不但不受到忽視，或者被丟棄到垃圾堆裡，反而被標上「推薦閱讀」的標籤。換言之，研究這些經過挑選之重要的摘錄作品，不但不能提供一種啓發、見解，或是探索性的來源，反而是將政治理論限制爲一種描述性或再次確認的概念。這種「從好書中挑出好章節」的研究途徑，同樣限制讀者進一步體驗其理論認知的特質，同時也使讀者無法以不同的分析方式來探究學問。結果，讀者們所看到的書籍與論點，或許有可能早已被嚴重扭曲，而失去原意，就像Thucydides的著作，以及〈梅里安對話錄〉所眞正代表的意涵一般。

簡而言之，我們對那些經典著作所眞正需要採用的研究方法，乃是一種更爲開放，更能夠追根究底的研究途徑。不過，是由誰來挑選這些經典著作，也有可能會出現相當大程度的差異。舉例來說，我在第六章最後，以及在此結論最初所提出的論點，都可能被認爲是想要在模稜兩可現實主義者，如Carr、Herz，與Thucydides，以及強勢現實主義者，如Morgenthau與Waltz之間，找出一條區隔的分界。甚而，總的來說，那也有可

能被視爲試圖要求Thucydides回到現實主義者的行列的論述。
實際上，存在於這種經過挑選的（經典）著作中的爭論，其實
並不少於「主流」著作的事實，可從現實主義者對Thucydides
論點的詮釋中清楚地看出，儘管他的論點仍在國際關係中佔有
主要地位，但是在當代現實主義者的著作中，已經很難看得到
他的蹤影。

　　同樣地，我們解讀現實主義的諸多方式，也有可能會造成
實際的影響後果。Kant在《永久的和平》（*Perpetual Peace*）一
書中，就主張現實主義者的不道德主義根本「不值得一聽，因
爲這種有害的理論可能會把邪惡帶入他的預測之中」（Kant
1983: 133）。這與我們在第六章最後所討論之Thucydides的論點
其實相當一致。若我們在利益的追求上完全不受倫理道德的限
制，則這種行動最終將會帶領我們走入野蠻的世界裡。

　　無論如何，我們如何理解現實主義——或者去理解其它傳
統的分析思想——都可能影響到我們今日思考與行動的方式。
對於那些自認爲在傳統思想中悠遊的人來說，這種影響將更爲
深遠。然而，如果我所指出之現實主義是研究國際關係時，會
反覆出現的傳統思想之論點爲眞，那麼，即使是那些從來不認
爲自己是現實主義者的人，都將無法避免與現實主義產生互
動。

　　很明顯地，我個人的偏好主要在於對現實主義提出一批判
性的論點：仔細研究，同時深刻地欣賞，但最後仍予以駁斥。
但是，其他人或許會想要對現實主義抱持較爲正面積極的態
度，而這也是十分合理的立場。儘管如此，任何一位想要認眞
研究國際關係的學生，都必須努力解決現實主義對於無政府狀

態與利己主義在國際關係中之定位所提出的挑戰。Carr的論點無疑是相當正確的，亦即一旦對現實主義的影響力與其限制，有徹底的欣賞與認知，才有可能獲致任何健全的理論與健全的實踐。

討論問題

- 現實主義的「消極」與「積極」見解之間的區隔，是否真的如作者所形容地那麼顯著與清晰？先讓我們思考下列構想。現實主義的（積極）見解確實有其應用上的限制。有許多對於現實主義之見解的重要運用，都牽涉到一種普遍過度樂觀的傾向。這些（構想真的毫無用處嗎——若我們公平地來看——其助益是否比提出負面見解的構想薄弱？當作者轉而考量現實主義的研究計畫時，他是否仍對其有所懷疑呢？

- 即使我們承認現實主義貢獻有其「消極」構想，但是其貢獻卻仍相當具有價值。如果我們將現實主義看成與其它理論、途徑、傳統思想，或研究計畫一般，它是否依然能夠被適當地欣賞呢？現實主義之見解所具備之（理論上與實踐上）的重要性，是否尚不足以使其在多元學門中具有一特定的地位？作者雖然指出當前研究國際政治的學生都必須對現實主義有一定程度上的瞭解，但作者是否就真的認為現實主義有其特殊地位呢？

- 若我們先同義本書中談論到關於局部理論的論點都是正確的，那麼，進一步探究哪一種傳統思想或研究計畫是（較接

近於）比其他理論、計畫更爲正確的問題，是否就不重要了
呢？此外，其他理論是否有可能比現實主義更爲正確呢？

● 文中提到一個人理解理論傳統思想的方式，將會影響其行動
的模式，對其實際行動結果亦有影響，你對此一論點有何看
法？你認爲現實主義者是否能夠接受這種觀點呢？

● 本書的論述已經接近尾聲，你對現實主義的觀點有何改變
呢？就你個人而言，你會認爲現實主義在國際關係研究領域
中的定位爲何？爲什麼？

深入閱讀

　　提出試圖尋求一個更多元化的學門領域的請求，很明顯地
是本書結論部分的核心所在，而這個論點也受到許多學者的支
持與呼應。那些對判斷此學門當前之狀態的讀者，可先從下列
三本優異的著作入門：由Smith、Booth，以及Zalewski三人所
合力編輯的《國際理論：實證主義與未來》（*International
Theory: Positivism and Beyond,* 1996）一書；Dunne、Cox，與
Booth編輯的《八十年危機：國際關係1919-1999》（*The Eighty
Years' Crisis: International Relations 1919-1999,* 1998）一書；
以及由Katzenstein、Keohane與Krasner三人編輯的《世界政治
研究的探索與爭論》（*Exploration and Contestation in the Study
of World Politics,* 1999）一書。《實證主義與未來》可說是比較
英國式的著作，焦點比較集中在認識論與方法論之上，其內容
同時也比較不正統。《探索與爭論》（最先是《國際組織》

（*International Organization*）1998年秋季號的一篇論文），則是以偏向美國式的角度寫成，不過其內容仍稍嫌不正統。Doyl與Ikenberry（1997）、Burchill與Linklater（1996）、Booth與Smith（1995），以及Gill與Mittleman（1997）等學者的著作，都是近來深入探討此學門之狀態的優秀著作，讀者可進一步參考。

至於那些對後現代主義有濃厚興趣的讀者，我認為在Burchill與Linklater（1996）的書中，有一篇論文是由Richard Devetak所著，其內容淺顯易懂，其關注的焦點也正是後現代主義在國際關係研究中的影響與顯著性。Peterson（1992）的著作同樣也相當簡明清楚，並進一步討論到後現代主義與女性主義之間的關係。此外，就我個人經驗來看，Rosenau（1990）的著作對學生來說，或許有點難以接受，但是卻仍然值得一讀，同時他的著作也可當成是進入認識論與本體論相關議題的基礎。

儘管此部分是要提出與本書結論有關的參考著作，不過，同時指出若干對現實主義理論有綜合性廣泛評論的著作，也是相當適切的。另外，進一步推薦其他評論性的著作，也有助於本書的讀者做進一步的參考與研究。

凡是對關於二十世紀之「古典」現實主義學者的思想有興趣的讀者，由Michael Joseph Smith所完成的《現實主義者的思想：從韋伯到季辛吉》（*Realist Thought from Weber to Kissinger,* 1986）一書，提供了許多珍貴的二手文獻，可當作讀者的入門書籍，相當值得參考。該書對Weber、Carr、Niebuhr、Morgenthau、Kennan，以及Kissinger等人的論點，不但以單章的方式進行獨立的探討，同時也提出他們的評論。儘管作者的切入角度極具批判性，但基本上還是以支持論點的立

場完成此書。

　　另一本焦點完全不同的著作，是由Stefan Guzzini所寫的《國際關係中的現實主義與國際政治經濟》（*Realism in International Relations and International Political Economy*），讀者可與Smith的著作放在一起參考。該書的第一部分主要探討從第二次世界大戰起，直到冷戰（低盪）結束，現實主義在美國外交政策中的發展與演變。第二部分則探究Waltz的結構主義與政治經濟領域中的現實主義論點，進一步對政策與學門所面臨之危機做出回應。最後的兩個章節則對一九八〇年代與一九九〇年代時的認識論傾向，提出作者自身的批評論點，同時也對當代現實主義在此「十字路口」的表現做出評估。而所有的觀點，都屬於探究國際關係研究領域的發展範疇中的解釋。

　　此外，Friedrich Meinecke的《馬基維利主義》（*Machiavellism,* 1957 〔1924〕），則是對政治現實主義理論的發展歷史，做了相當詳盡的整理與分析。儘管許多讀者可能會發現此書內容不但偏離主題，傾向於探討政治思想的歷史，而且對他們來說，Meinecke的用字遣詞可能過於晦澀難懂，不過此書的第一章卻提供了很好的分析論述，因此此書是任何推薦書目中都會列入參考的一本著作。

　　現實主義在國際關係領域中的發展及定位解釋，讀者可參考Olson與Onuff（1985）、Kahler（1997）、Bull（1972），以及Booth（1996）等人的著作。Palan與Blair（1993）則是以獨特的觀察角度，追溯現實主義的源頭至十九世紀德國的「理想主義」思想中的若干部分。Schmidt（1998）的著作提出了有趣的學門歷史，並關注無政府與主權國家的問題核心所在。Schmidt

不但強調現實主義與理想主義在過去數年來的緊密連結性，同時透過國家理論的中心論述，強調國家政治與國際政治之間的連結程度——此國家理論的連結，在當代結構現實主義中已經不再復見。Lynch（1999）則是對基本的現實主義迷思提出嚴正的挑戰，亦即「理想主義者」必須為第二次世界大戰負責的迷思。

最後，還有另外兩本有獨特見解的著作值得在此提出來供讀者參考。其中一本是R. N. Berki的《政治現實主義》（*On Political Realism*, 1981）。此書嘗試將政治現實主義定位在更廣泛的哲學架構中，並且透過獨創性且可激盪腦力的方式，回應包括必要情勢、自由，以及與自由主義之緊張關係等議題。第二本值得推薦的著作則是Roger Spegele的《國際理論中的政治現實主義》（*Political Realism in International Theory*, 1996）。他試圖要解決若干對政治現實主義解釋裡之不適當現實主義特質的不滿。Spegele的解決之道，是將後現代思想理論與原始哲學結合至一種他稱之為評估性政治現實主義的定位。如果此計畫的調查還算有趣，那麼此書就相當值得一讀了。關於此論點的基本架構，可參考Spegele的另外一篇較簡要的著作（1987）。

在諸多批判性評估之中，可以當成入門閱讀書籍的，或許就是Robert Keohane所編輯而成的《新現實主義與評論》（*Neorealism and Its Critics*, 1986）。另外，David Baldwin的《新現實主義與新自由主義》（*Neorealism and Neoliberalism*, 1993）也對於這兩種理論的爭辯提出相當精闢的見解。Michael Doyle的《戰爭與和平的方式：現實主義、自由主義，與社會主義》（*Ways of War and Peace: Realism, Liberalism, and Socialism*,

1997），則是對這三個研究途徑提出概述與評析。

Jim George所寫的一本教科書《全球政治的對話》
(*Discourses of Global Politics*, 1994) 則採用了清楚的後結構主
義／後現代的觀點，並對現實主義提出許多批判性的論點。
Andrew Linklater的《超脫現實主義與馬克斯主義》(*Beyond
Realism and Marxism*, 1990) 將批判理論形塑爲另一種具解釋力
的觀點。Steve Smith的《**實證主義與未來**》(***Positivism and
Beyond***, 1996) 則對於國際關係領域中的認識論爭辯之當下狀
態提出簡要但優異的概述。儘管此書僅簡單討論到現實主義的
內涵，但是讀者若有興趣想要和反對現實主義的其他理論，如
認識論、本體論、方法論等研究途徑達成交流與合作，則此書
則是必須參考的著作。

John Vasquez的《權力政治的力量》(*The Power of Power
Politics*, 1983) 則是明確地批評現實主義途徑在當前國際關係
研究裡的主導地位。而後，Vasquez又將此書加以修訂
(1998)，將評論的對象範圍擴大，從Morgenthau的世代，談論
到Waltz與其之後的學者。另外，Vasquez也對現實主義提出富
挑釁意味的方法論批評 (1997)，而在一九九七年十二月出版的
《美國政治科學評論》(*American Political Science Review*)，則
收錄了對此書的回應文章。儘管這些書都不合於我的興趣，但
是Vasquez研究現實主義所付出的心力與熱情，以及他提出的相
關論點，在國際關係研究領域中，都受到廣泛的欽讚，也被大
量的引用。

最後，Francis Beer與Robert Harriman所編輯的著作《後現
實主義：國際關係的修辭轉向》(*Post-Realism: The Rhetorical*

Turn in International Relations, 1996）則是採用了相當特殊的解釋觀點。此書收錄了一組探究Kissinger、Kennan、Niebuhr、Carr、Wight，以及Morgenthau等人的論點的相關論文。此外，也整理了另外一組以解析主要現實主義者之概念論點的論文。該書的第三組論文則是以深入的角度，對具體政策的背景作深入解構的分析。至於其它獨立的各篇論文，其內容則比較參差不齊，但是整本著作仍引起各界熱烈地討論，同時包括了許多非主流的有趣評論。在此，我應該要明確指出，儘管此書所參考、探討的對象在於論述時的修辭，並採用解構論的分析方式，但是這些論文普遍來說，卻仍是相當值得深入研讀的。

註釋

[1]Joel Rosenthal所寫的《公正的現實主義者》（*Righteous Realists*, 1991）就恰當地掌握了二十世紀之美國現實主義的此一面向。

[2]詳見第75-77頁。

[3]Hurrell曾經對此論點提出較簡要的詮釋，並以美國與拉丁美洲的關係為例做深入的探討（1996）。

[4]近來現實主義者對此學們也提出了類似的看法，讀者可參考Walt（1998）。

[5]例如Carr（1946: 63-67）、Morgenthau（1954: 3-4）、Waltz（1979: 117），以及Gilpin（1986: 307）。

[6]請參考第162-163頁。

[7]在此，我必須感謝Eduardo Saxe建議我採用這個詞彙。

現實主義與國際關係

主　　編／陶在樸 博士
作　　著／Jack Donnelly
譯　　者／高德源
編　　輯／趙美惠
出 版 者／弘智文化事業有限公司
地　　址／台北縣深坑鄉北深路三段 260 號 8 樓
電　　話／（02）8662-6826・8662-6810
傳　　真／（02）2664-7633
發 行 人／馬琦涵

總 經 銷／揚智文化事業股份有限公司
地　　址／台北縣深坑鄉北深路三段 260 號 8 樓
電　　話／（02）8662-6826・8662-6810
傳　　真／（02）2664-7633
製　　版／信利印製有限公司
初版二刷／2007 年 01 月
定　　價／300 元
E-mail／service@ycrc.com.tw

ISBN 978-957-0453-61-4

國家圖書館出版品預行編目資料

現實主義與國際關係 / Jack Donnelly 著；高
德源譯 ‧-- 初版 ‧-- 臺北市：弘智文化，
2002〔民91〕
　　面：　公分
譯自：Realism and international relations
ISBN 957-0453-61-3（平裝）

1.國際關係

578.1　　　　　　　　　　91009425